ARIEL DORFMAN

Das Gedächtnis der Wüste

ARIEL DORFMAN

Das Gedächtnis der Wüste

Meine Reise durch den Norden Chiles

Aus dem Amerikanischen
von Klaus Berr

FREDERKING & THALER

INHALT

PROLOG *Eröffnung in Arica: Rückbesinnung* 11

ERSTER TEIL: URSPRÜNGE

Fußspuren im Süden 33
Sternsucher 58
Friedhöfe unter dem Mond 79

ZWEITER TEIL: GEISTER

Nomaden des Nitrats 103
Zeit für eine Geschichte 129
Berg des Feuers 142
Unter dem Sand 165

DRITTER TEIL: LEICHEN

Bewahrungsblues 189
Familiengeheimnisse 226
Die Suche nach Freddy 262

EPILOG *Fußspuren im Norden: In Arica und darüber hinaus* 309

Danksagungen und eine letzte Geschichte 329

Dieses Buch ist Angélica gewidmet, meiner Copilotin und *navegante* in dieser und allen anderen Wüsten.

NORD
CHILE
0
160
320
km
Trockene Salzseen
75°00′ W
70°00′ W
20°00′ S
25°00′ S
30°00′ S
PERU
BOLIVIEN
ARGENTINIEN
PAZIFISCHER
OZEAN
ATACAMA DESERT
ANDES
TARAPACÁ
Arica
Vulkan Guallatiri
6,060 m
Pisagua
Humberstone
Iquique
Santa Laura
Victoria
Salar de
Llamara
Loa
Cerro Palpana
6,045 m
Chuquicamata
Calama
María Elena
Pedro de Valdivia
San Pedro
de Atacama
Cobija
Pampa Unión
Chacabuco
Túlor
Béter
Salar
de
Atacama
Antofagasta
Vulkan Llullaillaco
6,725 m
Oficina Alemania
Taltal
Chañaral
Caldera
Copaipó
Carrizal
Bajo
Los Loros
Vallenar
Domeyko
Cerro Las Campanas
2,510 m
La
Serena
Vicuña
Coquimbo
Ovalle
BOLIVIEN
BRASILIEN
PARAGUAY
Area
Enlarged
Arica
Antofagasta
La Sarena
Santiago
Talca
Concepción
Valdivia
Puerto
Montt
Chiloé
CHILE
ARGENTINIEN
URUGUAY
Pazifischer Ozean
Atlantischer
Ozean
0
1000
km
Tierra del Fuego
MAGELLAN-
STRASSE

PROLOG

Eröffnung in Arica: Rückbesinnung

Montag, 27. Mai 2002
Hier also endet meine Reise, hier, wo mein Land endet und wo die Wüste endet, hier in Arica, dieser Hafenstadt an der nördlichsten Spitze Chiles. Nun also, da meine Maschine nach Santiago abhebt, nun also beginnt die dreiwöchige Rundfahrt, die Angélica und ich eben durch *el Norte Grande*, den chilenischen Norden, unternommen haben, in die Vergangenheit zurückzuweichen, zu einer Erinnerung zu werden, einer Erinnerung, die die unsere ist, vielleicht aber auch eine Erinnerung der Wüste, die sich tief dort unten von Arica aus zahllose Meilen nach Süden erstreckt und die sich an alles zu erinnern scheint, was ihr je passiert ist, die sich an alles, was ihr passiert, erinnert und es letztendlich zerstört.

Vor vierzig Jahren war ich schon einmal in Arica und habe dieselbe Wüste durchquert, ohne auch nur eine Spur zu hinterlassen, fast ohne mich von ihr berühren zu lassen. Arica – wo der südamerikanische Kontinent sich weitet und nach Westen ausdehnt und wo das anfängt, was man *La cintura cósmica de América* nennt, die kosmische Taille Amerikas – war die einzige Stadt im Norden Chiles, in der ich geschlafen habe, wenn auch nur für eine Nacht. In diesem Abschnitt meines Lebens hatte ich, ein zwanzigjähriger Konvertit im Kampf für *América Latina*, keine Zeit für die Geisterstädte des Nitratbooms und des anschließenden Niedergangs, ich hielt nicht an, um mir den größten Kupfer-Tagebau der Welt bei Chuquicamata anzuschauen, ich interessierte mich nicht für das koloniale, weiße Adobe-Dorf von San Pedro de Atacama, das die wichtigste Oase auf der Wanderroute der Inka gewesen war, und – was für ein Narr war ich doch – der verzauberte Hafen von Iquique war kein Teil meiner Reisepläne. Nein, ich war unterwegs nach Lima und Cuzco und Machu Picchu, zum Titicacasee und nach La Paz und Oruro, zu dem, was ich damals für das versteckte Herz des südamerikanischen Kontinents hielt.

Geboren in Buenos Aires und im Alter von zwei bis zwölf Jahren in New York aufgewachsen, hatte ich mich bei der Ankunft meiner Familie in Chile im Jahr 1954 als typisch amerikanischen Jungen definiert, absolut urban und resolut einsprachig in Englisch. Falls ich überhaupt von einer Wüste träumte – meistens träumte ich im weit entfernten Santiago davon, dass die Yankees das Endspiel gewinnen –, wäre es wohl eine dieser Hollywood-Wüsten gewesen mit Faustkämpfen in schäbigen Saloons und Kakteen und Bussarden, die ein von der Sonne verdorrtes Ödland in Arizona sprenkelten. Wobei ich an diesem Punkt meiner sprachlich verarmten Existenz noch gar nicht wusste, dass der Name Arizona vom spanischen *árida zona* kam.

Viele Jahre lang hatte ich mich in dieses Chile versenken müssen, bis ich mich in die Sprache und den Kontinent verliebte, die ich beide als Kind abgelehnt hatte, und es war nicht der Norte Grande, den ich erkunden wollte, als ich dann beschloss, mich als Spanischsprecher und als lateinamerikanischen Patrioten neu zu erfinden. Diese Tramp-Tour damals 1962 war gedacht als Möglichkeit, um verlorene Zeit nachzuholen, einen ganzen Sommer lang die großen, ursprünglichen Zivilisationen der Inka und der Tiawanaku zu erkunden, die Quellen jener amerikanisch-indianischen Identität – in den Sechzigern in aller Munde –, die anzunehmen ich beschlossen hatte.

Viele Jahre sollten vergehen, bis ich erkannte, dass die öden, dürren Flächen im Norden Chiles, über die ich 1962 nur hinweggeglitten war, viel mehr Geheimnisse über die Bestimmung enthielten, die ich mir gegeben hatte, als all die Ruinen und Canyons des Andenhochlands, wie wunderbar die auch sein mochten. Meine frühere Blindheit für die Freuden und Herausforderungen des Norte Grande sollte nicht nur meiner unreifen Suche nach Wurzeln an Stellen, wo diese gar nicht existierten, zugeschrieben werden, sondern auch einem tief sitzenden Vorurteil gegen Wüsten im Allgemeinen, ein Vorurteil, das, wie ich zugeben muss, sich erst im Verlauf dieser Reise 2002 auflöste, die nun eben zu Ende gegangen ist.

Da ist ja nichts, dachte ich automatisch, damals 1962. Gib mir Bäume, gib mir Grünflächen am Meer, gib mir Wälder an einem See, gib mir ein schattiges Tal, wo man sich sofort zu Hause fühlt. Ich verstand, dass ein Land ohne Vegetation und ohne Tiere für gewisse Leute faszinierend sein kann, aber es war ein rein intellektuelles

Verständnis, das nichts mit meinem Bauch, meinen innersten Empfindungen zu tun hatte. Vielleicht hatte ich genau vor dem Angst, das so viele in der Geschichte an der Leere attraktiv fanden: die Einsamkeit und die extreme Selbstbetrachtung, die eine Landschaft ohne menschliche Behausung einem aufzwingt und der man sich bis zum Exzess hingeben muss, Angst vor dieser Wahrheit über einen selbst, die man sonst nirgends finden kann – und das ist vielleicht der Grund, warum so viele der großen monotheistischen Religionen in der Wildnis entstanden sind. Vielleicht war ich aber auch nur auf der Hut vor dem, was das brutale und unbarmherzige Licht dieser Orte über die Menschen enthüllen könnte, da doch Teufel und Heilige die Wüste aus einem ganz bestimmten Grund als Zufluchtsort nehmen: weil es dort keine Schatten gibt, in denen man sich verstecken kann. Die Wüste, ein Ort des Todes und der Prüfung, ist ein Ort, den man meiden sollte, dachte ich damals.

Und doch, wenn ich die Wahl gehabt hätte – was ist die eine Gegend, die eine Region, der eine Ort in der Welt, den du unbedingt besuchen willst? –, hätte ich mir den Norte Grande Chiles ausgesucht, die trockenste Wüste von allen.

Keine Übertreibung.

Auf diesen Sand fällt weniger Regen als auf irgendeinen anderen ähnlich heimgesuchten Landstrich der Erde. Ich habe mit Männern gesprochen, die in Arica geboren wurden, mit einer Frau, die in Pisagua aufwuchs, mit Männern und Frauen, die sich nie aus der Nitratstadt María Elena hinausgetraut, nie die Oase von Pica verlassen hatten – aus der die köstlichsten Orangen stammen, die einem je die Zunge umschmeichelt haben –, und keiner von ihnen hatte je im Leben einen Tropfen Regen auf dem Körper gespürt. Und weil wir von Körpern sprechen: In dem Arica, das meine Maschine jetzt verlässt, habe ich Körper gerochen, die Tausende von Jahren alt waren, mumifiziert vom heißen Sand der Wüste, die Haut noch straff über den Nasenrücken gespannt und die Lippen verdorrt und das Gesicht noch beinahe erkennbar. Eines Abends in einer Bar in Iquique hörte ich von einem gewissen Universitätsprofessor namens Quinteros, der beschlossen hatte, seinen Großvater zu finden, der auf einem Friedhof neben einer verlassenen Nitratsiedlung mitten in der Pampa del Tamarugal begraben lag. Nach mehreren Tagen der Suche und der Ausgrabungen stieß Quinteros auf eine Leiche, die dem Vater seines Vaters gehören musste. Auf dem Kreuz stand zwar kein Name, aber Quinteros meinte, er wäre sich vorgekommen, als würde er sich selbst im Spiegel betrachten. Der Bart, die Zähne, die Nase ... alles identisch. Also nahm er den alten Mann in die Arme wie ein Baby, liebkoste ihn und schaffte ihn zurück nach Iquique, um ihn dort neu zu begraben. Wer braucht DNS, wenn er die Wüste hat?

O ja, einmal hat es geregnet, vor einigen Jahren, in der wuchernden Hafenstadt Antofagasta. Zwei Millimeter. Und mehrere Bewohner waren in der darauf folgenden Schlammlawine umgekommen. Und dank eines dieser unberechenbaren Zufälle, die Reisende erfreut und Einheimische verwirrt, erlebten Angélica und ich, als wir siebzig Kilometer von Antofagasta entfernt vorbeifuhren an ockerfarbenen Hügeln und rosa Schwefel und pulverisiertem Fels, so erbarmungslos, dass es selbst die Hölle beschämt hätte (denn die Hölle ist wenigstens bewohnt), ein völlig abnormes Phänomen, eine Art feinen Nebel, der auf unser Auto sprühte. Dieser Halbniesel erreichte Antofagasta selbst nicht, es gab allerdings eine ungewöhnliche Turbulenzfront, die vom Meer hereinkam, und deshalb versuchte der Reporter des Lokalradios bereits, eine Bevölkerung zu beruhigen, in der sich Panik auszubreiten begonnen hatte; eine Frau etwa hatte angerufen, um – sehr zu unserem wenig einfühlsamen Vergnügen – zu berichten, sie habe einen Tropfen Regen auf ihrer Wange gespürt, und was solle sie jetzt tun, ihre Kinder evakuieren?

Um eine Erklärung für diesen außerordentlichen Mangel an feuchtem Wetter zu finden, muss ich nur aus dem Fenster meines Flugzeugs sehen. Da ist der Hauptschuldige: die Anden, die ich durch den Zoom meiner Kamera ein paar Hundert Meilen weiter östlich sich erheben sehe, wo Bolivien anfängt mit seinen *mesetas* und seinen Vulkanen, diesen vermeintlich unbeweglichen Bergen, die aber mit stiller Gewalt unmerklich weiter in die Höhe geschoben werden. Seit dem Ende des Jura (mit anderen Worten, seit ein paar hundert Millionen Jahren, ein Wimpernschlag der Zeit in geologischen und kosmischen Dimensionen) drückt die pazifische tektonische Platte, viele Meilen unterhalb der grenzenlosen Wassermassen des Ozeans, gegen die südamerikanische Platte und schiebt die Gebirgskette immer weiter in die Höhe, um einige Zentimeter pro Jahr. Genau diese jungen Berge sind es, die die Feuchtigkeit, die sich an ihren Ostflanken sammelt, nicht in den Westen ziehen lassen. Und im Westen wird jeder Niederschlag, der von der größten

Wasserfläche dieses Planeten heranzieht, blockiert und aufgesaugt vom kalten Peru-Strom des Pazifiks (dem Humboldt-Strom, wie er früher hieß), der von der Antarktis nach Norden fließt.

Nur ein Fluss in den ganzen tausend Kilometern Wüste, der Loa, dessen Wasser vom Arsen aus den Kupferminen am Oberlauf vergiftet ist, hat die Kraft, ins Meer zu tröpfeln. Alle anderen Gewässer, die von den schneegekrönten Höhen in die Schluchten und die dürren Ebenen hinunterstürzen, werden unter die Erde gesaugt, von Sand und Fels absorbiert, bevor sie den Pazifik erreichen. Die einzige Ausnahme ist Arica, das zwei Flüsse begrüßen kann, den Azapa und den Lluta, deren breite und fruchtbare, hundert Meilen lange Täler ich direkt unter meinem Flugzeug sehen kann. Ebenfalls unter mir liegt der sich hinter den Stränden der Stadt auftürmende, große Hügel mit dem Namen *El Morro de Arica*, der letzte Überrest und Schlusspunkt der *cordillera de la costa*, die viele hundert Meilen an der Küste entlangführt und nach Süden hin gewaltig ansteigt. Eine monumentale Küsten-Gebirgskette, die den Rest des Landes vom Meer abtrennt und dann abrupt am Pazifik endet in einer Reihe von Klippen, die vom Wind und der Erosion der Zeit aus dem Felsen gemeißelt wurden. Diese beinahe einen Kilometer hohen Steilabbrüche umringen die schmalen Streifen fruchtbaren Landes, die Buchten und Meeresarme, wo die meisten Bewohner des Norte Grande leben mussten, um zu überleben, einsame Fleckchen, die auf dem Landweg so gut wie nicht zu erreichen waren. Dieser riesige Leerraum zwischen der *cordillera de la costa* und der *cordillera de los Andes* ist es, den Angélica und ich in den letzten Wochen endlos durchfahren haben, ein breites Becken oder eine Senke zwischen diesen beiden parallelen Gebirgsbarrieren, und aus der Luft wirkt dieser Raum noch beängstigender als von der Straße, die uns mit ihrem Asphalt und ihren Hinweisschildern wenigstens den Anschein von Zivilisation bot.

Und doch wandte ich mich dieser chilenischen Wüste zu, als ich schließlich die Gelegenheit erhielt zu reisen, wohin ich wollte, ebenjener Wüste, die ich 1962 so hastig durcheilt hatte. Ganz allmählich hatte sie mein Bewusstsein kolonisiert, sich in mir immer mythischer manifestiert wie ein Besitz ergreifender Nebel aus Sand, mich zu sich gerufen, damit ich mit eigenen Augen diesen Landstrich sähe, der das Schicksal des Landes geprägt hatte, den Landstrich, der in vieler Hinsicht mein eigenes Schicksal prägen sollte.

Was für ein Paradox: Diese Wüste, die für die meiste Zeit nicht einmal zu Chile gehörte, die erst im späten neunzehnten Jahrhundert Peru und Bolivien in einem Krieg entwunden worden war, hatte sich als der entscheidende Faktor in der zeitgenössischen Geschichte meines Landes erwiesen. Das Land, das Chile genannt werden würde, war – noch bevor die spanischen Konquistadoren es mit argwöhnischen Augen und gierigen Händen erkundeten – bekannt als das Ende der Welt, mit den unwirtlichen Archipelen der *Tierra del Fuego*, Feuerlands, und den eisigen Weiten der Antarktis im Süden, dem endlosen Pazifischen Ozean, in dem Robinson Crusoe (genau genommen Alexander Selkirk) eines Tages Schiffbruch erleiden sollte, im Westen, und der gigantisch aufragenden Masse der Anden im Osten. Und nach Norden hin isoliert von der *desierto*, die jetzt unter meinem Flugzeug dahinzog, dieser Weite, die die ersten spanischen Chronisten die *despoblado de Atacama* nannten – in der falschen Annahme, sie sei unbewohnt und unbewohnbar – und die dreihundert Jahre später Charles Darwin bei seinem Besuch im Jahr 1832 als »vollständige und komplette Wüste« beschrieb. Nicht einmal dieser Wissenschaftler, den auch noch die winzigste Spur von Vegetation am Wegesrand faszinierte, nicht einmal er konnte in dieser Leere etwas Lohnendes finden. Die Wüste ist deshalb grundlegend für die Entwicklung Chiles, weil ihre brütende Trostlosigkeit im Norden das Land als Insel definiert hatte, deren üppiges Farmland im zentralen Becken und deren Wälder im Süden in den Augen und Ohren der jeweiligen aufstrebenden Reiche nur abgelegenes Hinterland waren, ob es sich nun um die Inkas, die Spanier oder die Briten handelte.

Es stimmt natürlich nicht, dass die Wüste keine Einwohner hatte. Ich weiß jetzt, dass diese Küsten, auf die ich hinabblickte, als die Maschine in den Süden flog, über Tausende von Jahren die Heimat der *changos* war und dass ihre Schluchten und Oasen von anderen eingeborenen Siedlern kolonisiert worden waren, ganz zu schweigen vom gedämpften Chaos der Natur, von Tieren und Sträuchern, von Vögeln und Farnen und Insekten. Doch zu einem aktiven Teil des Schicksals Chiles – und der Welt – entwickelte die Wüste sich erst mit der Entdeckung des Nitrats.

Solange Menschen die Gegend bevölkerten – seit mindestens zehntausend Jahren –, wurde in der Wüste nach ihren anderen Mineralien geschürft, Silber und Eisen und Kupfer, Metalle, die einige wenige wagemutige Männer dazu verlockten, dem Wüstenrand ein Leben abzutrotzen, aber erst die Entdeckung der endlosen Felder eines Stoffes, den man auch Salpeter nennt und der sonst nirgendwo auf der Erde in diesem natürlichen Zustand vorkommt, diese Tausende von Hektar Kruste, die man nur abzuernten brauchte, erst diese Entdeckung veränderte den Blick auf die Wüste und verwandelte sie in den Hauptantriebsmotor der Entwicklung Chiles als Nation. Ungefähr vierzig Jahre lang sollten Europa und die Vereinigten Staaten so abhängig vom Nitrat werden, wie Chiles es war, aber aus entgegengesetzten Gründen. Dieses feurige Mineralsalz wurde schon in der präkolumbischen Ära als Schießpulver geschätzt und auch während der gesamten spanischen Kolonialzeit als Sprengmittel für den Bergbau, aber seine globale Bedeutung erhielt es erst durch seine Einsetzbarkeit als erstaunliches, unvergleichliches Düngemittel zu einer Zeit, als die industrielle Revolution einen höheren Ertrag von den zunehmend erschöpften Äckern und Obstgärten forderte, die die stetig wachsenden Bevölkerungen Europas und der USA ernähren sollten. Und ebendiese industrielle Revolution erzeugte die Wissenschaft, die die Gewinnung dieser weißen Kristalle in gigantischem Maßstab erlaubte, eine Reihe von technischen Fortschritten, die eine Wüste erobern und kolonisieren sollten, die bis dahin zu öde und unfreundlich gewesen war, um eine dauerhafte menschliche Besiedlung zu gestatten. Jetzt wuchsen an Orten, wo nicht einmal ein Skorpion zu krabbeln gewagt hatte, ganze Städte aus dem Boden, samt Theatern, die von den führenden Ensembles Europas besucht wurden, und

Ballsälen, in denen Damen, gewandet in der neuesten, in Paris entworfenen und in Manchester produzierten Mode, die Nächte zu den Klängen von Live-Orchestern durchtanzten. Und in Buchten, die jahrtausendelang ihren unbekleideten Bewohnern kaum mehr als Muscheln hatten bieten können, strömten Zehntausende von Gastarbeitern aus allen Teilen der Welt – China und Kroatien, Athen und Cochabamba, Arequipa und Glasgow –, während Hundert Clipper pro Tag darauf warteten, das fiebrige weiße Gold zu übernehmen, das Züge unaufhörlich an die Küste brachten. Auf dieser ausgedörrten Erde wurden in einem Jahr mehr Gleise verlegt, als im ganzen restlichen Lateinamerika zu finden waren. Dies alles füllte – bis zum Abreißen des Nitratbooms in den Zwanzigern – die Bäuche und Brieftaschen und Aktienbörsen der westlichen Mächte.

Und lieferte fast fünfzig Jahre lang dem chilenischen Staat mehr als die Hälfte seiner Einkünfte. Auf diese Weise erschufen die Enklaven der Modernität im Norden (der von weniger als fünf Prozent der Bevölkerung bewohnt wurde) im Süden ein Land mit Unmengen von Palästen und Oligarchen und keinen Steuern. Keine Steuern, aber auch keine Notwendigkeit, sich um die noch aus Kolonialzeiten stammenden, schrecklichen Ungleichheiten zu kümmern, keine Notwendigkeit, das alte Agrarsystem zu reformieren, das die Wirtschaft hemmte, keine Notwendigkeit, Industrie zu entwickeln, keine Notwendigkeit, wahrhaft partizipatorische Institutionen einzurichten, wie sie jede Modernisierung eigentlich begleiten sollten. Es blieb anderen überlassen, diese Veränderungen einer Gesellschaft zu verlangen, die die große Mehrheit ihrer Bevölkerung in Armut und Unwissenheit und Sprachlosigkeit hielt – und die Bedürfnisse und Ideen und Organisationen dieser anderen waren tatsächlich vorwiegend in genau jenen Nitratminen entstanden, deren Arbeiter die ersten demokratischen und sozialistischen Bewegungen Chiles gegründet hatten, die ersten sozialen Gruppierungen und Gewerkschaften in Lateinamerika, die noch vor der mexikanischen Revolution Strategien entwickelt hatten, um den Bürgern Freiheit und Gerechtigkeit und nationale Autonomie zu bringen.

Es war also diese Wüste, die das zeitgenössische Chile hervorbrachte, alles, was gut daran war, alles, was schrecklich daran war. Das Chile der Ungleichheit und des Elends, das ich als Jugendlicher erlebt hatte, das Chile, das mir, als ich zu einem jungen Mann heranreifte, die Hoffnung schenkte, dass diese Ungerechtigkeiten im politischen Kampf überwunden werden konnten. Die Wüste war der Ursprung der Welt, in der ich lebte, auch wenn ich bei meinem ersten hastigen Besuch dort noch nicht bereit war, dies zu erkennen.

Ein erstes, verschwommenes Verständnis dieser Zusammenhänge erhielt ich in den Jahren nach meiner 62er-Reise, als ich in Kontakt kam mit der Befreiungsbewegung Salvador Allendes, der 1970 der weltweit erste, in freien und demokratischen Wahlen gewählte sozialistische Präsident werden sollte. In gewisser Weise – auch wenn ich das erst im Rückblick erkennen sollte – folgte mein eigenes Interesse am Norte Grande dem Lebensweg von Allende selbst, der, zwar in Valparaíso in Chiles *región central* geboren, in späteren Jahren zum Senator für die Region Tarapacá im Norden des Landes wurde.

Tatsächlich hatte jede wichtige und bahnbrechende Persönlichkeit des chilenischen zwanzigsten Jahrhunderts, Alessandri und Frei und Recabarren, den Norte Grande erlebt und dort ihre Prägung erhalten. Und Pinochet, ja, General Augusto Pinochet, der 1973 Allende stürzte und bis 1990 Chiles Diktator war, auch er brachte Jahre auf verschiedenen Kommandoposten im Norden zu.

Merkwürdig, dass es gerade Pinochet war – der mich nicht kannte und dem ich auch völlig gleichgültig gewesen wäre –, der mich auf Umwegen vom Norte Grande fern halten sollte. Wobei ich nicht so verrückt bin, ihm direkt die Schuld zu geben. Aber in den ersten zehn Jahren meines Exils konnte ich den Norden wohl kaum erkunden, da ich nicht einmal in mein Heimatland einreisen durfte, und eine solche Expedition war auch nicht vorstellbar, als ich noch mitten in der Diktatur erste zaghafte Rückkehrversuche unternahm, oder in den schwierigen Jahren des Übergangs zur Demokratie, die folgten. Doch ich betrachtete dieses rätselhafte Land vom Flugzeug aus – wie ich es auch jetzt, am Ende meiner Reise 2002 tue –, sooft ich zwischen Chile und den Vereinigten Staaten hin- und herflog, und ich sagte mir, während ich die Berge und wilden Küsten und sandumtosten Weiten unter mir vorüberziehen sah, dass ich diese Wüste, die ich so viele Jahre zuvor verpasst hatte, wirklich eines Tages würde besuchen müssen. Eine Reise zu den Ursprüngen, murmelte ich in mich hinein, zu einem Ort, an dem die moderne Welt geboren wurde, wo das zeitgenössische Chile gezeugt wurde, wo das Streben nach einer besseren Gesellschaft zum ersten Mal formuliert wurde als Aufgabe für die Ausgestoßenen Lateinamerikas. Und eine Gelegenheit, mich meinen persönlichen Vorurteilen gegen die Wüste zu stellen, gegen die einsamen Fragen von Tod und Überleben, die Wüsten uns stellen, eine Gelegenheit zu entdecken, was von der Vergangenheit bleibt, wenn sie vom Sand und der Hitze verschluckt oder konserviert wird wie die Mumien von Arica.

Aber es gab auch noch andere Motive – von persönlicher und genau genommen fleischlicher Natur – für mein Bedürfnis, in die Wüste zu fahren, Verpflichtungen, so will ich sie nennen, die ich im Lauf der Jahre angehäuft hatte und die den Norte Grande besonders vielstimmig, besonders verlockend erscheinen ließen. Eine andere Art von Vergangenheit – und vielleicht eine Schuld, die beglichen werden musste –, die mich in der Wüste erwartete.

Ende 1973, wenige Monate nach dem Staatsstreich, der Allendes Experiment beendet hatte, war Freddy Taberna, einer meiner Freunde aus Studienzeiten, von einem Exekutionskommando in einem trostlosen Hafen namens Pisagua hingerichtet worden; und dieses Pisagua sehe ich jetzt, sich dicht an die Küste schmiegend, als würde es gleich im Meer versinken, direkt unter meiner Maschine auf ihrem Flug nach Santiago.

Es waren militante Zeiten, als ich Freddy Anfang der Sechziger kennen lernte, Zeiten, in denen Studenten in der vordersten Front des Kampfes um eine gerechtere Gesellschaftsordnung und eine wirkliche ökonomische und kulturelle Unabhängigkeit unseres Landes standen, und Freddys Furchtlosigkeit in den unzähligen Scharmützeln und Konfrontationen mit der Polizei hatten meine Aufmerksamkeit erregt – und auch die aller anderen in der Universität, *La Universidad de Chile*. Wir nahmen teil an ein paar Philosophie- und Geschichtskursen, aber unsere eigentliche Bruderschaft entstand in den Gärten des *Pedagógico*, wo wir enthusiastisch Pläne schmiedeten für die Befreiung von so ziemlich allem, was im Universum unterdrückt war.

Außerdem hatten wir einen ähnlichen Humor, waren besessen von Rock 'n' Roll und zeitgenössischer lateinamerikanischer Kultur, aber was uns vielleicht am stärksten zueinander hinzog, war die Tatsache, dass wir aus entgegengesetzten Enden des gesellschaftlichen Spektrums stammten. Während ich der Sohn eines sehr einflussreichen UN-Wirtschaftswissenschaftlers war, der in einem geräumigen Haus mit zwei Bediensteten lebte und ein Importauto zur Verfügung hatte, war Freddy – ein uneheliches Kind – in den ärmlichen Straßen Iquiques von den Brüdern seiner Mutter aufgezogen worden, alles Fischer, die von Tag zu Tag ums Überleben kämpfen mussten. Eines der ersten Dinge, die mir an Freddy auffielen – neben seinem hageren Eingeborenengesicht, wie ich damals dachte –, waren seine *alpargatas*, eine Art Pantoffeln aus weichem Tuch. Ich sah ihn nie irgendetwas anderes an den Füßen tragen. Es war fast so, als wollte er seine Armut zur Schau stellen, mit seiner Herkunft prahlen – und er schaffte es, ohne verletzend zu werden, mich ein wenig aufzuziehen, weil ich beständig zu verbergen suchte, was ich war und woher ich kam. In meinem Bestreben, ein vollständiger Lateinamerikaner zu werden – der Grund für meine Reise nach Bolivien und Peru 1962 –, nahm er einen speziellen, legendären Platz ein: Er war jemand, der das Elend kannte, das wir abschaffen wollten, der aus diesem unterdrückten, stolzen, unabhängigen Teil des Kontinents stammte, zu dem ich verzweifelt Verbindung aufnehmen wollte, zu dem ich aber, wie ich befürchtete, nie ganz gehören würde. Er war der erste Student, den ich kannte, der in einem Universitätswohnheim lebte – die in Chile nur den allerbedürftigsten Stipendiaten offen standen –, und ich dürfte wohl der kosmopolitischste seiner Freunde gewesen sein; und der Abgrund der Privilegien, der zwischen uns gähnte, verstärkte nur unsere Neugier aufeinander, ein gegenseitiger Respekt, der noch gesteigert wurde durch die Art, wie ich seinen Wahlkampf für den heiß umkämpften und politisch sehr wichtigen Posten des Präsidenten unseres Studentenverbands organisierte, indem ich Madison-Avenue-Slogans und Marketingtechniken, Cartoons und Kennmelodien verwendete. Wir entwickelten eine sehr enge Freundschaft in diesen intensiven Monaten, die zu etwas führten, das im Rückblick als ein Wendepunkt der Universitätspolitik betrachtet werden kann, denn die revolutionären Kräfte errangen einen historischen Sieg. Nach dem Grundstudium sahen wir uns seltener. Er ging für ein Jahr nach Texas, und ich wurde Gaststudent an der University of California in Berkeley – wir beide reisten also in ein Land, das wir für Chiles Unterentwicklung verantwortlich machten! Als ich zurückkam, um an der Universität zu unterrichten, erfuhr ich, dass er mit seiner frisch angetrauten Frau Jinny in seine Heimatstadt Iquique zurückgekehrt war, aber dank unserer gemeinsamen Freunde, Luis Alvaro, Ricardo Nuñez, Isabel Allende (die Nichte unseres künftigen Präsidenten), verloren wir uns nie ganz aus den Augen. Und seine Ermordung in dem elenden Konzentrationslager bei Pisagua nach dem Um-

Calama: Der Autor am Steindenkmal zu Ehren der *desaparecidos*

sturz – von der ich in der argentinischen Botschaft erfuhr, in der ich Zuflucht gefunden hatte – wurde für mich, vielleicht mehr als der Verlust jedes anderen Freundes, zum Symbol für die Zerstörung des Landes, der Plünderung meiner Vergangenheit. Die Tatsache, dass seine Leiche nie an seine Frau zurückgegeben wurde, dass Freddy zu einem von Chiles *desaparecidos* geworden war, mag einer der Gründe sein, warum ich das Drama dieser verschwundenen Männer und Frauen, die im Leben vom Militär verschleppt wurden und noch im Tod Verschleppte blieben, immer als persönlich so berührend empfunden habe.

Es sollte noch ungefähr zehn Jahre dauern, bis ich die Einzelheiten von Freddys Tod erfuhr. Ich war in Toronto, um in Harbourfront eine Lesung abzuhalten, und Jinny, die mit ihren beiden nun vaterlosen Kindern in Kanada

Asyl gefunden hatte, kam zu mir und schüttete mir in drei langen, schmerzhaften Stunden ihre Geschichte in Ohren und Herz. Wir müssen ihn finden, sagte sie am Ende unserer Begegnung – wir werden ihn finden. *Lo vamos a encontrar.*

Aber seine Leiche tauchte nie auf. Nicht, als die Demokratie zurückkehrte, nicht, als von einem Richter Ausgrabungen angeordnet wurden, nicht, als – nach Pinochets Verhaftung 1998 in London – die Armee widerwillig begann, Informationen über die Gräber anderer Verschwundener herauszugeben.

Als ich diese Reise in den Norden plante, war mir sehr deutlich bewusst, dass ich durch Iquique kommen würde, wo Freddy geboren und verhaftet wurde und wo seine Freunde und seine Familie sich noch immer an ihn erinnerten, und es war mir auch klar, dass es von unserer Hauptroute aus nur ein kurzer Abstecher nach Pisagua war, wo er hingerichtet und ... Vielleicht ist es an der Zeit, ihn zu finden, sagte ich zu mir, als Angélica und ich vor drei Wochen zu dieser Reise aufbrachen, vielleicht werde ich wieder Spuren meines alten Freundes finden.

Aber Freddy war nicht der einzige Tote, nach dem wir suchten. Es gab auch andere, die unseren Besuch erwarteten.

Angélicas Familie väterlicherseits stammte aus Iquique, sowohl ihr Großvater Malinarich wie ihre Großmutter Müller. Aber wegen eines Familienstreits war Angélica für einen großen Teil ihres Lebens von diesem Zweig der Familie abgeschnitten gewesen. Nur Gerüchte und Legenden waren im Lauf der Jahre zu ihr durchgedrungen, so dass ihr nichts blieb als ein Gewirr aus Geschichten über ihre Abstammung, das wir bei dieser Reise in den Norden aufzuklären hofften, diesen Norte Grande, in den ihre Vorfahren – aus Kroatien? Aus Griechenland? Aus Peru? Aus Deutschland? – während des Nitratrausches eingefallen waren. Es gab Geschichten über angehäufte und vergeudete Vermögen, Geschichten über Piraten und Sklaven und vergrabene Schätze, Geschichten über eine verzweifelte Frau, die ins Meer ging, weil sie ihren Geliebten nicht heiraten konnte, Geschichten über einen Großvater, der seine schwangere Frau verlassen hatte, um mit seiner Schwägerin durchzubrennen, eine Genealogie der Geheimnisse und Fragezeichen. Fast ein Jahrhundert lang war niemand aus Angélicas Familie nach Iquique zurückgekehrt, um herauszufinden, ob ein wahrer Kern in all diesen Geschichten steckte, und wenn ja, welcher.

Angélicas Herkunft – und damit die Herkunft unserer Kinder und Enkel – war verbunden mit dem Ursprung des chilenischen Nordens, war ein Teil der Geschichte, wie ganz normale Menschen während dieses außerordentlichen Experiments der Eroberung einer Wüste gelebt und geliebt hatten.

Ihren Spuren zu folgen, zu versuchen, dem Sand und den Geisterstädten und den Überlebenden die Geheimnisse einer immer weiter zurückweichenden Vergangenheit abzuringen: Dies war unser doppeltes Bestreben, das an diesem Tag zusammen mit der Wüste und ihren Erinnerungen endete, während die Maschine in den Süden nach Santiago flog.

Santiago.

Wo es, wie der Pilot den Passagieren mitteilt, schüttet wie aus Kübeln.

ERSTER TEIL: URSPRÜNGE

Fußspuren im Süden

Mittwoch, 8. Mai 2002. Valdivia/Puerto Montt

Ich stehe mit einem Karton in der Hand in einem fensterlosen Lagerschuppen, der sich unauffällig zwischen den Hörsälen und Büros auf dem Campus der *Universidad Austral* hier in Valdivia versteckt, einem Karton, den ich behutsam halte, denn in ihm liegt der älteste Fußabdruck der beiden Amerikas, in diesem Karton liegt die einzige Spur eines Kindes, das vor 12500 Jahren auf dieser Erde ging. Vielleicht war es auch vor 13000 Jahren. Genau wissen wir es nicht. Wissenschaftlich bestätigt ist, dass zu einem bestimmten Augenblick vor vielen tausend Jahren in einer Gegend, die jetzt Monte Verde heißt – ein sumpfiges Gelände etwa 180 Kilometer südlich der Stelle, wo meine Füße jetzt stehen –, ein kleiner, sterblicher Fuß entschlossen in den Schlamm und die Asche neben einer Feuerstelle trat, an der seine Familie eine ihrer Mahlzeiten gekocht hatte. Oder war es ihre Familie, war dieses Kind ein Mädchen? Wenn ich diesen sehr gewöhnlich aussehenden Pappkarton öffnen könnte – er ist mit vielen Bahnen schwarzen Klebebands fest umwickelt, sein Inhalt ruht in braunem Packpapier –, würde ich im Licht der staubigen Neonröhre *la huella* sehen, wie es auf Spanisch heißt, würde ich den deutlichen Abdruck von fünf Zehen und den Umriss einer dünnen Sandale oder einer ähnlichen Fußbekleidung, die Silhouette einer Ferse sehen. Ein gewöhnlicher Fußabdruck, hinterlassen, als irgendein gewöhnliches Bein aus den vielen Milliarden Beinen, die über diese unsere Erde gewandert sind, kurz in den Lehm gedrückt und dann wieder angehoben wurde und verschwand. Zwei andere Spuren, die eventuell auch als Fußabdrücke zu interpretieren sind, wurden ein Stückchen bachaufwärts in derselben Gegend gefunden, aber die *huella* ist die einzige Spur, die eindeutig und unmissverständlich von einem Menschen erzeugt wurde, ein weiteres spektakuläres Indiz neben Tausenden anderer am Monte Verde geborgener Überreste der Besiedelung, die beweisen, dass Menschen bereits in einer so frühen Zeit auf den amerikanischen Kontinenten sehr komplexe Siedlungsformen geschaffen hatten.

Um die Wahrheit zu sagen, ich hatte nicht erwartet, dass die *huella* in einer so unscheinbaren Umgebung aufbewahrt wird, geschützt nur von diesem simplen Karton, eins von vielen Dutzend ähnlichen Behältnissen mit Artefakten und Utensilien aus verbranntem Holz und bearbeiteten Mastodon-Stoßzähnen, Seilstücken und Resten von Tuch und Kräutern und allen möglichen Überbleibseln aus dem Pleistozän, alles aufeinander gestapelt in einem alten Schrank an einer der hässlich hellgrün verkleideten Wände. Ausgehend von der raffinierten indirekten Beleuchtung und der feierlichen Atmosphäre, die ich von Museumsausstellungen gewöhnt war, hatte ich Sicherheitsschlösser und Wachmänner, bürokratische Prozeduren und Schutzvorrichtungen erwartet. Als ich schriftlich anfragte, ob man mich wirklich in die Nähe dieses anthropologischen Schatzes lasse, hatte Mario Pino Quivira, der Geologe, der mein Gastgeber ist und nun mit einem Lächeln das Behältnis in meiner Hand und vielleicht auch meine Verwirrung betrachtet, mir geschrieben, dass *»huella está bajo mil candados y llaves«*, dass der Fußabdruck einst von tausend Schlössern und Schlüsseln versperrt gewesen war. Aber zu diesem kleinen Lagerraum gab es nur einen einzigen Schlüssel, und der hing an einem Haken in einem winzigen Verschlag am Eingang dieses bescheidenen einstöckigen Gebäudes, in dem das Institut für Geowissenschaften der Universität untergebracht ist. Und Lehrkörper und Studentenschaft – und wer weiß sonst noch – haben freien Zugang zu diesem Lager, um sich dieses Stück und noch ein anderes wertvolles Artefakt anzuschauen, einen über drei Meter hohen, wie ein Stativ geformten russischen Seismographen aus dem Jahr 1908, die letzte noch erhaltene und funktionierende Vorrichtung dieser Art auf der Welt.

Es erscheint auf merkwürdige Art angemessen, dass die bis jetzt älteste Spur der Menschheit in Amerika fast drachengleich bewacht wird von diesem riesigen Gerät, das die Funktion hat, das Auf und Ab der Erdbewegungen zu registrieren, denn dieser Fußabdruck symbolisiert ein archäologisches Erdbeben, ausgelöst von der beinahe siebzehn Jahre zurückliegenden Entdeckung des Monte-Verde-Materials, das hier in diesem hässlichen Lager verstaut ist, einer Entdeckung, die unsere Sicht auf das Leben der ersten Bewohner Amerikas völlig verändert hat.

Der Umsturz des Dogmas, das fünfzig Jahre lang die Interpretation der amerikanischen Vorgeschichte dominiert hatte, nahm seinen Anfang an einem höchst unscheinbaren Ort, einer von dem Bach Chinchihuapi durchflossenen Kuhweide etwa dreißig Kilometer westlich des Fischerdorfes Puerto Montt, das ich erst gestern, am Dienstag, den 7. Mai, besucht hatte. Ich war über tausend Kilometer von Santiago in den Süden geflogen, um ein Puerto Montt wiederzusehen, das ich oft als Ausgangspunkt für meine vielen Expeditionen in den dicht bewaldeten *Sur Chileno* benutzt hatte, eine meiner Lieblingslandschaften mit schäumenden, smaragdgrünen Flüssen und rauchenden Vulkanen und dem Meer, dem wildesten Meer, das man sich vorstellen kann, denn der amerikanische Kontinent franst auf seiner pazifischen Seite in ein Gewirr von Archipelen und zerklüfteten Inseln und Gletschern aus, bevor er an der Magellan-Straße endet. Doch für all das hatte ich nach meiner Landung keine Zeit, denn der Monte Verde war in Sichtweite, und ich musste mich beeilen, bevor ein angekündigter Wolkenbruch das Erreichen dieser sehr abgelegenen Stelle noch schwieriger machen würde. Obwohl es ein durchaus alltägliches Erlebnis gewesen wäre, wenn der Regen mich aufgehalten hätte, denn die Gegend um Puerto Montt ist schließlich das feuchteste und regenreichste Gebiet in ganz Chile.

Doch halt! Einen Augenblick!

Wollte ich denn nicht in die Wüste gehen? War es denn nicht mein großer Plan, mich der baumlosen Einsamkeit zu stellen? Welches Recht hatte ich dann, die Augen noch einmal zu weiden am großartigen Delta des Valdivia, der durch üppigstes Grün unaufhörlich dem Meer zufloss, spazieren zu gehen in dem wunderbaren botanischen Garten auf der Insel, die den Campus der *Universidad Austral* beherbergte. Sollte das denn keine Reise in den Norte Grande werden?

Alles Widersprüche, auf die Angélica, die sich weigerte, vor unserer Fahrt von Santiago aus nach Norden in die Dünen der Atacama auf diesen absurden zweitägigen Abstecher in den *Sur Chileno* mitzukommen, mich mehr als deutlich hingewiesen hatte. Aber ich überzeugte mich selbst, wenn schon nicht sie. Diese chilenische Reise sollte zu den Ursprüngen gehen, genau, zu den Ursprüngen von so ziemlich allem, was mir wichtig war – was konnte also angemessener sein, als sie an der ältesten menschlichen Siedlung Amerikas zu beginnen, dem Ort, wo alles angefangen hatte? Waren die Vorfahren der Männer und Frauen des Monte Verde denn nicht durch die Wüste gewandert, um so weit in den Süden zu kommen, waren diese Vorväter und Vormütter nicht die Ersten, die diese Wüste sahen, die unser eigentliches Ziel war, die Ersten, die diesem Sand getrotzt und ihm einen Namen gegeben hatten?

Und so hatte ich mich gestern von Eduardo Alvar zu dieser verregneten Wiese führen lassen, einem sanften Riesen, der Forstwissenschaft und Umweltschutz studiert hatte und jetzt einer der Direktoren der Stiftung ist, die von den Entdeckern des Monte Verde eingerichtet worden war, um die Stätte zu schützen und Fördermittel für den Bau eines Museums in der Nähe zu beschaffen.

Es war die Bescheidenheit des Ortes, die mich verblüffte, wenn das Verb »verblüffen« nicht ein zu dramatisches Wort wäre für eine so friedliche und heitere Szenerie, die man »still« hätte nennen können, wäre da nicht das gelegentliche zufriedene Grunzen von Schweinen auf der anderen Seite des Stacheldrahtzauns gewesen, der die Wiese teilte, zwei Schweinen, das eine schwarz, das andere verstörend rosa. Was für Bild ländlicher Glückseligkeit, mit seinen grasbewachsenen Kuppen, den Baumdickichten und dem Kiesufer eines Bachs. Es war schwer vorzustellen, dass unsere Vorfahren sich ihre Mahlzeiten kochten, wo jetzt Kühe mampften und muhten und mit den Schwänzen schlugen, während ein Gänseschwarm lärmend die Weide überflog, die vor Tausenden von Jahren das Mastodon hatte vorbeiziehen sehen, ein Tier, das häufig mit einem Elefanten verwechselt wird, tatsächlich aber eher ein riesiger Tapir ist. Die einzige Gefahr, der man im einundzwanzigsten Jahrhundert aus dem Weg gehen musste, waren die riesigen Kuhfladen, die überall auf der Wiese herumlagen.

Eduardo Alvar grinste mich an. »Sie sind Schriftsteller«, sagte er. »Gebrauchen Sie Ihre Fantasie. Da drüben war ein Sumpf.« Ich schaute in die angegebene Richtung. Er deutete zu einem kleinen, mit Gestrüpp und einer Gruppe flechtenbedeckter, weißlicher Bäume bewachsenen Hügel. »Wir wissen das, weil dort irgendein riesiges Tier entweder stecken blieb oder absichtlich dort hinging, um zu sterben. Dort konnten die Eingeborenen es dann töten, weil es sich nicht mehr bewegen konnte, oder vielleicht haben sie einfach gewartet, bis es tot war, und es dann zerteilt. Wenn es nicht alt oder krank gewesen wäre, hätten die Menschen seinerzeit es niemals erlegen können.«

Meine Fantasie gebrauchen, also wirklich: Es gab ja nicht einmal mehr Indizien für die Ausgrabung – Löcher, fünf Meter tief und oft Dutzende von Metern breit und lang –, die aus dieser Weide eine bedeutende archäologische Stätte gemacht hätte. Der friedliche, leise plätschernde Bach hatte seinen Lauf geändert, ein Teil der Uferböschung war eingebrochen, ein Bulldozer hatte die Löcher aufgefüllt, und Gras war wieder darüber gewachsen – nichts, was einen Besucher noch an die heftige wissenschaftliche Aktivität erinnerte, die über ein Jahrzehnt lang hier geherrscht hatte und erst vor fünfzehn Jahren abgeschlossen worden war, geschweige denn an das tägliche Treiben der ersten Amerikaner, die vor dreizehntausend Jahren hier ihre *toldos* – zeltähnliche Hütten – aufgestellt hatten.

Das Fleckchen Erde ist so unscheinbar, dass Mitglieder der Familie Barría, der das Grundstück seit vielen Generationen gehört, als sie bei einer Erweiterung des Bachbetts – sie wollten auf dem Wasser abgestorbene Baumstämme in ein nahes Sägewerk schaffen – ein paar riesige Knochen entdeckten, zunächst glaubten, es handle sich um die Überreste einer ziemlich großen Kuh. Dennoch beschlossen die Barrías, Kleinbauern am Rande der Armut, die eine Mischung aus Spanisch und *chilote*, einem Dialekt von der nahen Insel Chiloé, sprachen und die in ihrem wackeligen Häuschen weder Strom noch Telefon oder fließendes Wasser hatten, die Überreste an die Universidad Austral de Valdivia weiterzuleiten, wo festgestellt wurde, dass sie von einem ausgestorbenen

Säugetier stammten. Ein Jahr später bestätigte Professor Tom Dillehay, ein US-Archäologe, der an der Universität lehrte, dass diese Knochen und andere, die man später in der Nähe ausgrub, Spuren menschlicher Tätigkeit aufwiesen – mit anderen Worten, sie waren von Menschen bearbeitet und als Werkzeuge benutzt worden –, und in den Jahren, die folgten, gab Monte Verde nach und nach eine Reihe verblüffender Tatsachen preis. Bis 1983 legte Dillehay zusammen mit Mario Pino und anderen Wissenschaftlern eine große Siedlung mit fast einem Dutzend Bauten und einer gemeinschaftlichen Feuerstelle samt Kohlenpfanne frei. Messungen deuteten darauf hin, dass es sich bei Monte Verde um die älteste Siedlung handeln könnte, die in den Amerikas je entdeckt wurde.

Bis dahin war die vorherrschende Erklärung der amerikanischen Vorgeschichte die Clovis-Theorie: eine fünfzig Jahre alte Hypothese, die behauptete, am Ende der Eiszeit hätten Männer und Frauen mit ihren charakteristischen ausgekehlten Speeren die Beringstraße auf dem Landweg überwunden, sich vor 11500 Jahren über ganz Nordamerika verteilt und von dort aus alle anderen Länder der Neuen Welt besiedelt. Und jetzt kam diese obskure chilenische Fundstätte daher, 7500 Meilen weiter südlich und, nach der Radiokarbon-Datierung 1000 bis 1500 Jahre älter, und machte aus den ursprünglich in New Mexico entdeckten Clovis-Stämmen Spätankömmlinge. Und dieser Umsturz des bisherigen Dogmas berücksichtigte noch nicht einmal das Vorhandensein einer weiteren Fundstätte am Monte Verde, die deutliche Hinweise auf eine menschliche Besiedelung schon vor 30000 Jahren lieferte. Diese beiden Stätten am Monte Verde datieren also die Ankunft von Menschen auf dem amerikanischen Kontinent in eine Zeit vor 40 000 bis 50 000 Jahren. Und sie öffneten eine Tür für eine Neubewertung vieler anderer Stätten, die zuvor wegen des Einflusses der Clovis-»Orthodoxie-Polizei«, wie Mario Pino sie nannte, unberücksichtigt geblieben waren, sowie für eine Fülle neuer und alter Spekulationen über eine Vielzahl von Landungen und Routen für die Besiedelung Amerikas.

Die Verteidiger der Clovis-Hypothese, das sagte Eduardo Alvar mir gestern in Monte Verde, und Mario Pino bestätigt es heute in Valdivia, hatten erbitterten Widerstand geleistet und behauptet, die Stätte sei nicht angemessen gegen Kontamination geschützt worden, ein Gegenangriff, dessen Heftigkeit und Fanatismus die friedlichen ursprünglichen Bewohner von Monte Verde wohl überrascht hätte. Doch noch überraschender als dieser wütende akademische Streit wäre für sie wohl die Art gewesen, wie er letztendlich beigelegt wurde. Im Jahr 1997 hatte ein exzentrischer, philanthropisch angehauchter Millionär – Mario sagt, seine Kleidung sei über und über mit Gold besetzt gewesen, und anstelle von Visitenkarten habe er Zehn-Dollar-Scheine mit seinem Namen darauf überreicht – beschlossen, eine Gruppe der weltweit führenden Paläontologen und Archäologen zu engagieren, damit sie genau diesen Raum besuchten, in dem ich jetzt stehe mit der *huella* in der Hand und von Maria Pino erfahre, während er mir freundschaftlich den Karton wieder abnimmt, dass anlässlich dieser Exkursion der zwölf Wissenschaftler dieser Karton zum letzten Mal geöffnet und zum allerersten Mal seit seiner Verpackung vor so vielen Jahren dieser Fußabdruck in seinem Silikonbett herausgeholt wurde, damit faszinierte Augen ihn untersuchen konnten. Diese Experten – unter ihnen auch mein Freund Lautaro Núñez, den ich in zehn Tagen in dem nördlichen Oasendorf San Pedro de Atacama besuchen werde – fuhren dann am nächsten Tag nach Puerto Montt, um die Fundstätte selbst zu besichtigen, und beendeten diese Expedition, indem sie vorschlugen, in einer Bar im nahe gelegenen Pelluco auf den Tod des Clovis-Dogmas zu trinken.

»Aber etwas verwirrt mich«, sage ich jetzt, an diesem Mittwochvormittag, zu Mario, während er aus einem rechteckigen hölzernen Kästchen einen Mastodon-Stoßzahn hervorholt, eines der Prunkstücke der Valdivia-Sammlung, den die alten Monteverdinos benutzten, um damit wilde Kartoffeln auszugraben. »Wie konnte das alles in dieser Feuchtigkeit überdauern, warum ist es nicht einfach verfault?«

Ich erinnerte mich an eine Anekdote, die Eduardo Alvar mir gestern erzählt hatte, als ich mein Erstaunen darüber ausdrückte, dass es in Monte Verde nicht den geringsten Hinweis auf die nahe oder weit zurückliegende Vergangenheit gibt, dass niemand, der dieses Hinterland durchstreift, auch nur eine Ahnung von seiner Bedeutung bekommt.

Eduardo strich sich den Bart und deutete auf eine Wiese jenseits der Straße. Eines Tages vor einigen Jahren hatte Tom Dillehay alle Familien, die in der Nähe des Monte Verde lebten, zu einem *curanto*-Picknick eingeladen. *Curanto* ist ein Eintopf aus Meeresfrüchten und Gemüse, der in einem Erdofen stundenlang schmort und dessen Genuss einen unordentlichen Haufen Schalen hinterlässt. Jeder war überrascht, als Dillehay, ein penibler Mann von spartanischer Lebensart, der Abfall und Unordnung hasst, seine Gäste dazu aufforderte, möglichst viel Unrat zu hinterlassen. Anschließend zeichnete er eine Karte des Abfalls, fotografierte jedes Stück und versprach, in Abständen zurückzukommen, um nachzusehen, wie viel des Unrats von der natürlichen Erosion verschont worden sei. Nach drei Jahren hatte die Vegetation bereits alle Spuren des Gelages überwuchert. In einem anderen Experiment wurde eine fast identische Replik der Tierhaut, mit der die Monteverdinos sich bekleideten, dem Wetter und den Pilzen ausgesetzt: Nach zwanzig Jahren war sie nicht mehr zu erkennen.

Und doch schafft es gelegentlich und wie durch ein Wunder etwas so Vergängliches wie ein Fußabdruck, 13 000 Jahre des Verfalls zu überstehen. Wie sich zeigt, konservieren Feuchtgebiete Spuren der Vergangenheit oft besser als trockenes Land. Am Monte Verde hatten durch puren Zufall – und das Glück ist die unbesungene Heldin der meisten archäologischen Durchbrüche – natürliche Isolatoren die Fundstücke vor organischer Verwesung bewahrt: zuerst eine Schicht sandigen Sediments und dann eine zweite Schicht aus Eisenoxid, die Sauerstoff ausschlossen und Feuchtigkeit nicht durchließen, und zusätzlich ein Deckschicht aus Torf, die das Durchsickern von Regenwasser verhinderte.

Und dann gab es gewisse Ahnungen. Mit ein wenig Nachhilfe aus der Natur.

In diesem Fall von einem Vogel.

Eduardo hatte eben vorgeschlagen, dass es jetzt vielleicht Zeit sei, das nur wenige hundert Meter von der

Stätte entfernte Haus der Barrías zu besuchen, um nachzusehen, ob wir Checho Barría aufstöbern könnten, der als Kind bei der Entdeckung der *huella* dabei gewesen war, doch nun kam ein Vogel über die Wiese geflogen und landete auf dem gegenüberliegenden Bachufer, wo wir standen. Eine lange Stille folgte. Der Vogel schaute uns an, hüpfte umher, wartete.

Und wiederholte so, wie Eduardo berichtete, was ein Artgenosse vor vielen Jahren getan hatte – wahrscheinlich 1983, als das Archäologenteam schon eine ganze Weile gegraben und nichts gefunden hatte, was man spektakulär hätte nennen können. Es war eine Zeit, als die Grabung dem folgte, was Tom Dillehay die »Bauchgefühl«-Strategie nannte, eine Mischung aus Intuition und Erfahrung. Jeden Morgen nach dem Aufwachen stellte man sich dieselbe Routinefrage: Wo sollen wir heute anfangen? Hier, dort, dort drüben? Doch es kam nicht viel dabei heraus.

Und jeden Morgen kam ein Vogel – ein *aguilucho*, ein kleiner adlerähnlicher Vogel – und landete immer auf demselben Fleck, saß ruhig da und legte den Kopf zur Seite, als wäre er neugierig auf die Arbeit dieser fremden Eindringlinge. Bis eines Tages Dillehay sagte: »Okay, wisst ihr was, jetzt graben wir da drüben, wo dieser Vogel immer sitzt.«

Vielleicht war der Vogel ein Botschafter von den Uranfängen. Vielleicht war er der einzige lebende Zeuge, der sich von Generation zu Generation immer wieder repliziert hatte, ein Vogel, der über 13 000 Jahre hinweg den jeweils nächsten gebiert, bis jemand kommt, um die Vergangenheit zu retten. Denn an der Stelle, wo der

Vogel beharrlich immer wieder landete, tauchten einige Tage später die drei Fußabdrücke in einem Bett aus getrocknetem Schlamm auf – einer davon perfekt, makellos, der große Zeh, der Schwung der Sohle, die geringe Größe, nur 12,3 Zentimeter –, sehr dicht am damaligen Verlauf des Bachbetts. Danach änderte der Bach seinen Lauf, und als ich dann endlich neben Checho Barría stand und er mir die Stelle zeigte, wo die *huella* gefunden worden war, deutete er direkt auf das fast kristallklare Wasser, das in einem dunklen Bett aus bräunlichen Kieseln plätscherte. Checho war zehn Jahre alt gewesen, als man diesen Fußabdruck fand – genau das Alter, das ich, aus irgendeinem Grund, dem Kind zugeschrieben hatte, das vor so vielen Jahrtausenden auf dem Weg zu wer weiß welcher Verrichtung diesen Abdruck hinterlassen hatte.

Wieder hatte das Team Glück. Eine beinahe schon unerträglich penible Studentin, Doris López, hatte an dieser Stelle gearbeitet und mit einem Pinsel aus extrafeinen Borsten und einem Bambusspatel den Schlick aus einer Art flachen Senke entfernt, die direkt neben dem Standplatz eines der primitiven *toldos* lag. Mario erinnert sich, dass sie plötzlich eine merkwürdige Frage stellte: *¿qué está pasando?* – was ist hier los? –, denn sie war auf ein ganz anderes, weiches Material gestoßen, das, wie Mario dachte, mit extremer Geduld bearbeitet werden musste, um nicht beschädigt zu werden. »Wenn Sie nicht gewesen wäre«, sagt Mario, »*delicadísima*, mit einem ungeheuren Feingefühl in diesen ihren extraglatten Fingern, dann hätten wir ihn verloren.«

Dann lag der Abdruck plötzlich da, vor ihrer aller Blicke, und zum ersten Mal seit 13000 Jahren sahen menschliche Augen, was ein menschlicher Fuß schwach hinterlassen hatte. Und sofort stellte sich die eine Frage: »Wie ihn konservieren?« »Solche Dinge«, sagt Mario zu mir in diesem Lagerraum in Valdivia, »sind wie ... *un suspiro en el viento*. Ein Seufzer im Wind.«

Nun machte sich Hektik breit im Team. Zum Glück regnete es an diesem Tag nicht, aber in Puerto Montt gab es nichts, was man hätte benutzen können, um den Fußabdruck vor dem Verfall zu bewahren. Kein Plastik, kein Polyester, kein Silikon. Sie schossen Fotos – und dann stachen sie in das Sediment, hoben einen ganzen Quadratmeter Erde heraus, bestrichen die Unterseite mit Gips und legten ein spezielles Tuch über den Abdruck und strichen darüber noch einmal Gips. Als wäre die *huella* ein Baby. Das älteste Baby Amerikas.

Und was hatte er gefühlt, fragte ich Mario, als er dieses Ding dort sah, die *huella*?

»Es ist eine Sache, Artefakte zu sehen, die höchstwahrscheinlich von irgendjemandem angefertigt wurden, aber eine ganz andere ist es, die *pisada* zu sehen, die jemand gemacht hat, was sein Fuß in der Erde hinterlassen hat. Das gibt einem ein Gefühl für das Menschsein, verstehen Sie? Und dieses Kind trug einen Mokassin, ging nicht einmal barfuß.«

Ein Regenbogen von Gefühlen schillerte in seiner Stimme.

Gestern Abend beim Essen hatte Mario Pino mir erzählt, wie diese Vorfahren seiner Vorstellung nach gelebt hatten. Auch wenn er Geologe ist, mit einem Doktortitel der Universität Münster in Westfalen, umgeben von Zahlen und Experimenten und Tabellen, so vermute ich doch, dass das, was ihn an seinem Beruf fasziniert, die Aussicht ist, in das Leben und die Gedankenwelt der Menschen einzutauchen, die seine Wissenschaft studiert.

Er erläuterte mir, dass diese Frauen und Männer sich die zum Überleben optimale Stelle ausgesucht hatten: Fließendes Wasser ermöglichte ihnen eine schnelle Flucht vor Gefahr (»Bäche sind wie Pfade«, sagte er) und lieferte ihnen auch einen ununterbrochenen Nachschub an Steinen, aus denen Werkzeuge geformt werden konnten. Immer auch in der Nähe eines Waldes – wenn es kein Fleisch zu ergattern gab, dann fanden sie Beeren, Körner, eine Unmenge von Pilzen. Und dieses Lager war entweder eine ständige Siedlung gewesen oder eine, in die sie Jahr um Jahr zurückkehrten, denn zu viel liebevolle Arbeit, zu viele Stunden des Fällens und Zurechtschneidens von Baumstämmen waren investiert wurden, als dass dies nur ein Übergangslager hätte sein können. Er berichtete mir von der fortschrittlichen Technik, die diese Monteverdinos zur Verfügung hatten, wie sie Lehm benutzen, um die Feuerstelle gegen das umgebende Erdreich zu isolieren, Lehm, der von woanders hierhertransportiert werden musste, ach so wertvoller Lehm, der Hitze nach oben steigen lässt, der die Glut bewahrt und danach ein Aschebett, in das, vor so vielen Myriaden von Tagen und Nächten, ein junger Mensch ganz unabsichtlich trat. Und die Knoten – »es gibt nichts Menschlicheres als einen Knoten«, sagte Mario –, die es den Seilen, die das Zelt aufrecht hielten, gestatteten, sich je nach Wind zu straffen oder zu erschlaffen. Und der Teppich im Inneren der Behausung, der aus Hunderten von Stücken Mastodonhaut gefertigt worden war. Und die ovale

Form des Zelts. Und die Flecken auf dem Boden von ausgespuckten Klumpen *boldo*, einem wegen seiner medizinischen Qualitäten gerühmten Kraut, das auch ich mir immer aufbrühe, wenn ich Chile besuche, und das die Monteverdinos, weil es vor Ort nicht wuchs, aus dem Hunderte von Kilometern weiter nördlich gelegenen Talca hatten heranschaffen müssen. Und argentinische Pflanzen, die sie entweder über die *cordillera* transportiert hatten oder sich durch Handel mit anderen Gruppen beschafft haben mussten.

Und dann gibt es noch diese andere kleinere menschliche Behausung, etwa dreißig Meter vom Haupt-*toldo* entfernt, in dem sie alle schliefen – ein Bau, in den nur eine Person passte und der in Ost-West-Richtung ausgerichtet war, was auf eine wohlbegründete Absicht schließen lässt. Drinnen ein Herbarium, voller Überreste medizinischer und essbarer Pflanzen, bis zu sechzig verschiedene Arten.

»Wir haben in dem Buch nichts darüber geschrieben«, sagte Mario und meinte damit zwei dicke, penibel recherchierte Bände über Monte Verde, die das Smithsonian Institute 1989 und 1997 herausgab, »weil das bis jetzt nur Spekulationen sind, aber es muss einen Schamanen, einen alten Mann oder eine alte Frau, mit enormer Macht innerhalb dieser Gemeinschaft gegeben haben, der oder die wusste, wann zu ernten und was zu ernten war. Die Entscheidung, eine Pflanze zu essen, braucht viel Zeit. Denken Sie an die Augen, die wissen mussten, was Nahrung ist und was den Tod bringen könnte.«

Mario Pino verstummte für ein paar Augenblicke, jetzt in diesem Raum auf dem Campus, so wie er es oft während des Abendessens getan hatte. Als wir uns gestern Nachmittag begrüßten, hatte er als allererstes gesagt, ich möge ihm Zeichen der Erschöpfung nachsehen, die er vielleicht hin und wieder an den Tag lege. Er habe eben erst vom Tod eines engen Freundes und Kollegen in Deutschland erfahren, und die Nachricht nehme ihn mit. Also fragte ich mich, ob seine häufigen Schweigepausen während unseres Essens von Erinnerungen an diesen Freund herrührten, der, ganz offensichtlich alleine, auf der anderen Seite der Welt gestorben war. So war es wohl, denn am Tag darauf – mit anderen Worten, heute, während unserer vormittäglichen Sitzung mit der *huella* und den anderen am Monte Verde geborgenen Artefakten – zeigt sich Mario weniger ernsthaft und reserviert, er ist fröhlicher, pfeift vor sich hin, summt leise kleine Liedchen, lächelt öfter. Aber gestern Abend war unsere Unterhaltung noch ein wenig tiefsinniger geworden, als sie sich der Weisheit der alten Schamanin, ihrem Wissen über viel mehr als Botanik zuwandte.

Wir versuchten, sie uns vorzustellen, diese Frau, die plötzlich eine unbekannte Pflanze findet und sie anhand von Überlieferungen klassifizieren muss – die da ist eine Verwandte von der da, sie sieht aus wie diese andere, diese andere, die diese Art von Wirkung hat. Also probiert sie sie mit der Zungenspitze und wartet, um zu sehen, was passiert, *spüre ich etwas, ich spüre nichts*, und dann erhöht sie die Dosis, schmeckt und probiert, probiert und schmeckt. Es dauert viele Jahre, bis aus einer wilden Pflanze eine Kulturpflanze wird. »Es ist anders als beim Fleischessen«, sagte Mario. »Um Fleisch zu essen, braucht man einen Stecken, man schnappt sich Pfeil und

Bogen, oder man findet ein totes Tier, man macht Feuer – und das Abendessen ist fertig. Aber wissen Sie, in einem Wald fünfzig, sechzig Arten zu sammeln, das ist harte Arbeit.«

Weisheit ist harte Arbeit, dieser Meinung bin ich auch. Es muss also viele Unterhaltungen am abendlichen Feuer gegeben haben, die Weitergabe von Wissen in diesen langen Wintern im *toldo*, viele Nächte, in denen über Pflanzen und den richtigen Wörtern gebrütet wurde, das Bedürfnis, zu reden und zu vergleichen, was man weiß, was man anderen beibringen muss, bevor der Tod einen dahinrafft. Das alles geschah nachts, meint Mario Pino, als die Morgendämmerung noch weit entfernt war und drinnen ein wärmendes Feuer brannte und draußen der Regen herunterprasselte und man viele Stunden vor sich hatte. Unterhaltungen, damit die Nächte nicht so lang wurden, reden, um den Sonnenaufgang mit Worten zu beschleunigen.

»Sie müssen ein gutes Leben gehabt haben«, sagte Mario, als unser eigener Abend sich dem Ende zuneigte, »*una vida muy buena.*« Er betrachtet diese Winter als angenehm trotz des Regens und des Windes, der draußen heulte; beinahe nostalgisch redete er über die Geschichten, die sie sich am Feuer erzählt haben mussten.

»Und die Kinder? Das Kind, das diesen Fußabdruck hinterließ?«

»Ich zeige Ihnen morgen etwas«, hatte Mario versprochen.

Und das ist der Grund, warum er mich jetzt – nachdem er die Schachtel mit der *huella* zusammen mit allen anderen Dingen, die er mir zeigte, wieder in den Schrank eingeschlossen hat – in einen anderen Raum führt, wo er einen Diaprojektor aufbaut.

Ein Objekt blitzt auf der Leinwand auf und bleibt dort.

»Schauen Sie«, sagt er. »Sehen Sie diese *boleadora*? Es ist ein Kreisel. Sehen Sie sich diese Rille in der Mitte an. Angefertigt für ein Kind.«

Er erzählt mir von einem Tag vor einigen Jahren, als er mit einer Gruppe Schülerinnen redete. Sie hatten ihn nach Kindern (*criaturas*) ihres Alters gefragt, damals in des Zeit des Monte Verde, und er hatte ihnen diese *boleadora* gezeigt, dieses Spielzeug mit seiner Rille in der Mitte, die sorgfältig geschnitzt worden war, mit einer Geschicklichkeit, die nur aus Liebe erwachsen sein konnte. Irgendjemand, sagte er ihnen, irgendein Erwachsener, hatte dieses Kind so gern, dass er Stunden damit zubrachte, das Spielzeug in Form zu schnitzen.

»Schauen Sie«, sagt er jetzt zu mir und deutet auf das *diapo*, wie er vor den Mädchen auf das Objekt selbst gedeutet haben musste, und wiederholt die Worte, die er wohl damals zu ihnen gesagt hatte, »schauen Sie sich die Verzierung an, wie es verschönert wurde, vielleicht vom Vater, vielleicht von der Mutter, vielleicht auch vom Großvater, vielleicht für das Kind, das den Fußabdruck hinterließ.«

Die Schülerinnen hatten die *huella* sehen wollen, und Mario hatte sich durch die Dias geklickt, bis das richtige auf der Wand aufblitzte. *Dieser Fuß*, hatte er zu seinem Publikum in dem Klassenzimmer gesagt, *war klein, nur etwa so. Wie einer der euren, ein Fuß von einem Mädchen wie ihr.* So etwas hatte er zuvor noch nie gesagt, berichtet er mir, und mit Sicherheit nicht zu einer Gruppe Mädchen.

Damals hatte er, erzählt Mario weiter, unvermittelt die Anwesenheit eines Menschen gespürt, einer kleinen Person, die unsichtbar neben ihm stand. Und wie aus dem Nichts, ohne zu wissen, wie oder warum, hatte er plötzlich angefangen zu weinen. Nach einer verblüfften Pause hatten auch die Mädchen damit angefangen und dann auch die Lehrerin, und bald hatten sie alle geweint, unkontrolliert geschluchzt. Mario hatte den Projektor ausgeschaltet.

Doch dieser Vorfall ließ ihn tagelang nicht mehr los.

»Ich bin ein Ungläubiger«, erzählt er mir. »Ich glaube nicht an Gott. Ich glaube an niemanden außer an meine Freunde.«

Dennoch war dieses Erlebnis so stark und bizarr und mit Händen greifbar gewesen, dass er in Valdivia eine esoterische Frau besuchte, die angeblich Kontakt mit Geistern aufnehmen konnte. Sie bat ihn, doch in einigen Tagen wiederzukommen, und als er es tat, sagte sie ihm, sie habe Kontakt mit der Familie aufgenommen, die vor so vielen tausend Jahren am Monte Verde gelebt hatte. Zu der Familie gehöre auch ein Mädchen, zwölf Jahre alt.

Mario war skeptisch. *Stellen Sie ihr eine Frage*, schlug er vor, eine Frage nach etwas, das bis dahin noch nicht veröffentlicht worden war: Wo befand sich die Öffnung des *toldos*, unter dem sie alle lebten, in welche Richtung ging sie? Die Antwort, die die Frau ihm auftischte, war enttäuschend, absolut falsch.

Deshalb hatte Mario auch den Gedanken verworfen, dass die Geister dieser Menschen noch irgendwo herumschwebten. »Aber für alle Fälle«, sagt Mario, während wir zur Tür gehen, »habe ich dieses Dia nie mehr verwendet.«

Wir verabschieden uns im Nieseln eines typischen Valdivia-Nebels.

»Wenn Sie sie beschreiben«, sagt er und drückt mich an sich, »vergessen Sie nicht, sie zu beschreiben mit Liedern in der Nacht und nächtlichen Geschichten und ... Die Leute stellen sie sich vor – knurrend und bellend, wie Affen, haarig und sehr schmutzig –, so ist unser Bild von ihnen. Aber eine Kultur, die so viel über die Natur wusste ...«

Auf der dreistündigen Rückfahrt zum Flughafen von Puerto Montt merke ich, dass ich noch etwas Zeit habe, bis meine Maschine nach Santiago abhebt, von wo aus wir mit dem Auto nach Norden fahren werden, und ich beschließe, den dreißig Kilometer langen Umweg nach Monte Verde noch einmal zu machen. Wenn Angélica bei mir wäre, würde sie mich tadeln und mich vor dem Schlamm warnen.

Kein schlechter Rat. Ich bleibe beinahe stecken, als ich mein Auto am Rand der schlammigen Straße abstelle, die an der Ausgrabungsstätte entlangführt. Während ich die *huella* in meinen ungeschickten Händen hielt und mich mit Mario Pino unterhielt, hat es hier in Monte Verde anhaltend geregnet, eine masochistisch perfekte Vorbereitung auf die trockene Luft der Wüste, die ich bald einatmen werde.

Aber ich habe noch eine letzte Frage an den Monte Verde. Warum gingen sie von hier weg? Warum verließen die Männer und Frauen, die Großeltern und Kinder so plötzlich diesen Ort, der ihr Zuhause gewesen war? Und plötzlich war es gewesen: Sie hatten die Utensilien zurückgelassen, mit denen sie wenige Stunden zuvor noch einen Baumstamm bearbeitet hatten. Und auch Getreide und andere Nahrung. Und keine Hinweise auf Gewalttätigkeiten, kein Gefühl, dass sie irgendetwas hastig abgebaut hätten. Sie hatten wohl vorgehabt zurückzukehren, taten es aber nicht. Passierte ihnen irgendetwas, der ganzen Großfamilie, irgendein Unglück an einem anderen Ort? Diesem Kind, dessen letzte Handlung am Monte Verde es vielleicht war, diesen Fußabdruck zu hinterlassen?

Die Wiese am Monte Verde antwortet natürlich nicht.

Noch ein letztes Mal betrete ich sie, jetzt ohne Führer, ohne Begleitung. Es ist extrem feucht, und ich rutschte und stolpere auf dem Weg zum Bach, hinterlasse meine eigene *huella* in dem Morast – auch wenn ich bezweifle, dass in Tausenden von Jahren irgendjemanden die Erregung packen wird bei der Aussicht, endlich zu erfahren, welche Art von Mensch in seinen Asics-Laufschuhen hier durchgelatscht ist. Vielleicht gibt es dort unten noch einen anderen Fußabdruck – übersehen von Tom Dillehay und seinem Team, die nur achtzig Prozent der Stätte bearbeiteten, damit künftige Generation erforschen können, was jetzt unausgegraben geblieben ist, mit Methoden, die vielleicht noch mehr Licht auf das werfen, was hier geschehen ist. Bald wird man auch andere, ähnliche Stätten entdecken, und Wissenschaftler glauben, dass eine ganze Kette von Siedlungen aus der Zeit der Monte-Verde-Kultur ans Tageslicht kommen wird, bis hinauf nach Kanada. Und dann ist der Monte Verde nicht mehr so allein.

Unterdessen wird hier ein Museum entstehen – mit dem Namen Monteverde, La Huella del Hombre, wobei das Wort *huella* nicht nur für den Fußabdruck steht, sondern für Spur, für die Kette von Signalen, die wir in der Erde hinterlassen –, am hinteren Rand der eigentlichen Ausgrabungsstätte, gegenüber der Straße, die ich zweimal benutzt habe, um hierher zu kommen. Tom und Mario und Eduardo planen ein ökologisch integriertes Museum. In einem riesigen Hauptsaal wird es eine Rekonstruktion der eigentlichen Stätte geben. Eine ganze Wand wird ein riesiges Panoramafenster sein, das den Blick freigibt auf einen Wald und einen großen Garten, der eine bunte Mischung von Pflanzen enthalten soll, über fünfzig mit medizinischen Eigenschaften und die doppelte Menge von Arten mit Nährwert. Es wird 100, vielleicht 150 Jahre dauern, bis alle diese Pflanzen voll entwickelt sind: Besucher werden sie dann studieren und über *senderos de interpretacíon* (Lehrpfade) schlendern und sogar einige Samen kaufen können, um sie zu Hause in ihren eigenen Gärten einzupflanzen. Eine Hommage an das tiefe Wissen der Monteverdinos über Wald und Wiesen. Die Wärter dieses Museums werden ebenjene Barrías sein, die sich schon die ganzen Jahre um diese Stätte gekümmert haben.

Mario Pino hat mir erzählt, dass er Monte Verde als Herausforderung betrachte, als einen Test für Chile. Für ein Land, dessen Identität in einer Zeit der beschleunigten Globalisierung bedroht ist, in Frage gestellt von gleichmacherischen Kräften von außerhalb, liegt hier ein Anker in die Vergangenheit: Vorfahren, die in ihrer eigenen Umgebung verwurzelt waren, die überlebten, indem sie sich nur der Dinge bedienten, die sie selber geschaffen hatten. »Wir könnten viel lernen«, hatte Mario gesagt, »von der Art, wie sie mit dem Wald interagierten, wir könnten die Erde auf ganz ähnliche Weise zu der unseren machen.«

Eine solche Möglichkeit scheint mir allerdings ziemlich weit weg. Hilfe für Monte Verde oder das Museum wird weder bereitwillig noch großzügig gewährt. Kaum Unterstützung von der Universität, der Regierung oder der breiten Öffentlichkeit. Dillehay sucht nach privaten Förderern.

Der einzige Trost liegt vielleicht darin, dass niemand kommen wird, um diesen Ort zu plündern. Denn es gibt zwei Wege, eine Stätte mit einer solchen Bedeutung für die ganze Menschheit zu schützen: Einerseits kann man Zäune und Tore errichten, Wachpersonal anstellen, sie mit Alarmanlagen umgeben. Der andere Weg heißt Nichtbeachtung und Vernachlässigung. Niemand kann etwas stehlen, von dem er gar nicht weiß, dass es da ist. Der beste Schutz für Monte Verde ist paradoxerweise dieses völlige Fehlen von Schutz und Dünkel.

Ich verlasse ihn nun, diesen Ort mit seiner so spektakulären Bedeutung für die Geschichte der Amerikas, der sein Potential zur dramatischen Entthronung akzeptierter Theorien vor neugierigen Augen verbirgt, so wie er es wohl schon getan hat, bevor einer der Barrías auf den Mastodonstoßzahn stieß. Wäre eine solche bedeutende archäologische Fundstätte in den Vereinigten Staaten entdeckt worden, hätte man ein Vierteljahrhundert später wohl schon eine Kuppel darüber errichtet, um die Stätte zu schützen, in der Nähe wären Hotels entstanden, und aus großen, klimatisierten Bussen würden Touristen steigen, die Kamera in der einen Hand, einen Schokoriegel (samt Hülle) in der anderen.

Mich schaudert bei dem Gedanken.

Vielleicht ist es so besser: nur die Kühe, die Gänse und die Barrías. Und ein Vogel, der jeden Morgen zur selben Zeit vorüberfliegt. Und vielleicht, wer weiß, ein anderer Fußabdruck, hinterlassen von einem anderen Kind, irgendwo dort unten im Boden oder unter dem stillen Bach Chinchihuapi, ein Fußabdruck, der darauf wartet, zu uns zu sprechen.

Wenn wir wissen, welche Fragen wir stellen müssen.

Sternsucher

Sonntag, 11. Mai 2002, Cerro Las Campanas.
Einhundert Meilen nördlich von La Serena

Wir stehen auf diesem Hügel auf dem Dach der Welt und starren hoch zur Magellan'schen Wolke aus Sternen, starren durch diesen klaren, mitternächtlichen Himmel der Wüste zu den Ursprüngen des Universums. Neben mir steht mein Freund Miguel und zeigt uns Konstellationen, die vor Milliarden von Jahren gestorben sind – und seine Frau Jenny und Angélica und ich selbst, wir nicken und staunen und sind irgendwie einfach nur dankbar, hier sein und gemeinsam diesen Augenblick ehrfürchtigen Staunens genießen zu dürfen.

Ungefähr 500 Kilometer nördlich von Santiago haben Angélica und ich diesen kurzen Abstecher von der Hauptstraße weg gemacht, um endlich eine schon lange bestehende Einladung von Miguel Roth anzunehmen, dem Direktor dieses Observatorienkomplexes in Las Campanas, einer der berühmtesten und leistungsstärksten Sternwarten dieses Planeten. Ein ausgezeichneter

Beginn unserer Reise: zu erleben, wie die chilenische Wüste, die wir erkunden wollen, Besuchern oder Bewohnern eine andere Art der Erkundung ermöglicht, von Zeit und Raum, eine Chance zu erforschen, wie diese Zeit und dieser Raum begannen, wie selbst die Minerale dieser Wüste, die vor uns liegt, Millionen von Lichtjahren in der Vergangenheit ihren Anfang nahmen in einem Hexenkessel voller Wasserstoff.

So viel zu den Ursprüngen!

Die Wissenschaftler und studentischen Hilfskräfte, die die vielen Teleskope auf diesem Hügel benutzen, um zu vermessen, wie Galaxien sich im Verlauf der kosmischen Zeit verändern, beschäftigen sich mit Fragen, die allen Menschen durch den Kopf schwirren: Wie kamen wir hierher? Was brachte uns zu diesem Punkt? Und andere, konkretere Fragen: Warum stehen wir auf diesem Planeten, der diese spezielle Sonne umkreist? Warum ist dieser Stern in dieser Galaxie? Wie wurde das Universum so, wie es ist?

Einer der Gründe, warum die Antworten immer schwerer fassbar werden, besteht darin, dass am 24. Februar 1987 hier in Las Campanas Ian Shelton, ein kanadischer Wissenschaftler, der ebenjenes Magellan-Teleskop benutzte, das wie ein gigantischer Metalldom hinter uns glänzt, die Explosion einer Supernova beobachtete. »Es war da droben in der Größeren Magellan'schen Wolke«, sagt Miguel und deutet zu einem Sternenhaufen, der für meine naiven Augen von einer ganz besonderen, weichen Strahlung durchtränkt scheint, »und ich war noch nicht hier, Jenny und ich waren eben erst aus dem Exil nach Chile zurückgekehrt.«

Supernovae sind alternde Sterne, die nicht sterben wollen, doch wenn sie abtreten, dann tun sie es spektakulär, mit einem Knall. Und die 1987 aufgezeichnete gewaltige Explosion von Sternenmaterial geschah so dicht an der Erde (nur 163 000 Lichtjahre entfernt) und setzte eine solche Menge an Energie frei (sie war über mehrere Monate hinweg mit bloßem Auge erkennbar, bevor sie begann, in sich zusammenzufallen und zu verlöschen), dass sie in astronomischer Hinsicht zum Jahrhundertereignis wurde. Denn sie gestattete Messungen und Vergleiche, die moderne Astronomen bis dahin nicht anstellen konnten (die letzte große Supernova wurde 1604 beobachtet), und sie bedeutete einen großen Sprung vorwärts in der Theorie der Sternentwicklung und der Entstehung des Universums und darüber, wie unser eigenes Sonnensystem erschaffen wurde. Sie lieferte aber auch eine Menge beunruhigender Daten: Das Universum, das sich, nach früheren Theorien und Voraussagen, im Raum eigentlich zusammenziehen oder verlangsamen oder langsam ausdehnen sollte, schien sich stattdessen zu *beschleunigen* und gleichzeitig auszudehnen – und es gab (und gibt immer noch) in der Quantenphysik keine Erklärung, wie und warum das vor fünfzehn Milliarden Jahren im Big Bang entstandene Universum sich auf diese völlig unverständliche Art und Weise verhält. So dass Roth, als er 1989 als leitender Astronom nach Las Campanas kam, den ganzen Bereich der Astrophysik in einem Zustand heftigster Neudefinition vorfand, auf der verzweifelten Suche nach einer neuen Theorie, die jedoch mit einer Begeisterung betrieben wurde wie seit dem Beginn des zwanzigsten Jahrhunderts nicht mehr, als Planck und Bohr und Einstein unsere Sicht auf Energie und Licht und Existenz veränderten.

In gewisser Weise sucht sich jeder, der jetzt in dem Observatorium arbeitet, einen Weg durch den leuchtenden Schutt, den diese sensationelle Supernova-Explosion von 1987 hinterlassen hat, jeder widmet seine Forschung und sein Leben dem Versuch, noch ein bahnbrechendes Ereignis aufzuspüren, das die gegenwärtige Theorie, wie das Universum begann und wie es enden wird, entweder bestätigt oder widerlegt. Einige von ihnen – darunter zwei Wissenschaftler aus Polen – suchen jedoch nach etwas noch schwerer Fassbarem: der dunklen Materie, aus der siebzig Prozent des Universums bestehen und die doch irgendwie nicht vorhanden ist, die so schwer sichtbar und verständlich zu machen ist wie die vergessene Vergangenheit unserer eigenen menschlichen Entwicklung.

Früher an diesem Abend, als das Rosa des Himmels nach Sonnenuntergang in eine langsam dunkler werdende Wiese aus Sternen überging, waren wir hochgestiegen in die Eingeweide des Magellan-Teleskops, wo fünfzig Monitore und Trillionen Computer (so kam es mir zumindest vor) Daten fressend summten und klickten und schnurrten. Weil es zufällig eine leichte Wolkendecke und ungewöhnlich heftige Winde gab, hatten die Techniker ausnahmsweise dieses Teleskop und seinen Zwilling, das Dupont-Teleskop, schon nach vierzig Minuten Arbeit wieder abgeschaltet. So ein Pech – der Silberstreifen an diesem speziellen diesigen Horizont war aber, dass so die Männer (und die eine Frau) genügend Zeit hatten, uns zu erklären, was sie eigentlich taten. Sie zeigten mir, wie ein Spektrograph funktioniert – das wichtigste Instrument der Astronomen zur Messung der Wellenlänge der Strahlungsenergie eines Sterns, der Rotverschiebung im Spektrum des Sternenlichts, die es ihnen ermöglicht herauszufinden, wie weit entfernt, in Raum und Zeit, eine Galaxie tatsächlich ist und wie schnell sie sich möglicherweise von uns entfernt. Ich habe Bilder von Galaxien gesehen, die etwa fünf Milliarden Jahre in der Vergangenheit liegen, festgehalten in einem erstaunlichen Wirbel von Farben, der jeden modernen Maler blau und grün und rot und gelb vor Neid machen würde, der aber in ihrem Fall – oder zumindest im Fall von Scott Trager, einem promovierten Assistenten – hilft, Galaxien einzufangen, die alt sind und keine neuen Sterne mehr bilden, in der Hoffnung herauszufinden, wann dieser Prozess aufhörte.

Und später dann, als aus dem Abend tiefe Nacht wurde – ja, auch auf dieser unserer Erde vergeht die Zeit, in infinitesimal winzigen Einheiten im Vergleich zum Kosmos, aber dennoch unabänderlich auf unser eigenes Ende hin –, später also zeigten mir Jason Prochaska und Hsiao-Wen Chen, zwei junge Gastwissenschaftler aus Santa Cruz, das Spektrum eines Quasars, den sie studiert hatten, eines, der weiter weg ist, als der menschliche Verstand begreifen kann. Ich fragte sie, wie sie es denn schaffen, täglich mit so ungeheuren Zeiträumen und so überwältigenden Entfernungen zurechtzukommen, und die Antwort darauf lautete, sie schaffen es nicht, sie haben, trotz der Alltäglichkeit des Ganzen – eine Galaxie nach dem Essen, ein Komet zum Nachtisch, intergalaktisches Gas zum Cognac – noch immer unglaubliche Schwierigkeiten, sich vorzustellen, was fünfzehn Milliarden Jahre eigentlich bedeuten. »Diese Wüste«, sagte Scott zu mir, »ist zweihundert Millionen Jahre alt, und die Erde ist viereinhalb Milliarden Jahre alt, und ich ... ich bin dreißig.«

Jetzt, spät nachts, schaue ich mit Jenny und Miguel und Angélica hoch in den erstaunlichen Himmel, von dem die etwa zwanzig Wissenschaftler in ihren abgeschlossenen Kammern voller Messgeräte nicht einmal einen Blick erhaschen, hoch zu den Sternen, die für einige wenige freie Augenblicke die unseren sind, ohne dass man sie in Computergrafiken übersetzen müsste, die unseren, ob wir nun wissen oder nicht, dass sie in Wahrheit nur gottverlassene, weit entfernte Schmelzöfen sind. Und ich denke an die Wissenschaftler, die nun zusammensitzen und darauf warten, dass der Wind sich legt und die Bedingungen sich bessern, damit die Nacht nicht vergeudet ist, denn jede Stunde am Teleskop ist ein Jahr im Voraus reserviert, wird verteilt als Belohnung für Hunderte von durchwachten Nächten, und jede dieser Stunden ist so kostbar, dass sowieso keiner von ihnen vor sechs Uhr morgens zu Bett geht, nur für den unwahrscheinlichen Fall, dass die Techniker ein Erbarmen haben und die Kuppel öffnen, damit sie, die Waisen des Kosmos, den Himmel downloaden können.

Am nächsten Tag vor Sonnenaufgang – es ist jetzt Sonntag, der 12. Mai – wache ich so früh auf, dass ich noch mitbekomme, wie die letzten Sterne am Horizont verblassen und die Astronomen in Schlafzimmer torkeln und taumeln, in denen die dicksten Vorhänge und die dichtesten Jalousien, die ich je gesehen habe, den Feind Sonnenlicht davon abhalten, in ihre Tagträume einzudringen. Ihnen entgeht eine verblüffende Landschaft, denn sie sehen nicht hin, als die ersten Strahlen unseres eigenen Sonnengestirns hinter den Anden hervordringen und die vielen Kuppeln des Observatoriums erhellen, weiß und glänzend und eine Augenweide, verstreut über mehrere miteinander verbundene Hügel, ein starker Kontrast zu den Felsen und Klippen des Hintergrunds in ihren satten, rötlichen Ockertönen. Wie Marsfahrzeuge, denke ich, die ein genialer Designer für einen Hollywood-Streifen entworfen hat und die einem unscheinbaren Hinterland eine geheime Harmonie, Symmetrie und geometrische Strenge auferlegen. Kein Fleckchen Grün, nicht einmal Gestrüpp, befleckt die Herbheit dieses Hochebenentals, ein zerklüftetes Panorama aus ständig sich verändernden Beige- und Brauntönen, die so zart sind, dass sie es irgendwie schaffen, die Härte dieses ausgedörrten Landes ein wenig zu mildern. Im Westen erheben sich weitere Hügel, Ausläufer der *cordillera de la costa*, am Fuß umhüllt von einem weißen Kissen glatter Wolken, die über Nacht vom Pazifik hereingeweht sind und es nie bis zu der Höhe schaffen werden, auf der ich jetzt stehe.

Ich beobachte einen Vogel, der hoch über mir schwebt, ein Kondor oder vielleicht auch ein Adler, die Art, die stundenlang reglos in der Luft stehen kann, ohne Flügelschlag, ja kaum gleitend, die mit winzigsten Korrekturen der Federnstellung einfach an Ort und Stelle bleibt, viel zu hoch oben, als dass ich erkennen könnte, ob er auf der Suche nach Beute leicht den Kopf dreht. Ich gestatte mir zu hoffen – übt die Wüste bereits ihren gefühllosen Einfluss auf mich aus? –, dass diese Kreatur sich auf etwas herabstürzt, einen Fuchs, eine Viscacha, einen toten Guanako, und mir eine Kostprobe gibt von dem erbarmungslosen Kampf um Leben und Nahrung, der sich in Öden wie dieser abspielt. Aber dieser Vogel distanziert sich, er verschwindet nach oben in den schwachen Zirrushauch, der den Himmel verschleiert und der, wenn die Gebete der jetzt schlummernden Wissenschaftler erhört werden, sich bis zum Abend auflöst. Jetzt ist Las Campanas sauber und klar, und auf einem anderen Hügel zwanzig Meilen entfernt auf der anderen Seite des Canyons funkelt ein zweites Observatorium, La Silla, betrieben von einem Konsortium europäischer Staaten, im Schein das anbrechenden Tages, und seine Bewohner flehen wahrscheinlich ebenso um eine klare, windstille Nacht. Es ist eins von mehreren astronomischen Zentren, die in den letzten vierzig Jahren an verschiedenen Stellen in dieser Wüste errichtet wurden, das letzte in Paranal außerhalb von Antofagasta, mit Teleskopen, die viermal so leistungsstark sind wie die von Las Campanas.

Dieselben Bedingungen, die den chilenischen Norden so trocken machen – hohe Berge in der Nähe einer Küste, die von einem kalten ozeanischen Strom abgekühlt wird –, erzeugen auch die speziellen klimatologischen Umstände, die Astronomen in Scharen hierher locken, um das Licht einzufangen, das vom Himmel hereinströmt. Ich dachte immer, es seien allein die 365 fast wolkenlosen Nächte pro Jahr, aber ebenso wichtig ist der Wind. Miguel Roth hat uns erklärt – als wir uns das eigentliche Magellan-Teleskop anschauten, mit seinen Tausenden von Spiegelaugen, die das Licht verschlingen und kartografieren –, was passiert, wenn der Lichtstrahl von einem

Stern auf die nächtliche Atmosphäre trifft: Jeder Strahl wird von winzigen, unsichtbaren Zellhaufen in der Luft gebrochen und abgelenkt, und auf seinem Weg hinunter zum Teleskop springt er in einem Zickzackkurs von einem zum anderen. Wenn man einen Ort findet, wo der Wind keine Turbulenzen verursacht und diese Zellen nicht durcheinander bringt, dann hat man, was sich optimale Bildqualität nennt. Und das ist in dieser Wüste der Fall: Die Schwellenwinde, die bereits Tausende von gleichmütigen Meilen über den Pazifik hinter sich haben, sind bei ihrer Ankunft konstant und homogen, und diese Stabilität garantiert dem Licht, das von seiner Milliarden von Meilen entfernten Quelle kommt, eine ruhige Passage. Das ist auch der Grund, warum Weltraumteleskope wie das Hubble so wertvoll sind.

Aber gewisse Gegenden auf der Erde sind ebenfalls wertvoll, und der Norden Chiles gehört dazu. Diese unsere Wüste exportiert nicht nur Mineralien wie Kupfer, Borax, Jod, Lithium und, ja, noch immer etwas Nitrat, sondern auch den Himmel selbst, einen Himmel ewiger Heiterkeit, wie ihn im achtzehnten Jahrhundert der *abate* Juan Ignacio de Molina in seinem Exil in Italien nannte, wohin der König von Spanien ihn und alle seine anderen Jesuitenbrüder in Lateinamerika verbannt hatte: *la perpetua serinidad del cielo*, hatte er geschrieben.

Großartig zweifellos, aber Tag um Tag um Tag?

Und dies hier war erst der *Norte Chico*, der kleine Norden, wie er genannt wird, um ihn abzusetzen von den gigantischen Weiten der Atacama und Tarapacá. *Chico* und klein mag er ja sein, aber dennoch riesig genug, um gleich hinter den Außenbezirken von Santiago zu beginnen. Eine endlose Reihe trockener Hügel hatte uns auf unserer Fahrt nach Norden begleitet, unterbrochen nur vom unvermittelten Auftauchen von Buschwerk und armseligen Baumgruppen, die sich inmitten von Sand und Staub mit Mühe an die Uferböschung eines Rinnsals klammern. Und hin und wieder ein Tal und Tunnels, die Berge durchschneiden, und jede Stunde ein Tal weniger und Felsen, Felsen, Felsen zu beiden Seiten der *Carretera Panamericana*, die sich durch das Ödland windet.

Ich war des Ganzen schon ein wenig überdrüssig, sehnte mich nach dem Regen von Monte Verde, den grünen Hügeln und Wasserfällen des Sur Chileno. Und doch gab es keine bessere Vorbereitung auf unsere Exkursion in die noch viel grimmigere Wüste, die uns im Norden erwartete, als dieser kurze Besuch bei Miguel und Jenny und der Kolonie der Astronomen. In einer Hinsicht allerdings konnte nichts weiter von diesem Observatorium entfernt sein als die Geisterstädte, die wir bald besichtigen würden. Las Campanas ist eine der Speerspitzen der Modernität, ein Wunderwerk importierter Technologie, so wie es die *salitreras* zu ihrer Zeit waren. Eine gigantische Infrastruktur ist um diese Kuppeln und diese Wissenschaftler aus dem Boden gewachsen, um Kameras am Klicken, Computer am Summen und Hände am Schreiben zu halten. Als Angélica und ich in Las Campanas eintrafen, verfuhren wir uns in dem Gewirr von Gebäuden – ein Stromgenerator, eine Wartungs- und Instandhaltungseinheit, Wohngebäude für wissenschaftliches Personal und Arbeiter, Freizeiteinrichtungen, eine Turnhalle, eine Bibliothek, ein kleines medizinisches Zentrum samt Krankenwagen. Billard, Tischtennis, alle möglichen Spiele. Die meisten Astronomen und Techniker – und auch Gäste wie wir – schlafen in den elegant ausgestatteten Zimmern der hotelähnlichen Mountain Lodge, deren Architektur, die vielfarbigen Steine und das aufwendige Mauerwerk an ein kleines Ski-Hotel in Colorado oder den französischen Alpen erinnert. Und wie Leute im Urlaub isst hier jeder zu viel, kompensiert die Einsamkeit, indem er in dem cafeteriaähnlichen Restaurant Unmengen des reichlich angebotenen und schmackhaften Essen hinunterschlingt. Zubereitet von Köchen, die im Wechsel immer wieder zu ihren Frauen und Kindern ins benachbarte La Serena oder Ovalle zurückkehren – denn sie, wie alle anderen in Las Campanas, betrachten dies nicht als ihren Hauptwohnsitz. Zwei Wochen hier, zwei Wochen dort. Wie viel ästhetische Aufmerksamkeit auch auf jedes Detail verwendet wurde, um dem permanent anwesenden Personal und den Besuchern den Aufenthalt erträglicher zu machen, niemand nennt diese Hügel hier sein Zuhause. Niemand hat es je getan, niemand wird es je tun, bis auf den vereinzelten Geier und die vielen Bergziegen, deren Hinterlassenschaften sogar den Eingang zum weltberühmten Magellan-Teleskop zieren. Ein Kontrast, der mir nicht entgangen war, der Dung zu unseren Füßen, als wir hineineilen, um die Sterne zu sehen, diese winzigen Sterne aus Scheiße an der Schwelle zu diesen hoch aufragenden Gebäuden, die noch viel höher gesteckte Ziele beherbergen: Die Geheimnisse von Konstellationen, die Milliarden von Jahren in die Vergangenheit zurückreichen, zu erfassen, zu berühren und zu erkunden. Diese Tiere werden diesen Ort erben, wenn er – was eines Tages passieren muss – aufgegeben wird.

Und all dieser Hyperluxus, von woanders herbeigeschafft. Es ist wie in jeder Wüste: Sollte das Bedürfnis, diese spezielle Ressource (in diesem Fall die Sterne des Himmels und nicht die Minerale der Erde) auszubeuten, je einmal aufhören zu existieren oder könnte diese Ressource woanders besser ausgebeutet werden, dann würde diese wunderbare, zivilisierte, künstliche Enklave mit dem Namen Las Campanas in sich zusammenbrechen.

Die Wüste hier, wie die größere Wüste, die Angélica und ich in den kommenden Tagen und Wochen erkunden werden, ist ein Ort, wo Menschen nicht überleben können ohne das, was sie aus der Außenwelt mitbringen. Angefangen beim Wasser. Ich bin erst seit ungefähr zwei Tagen unterwegs, und schon habe ich etwas von diesem feindseligen und kryptischen Terrain verstanden. Man kann ins Meer eintauchen oder sich von einem Wald willkommen heißen lassen, aber die Wüste erinnert einen unablässig an Entfernungen – zwischen einem selbst und den Felsen, zwischen einem selbst und der nächsten, weit entfernten Gemeinschaft, zwischen einem selbst und der eigenen Ausdauer. Die Wüste bietet einem nicht die Illusion, dass man je etwas anderes sein könnte als ein Eindringling. Das ist der Grund, warum ich durch diese Region fahren wollte, anstatt ihre majestätische Kahlheit zu überfliegen, wie Angélica es ursprünglich vorgeschlagen hatte. Nein, habe ich zu ihr gesagt, wir müssen uns Meile um Meile hart erarbeiten. Wir müssen den Sand und den Wind spüren, die nur darauf warten, den Platz zurückzufordern, auf dem man zu bauen gewagt hat, ja sogar die Straße, auf der man fährt. Die Wüste: diese Fata Morgana der Ewigkeit oder, eng damit verwandt, nicht wirklich eine Leere nur wegen der tiefen Stille der Wildnis, die geduldig darauf wartet, dich zu umschlingen. Nicht wie die Wälder, wo man Schatten, Schutz, Beeren, Blätter, Bäche hat – wo die Monteverdiner sich niederließen. Sie versuchten, der Wüste zu entkommen, denke ich mir, oder ihre Vorfahren taten es, als sie zum ersten Mal dieses Land durchstreiften. Auf der Suche nach einem Ort, wo es in Reichweite Wasser gab und Dinge, die man essen konnte, Tiere, die man jagen und eines Tages domestizieren konnte.

Vielleicht liefen sie, ohne es zu wissen, vor dem Wüstensyndrom davon, einem Syndrom der Einsamkeit, verursacht von der Wüste – ein Seelenzustand, den der Leser in keinem Psychologielexikon finden wird, weil ich den Begriff eben erst geprägt habe, der mir, um genau zu sein, nach einem langen Gespräch mit Miguel Roth in Las Campanas einfiel.

Wir sind seit über dreißig Jahren mit Miguel befreundet. Miguel und ich, Angélica und Jenny hatten während Allendes Präsidentschaft eine tiefe Kameradschaft und Zuneigung entwickelt, in diesen beschwingten Jahren der friedlichen Revolution teilten wir intensiv die Freude und die Vitalität der Befreiung und später ebenso intensiv den Kummer und das Leid der Niederlage. Es war nicht nur die Vergangenheit, die uns in den schwierigen Jahren der Diktatur und des Exils in Kontakt bleiben ließ – wir trafen uns in Buenos Aires und in Kalifornien und in Mexico City und in Amsterdam, wo immer und wann immer wir konnten. Nicht nur die Erinnerung an die Zeit, als das Leben eine immerwährende Party zu sein schien, als wir alle geglaubt hatten – wir waren damals so jung und so enthusiastisch –, wir würden unser Land emanzipieren und die Welt von Armut und Ungerechtigkeit befreien. Es war nicht nur das, was uns verband, nicht nur die Nähe, die entsteht, wenn man gemeinsam dem Tod ins Auge blickt und überlebt, sondern vielmehr Zuneigung und eine Vertrautheit, die über unsere gemeinsame Vergangenheit hinausreicht, verstärkt vielleicht noch durch die Tatsache, dass Miguel, wie ich, in Argentinien geboren wurde, aber Chile als seine Heimat erwählt und, ebenfalls wie ich, eine chilenische Frau geheiratet hat – die wunderbare Jenny. Ganz zu schweigen davon, dass er einer der humorvollsten und klügsten Männer ist, die ich kenne.

Als wir ankamen, war Miguel so großzügig und gesellig wie immer, etwas breiter im Umfang, der Bart graumeliert, aber das dröhnende Gelächter früherer Tage schüttelte noch immer seinen mächtigen Körper von oben bis unten. Intelligent und geistreich, immer bereit für einen Witz oder ein Spiel oder ein Lied, fähig zu befehlen auf eine gelassene Art, ein exzellenter Verwalter und ein erstklassiger Wissenschaftler. Stolz auf das, was er erreicht hat, froh darüber, dass das Carnegie Institute, das Las Campanas betreibt, ihn mit einer so wichtigen Unternehmung betraut hat. Aber bei unserem gestrigen Eintreffen im Observatorium war er auch leicht angespannt, etwas reizbar, als wäre er nicht ganz zufrieden mit sich und seiner Umgebung – was bei dem normalerweise jovialen Miguel ein wenig unerwartet war. Als wir uns im vergangenen Jahr mit Jenny und anderen Freunden in Santiago zum Mittagessen getroffen hatten, hatte sie eher beiläufig bemerkt, dass Miguel allmählich die Belastung spüre, die es bedeutet, sechzig Prozent des Jahres weit weg von ihr und von zu Hause zu leben. Je länger unser Besuch in Las Campanas dauerte, desto mehr schien er sich zu entspannen, und als wir bei unserer Besichtigung des Magellan-Teleskops am gestrigen Abend in eines der holzgetäfelten Büros mit einem lederbezogenen Liegestuhl kamen, bat ich ihn, sich hinzulegen, spielte dann, mit dem Notizblock in der Hand, den Psychologen und forderte ihn auf zu gestehen, was ihn bedrücke. In dieser Situation kam ich auf den Begriff »Wüstensyndrom«, der von nun an patentiert ist.

Denn es war die Wüste, die ihm das angetan hatte, die an den Rändern seiner Persönlichkeit nagte. Dreizehn Jahre des Kommens und Gehens haben seine Fähigkeit beeinträchtigt, tiefe und bedeutsame menschliche Beziehungen aufzubauen, was unmöglich ist mit der ständig wechselnden Bewohnerschaft von Las Campanas, was aber auch ähnlich schwierig ist mit jenen Freunden in Santiago, mit denen er gern täglich zusammen sein möchte – »und ich kann es einfach nicht, ich muss das alles unterbrechen, um hierher zu kommen, muss diese Beziehungen praktisch aufschieben, und hier kann ich mich auch nicht richtig in eine Gemeinschaft einfügen, da alles so fluktuierend und künstlich ist«, sagte er auf Spanisch und wechselte dann plötzlich ins Englische; »Es ist kein schönes Leben.« Und dann wieder auf Spanisch: »*Pero es lo que hay*. So ist es hier eben. Das hat das Leben mir zugeteilt.« Er schwieg eine Weile und sagte dann: »Ich fühle mich sehr allein hier.«

Ein typisches Dilemma, sagte ich ihm, der Männer (und meistens sind es Männer), die weggehen, um an sehr isolierten Orten zu arbeiten – auf Schiffen, in Minen, auf Ölplattformen, in Kriegen –, ein Dilemma, das man in der Wüste am heftigsten spüren muss, denke ich mir. Sogar unter den luxuriösen Bedingungen, die in Las Campanas vorherrschen, ist doch die Wüste da und setzt einem Grenzen. »Sie ist wie eine Frau«, sagte Miguel. »Sie verführt dich, lockt dich ... Wenn du die Wüste zum ersten Mal siehst, bietet sie dir so viele Verlockungen an, und dann allmählich verweigert sie sie dir, sie wiederholt ihre Angebote, jeden Tag präsentiert sie dir fast verzweifelt, was sie dir gestern schon präsentiert hat. Immer dasselbe in seiner Monotonie. Und du fängst an zu begreifen, dass sie sich dir nie wirklich hingeben wird.«

»*Nichts ändert sich?*«, fragte ich.

Miguel gab zu, dass er im Lauf der Zeit gelernt hat, leichte Veränderungen zu bemerken, darauf zu achten, wie die Wüste ihr Erscheinungsbild variiert. Hin und wieder sieht er Guanakos, einen Burro, einen Bussard. Dieses Jahr gibt es zum Beispiel ein paar Blumen mehr, weniger Insekten, und ein überraschender Sturm im letzten September hat die Füchse verjagt, die eigentlich die Ratten fressen sollten, und jetzt machen die Ratten sich über Saatgut und Getreide her und knabbern mit Begeisterung Kabel an – was sowohl den Sternenguckern wie auch den Technikern große Probleme bereitet. Kleine Häppchen Aufregung für eine so urbane und weltgewandte Persönlichkeit.

Und doch zeigt sich, als wir uns tiefer in diese Zwickmühle hineinwühlen, in der er sich befindet, dass dieses zerrissene Leben ihm mehr zusagt, als er ursprünglich zugeben wollte. Miguel, der Sohn jüdischer Emigranten, die nach der Machtübernahme der Nazis aus Österreich nach Buenos Aires kamen, wurde Opfer derselben zersetzenden Kräfte, die auch mein Leben zerrissen haben. Wie ich verliebte er sich in ein Land, in dem er nicht geboren wurde und das er nach dem Staatsstreich gegen seinen Willen wieder verlassen musste. Und ebenso wie ich versuchte er in den dazwischen liegenden Jahren unermüdlich, nach Chile zurückzukehren. Doch als ihm die Rückkehr schließlich möglich war, fand er das Land auf eine radikale, beinahe kranke Art verändert. »Als ich nach Chile zurückkehrte«, sagte er und kippte die Lehne des Liegestuhls ein Stückchen weiter nach hinten, »hatte ich das Gefühl, ich gehe die Straße entlang inmitten von Leuten, die eine Papiertüte auf dem Kopf haben, du weißt schon, mit zwei Schlitzen für die Augen. Ich erkannte die Gesichter nicht wieder, ich erkannte nicht wieder, was die Leute redeten, ich erkannte gar nichts wieder.« Die Diktatur, meinte er, hat die Menschen viel tief greifender verändert, als das Militär es geplant hatte. Und doch ist es nun sein Land und Jennys Land, das Land, in dem seine beiden erwachsenen Söhne sich niederließen, und auf der ganzen Welt gibt es kein Land, in dem er sich weniger fremd vorkommen würde.

Die Zeiten waren hart in Chile, als sie 1987 zurückkehrten – Pinochet klammerte sich noch immer an die Macht, und in einem von der Diktatur kontrollierten Universitätssystem gab es keinen Platz für einen demokratischen Dissidenten wie Roth und auch sonst nirgendwo eine Stelle für einen Wissenschaftler, der sich auf Hochtemperaturphysik spezialisiert hatte (das Thema seiner Dissertation an der Universität von San Diego). Als deshalb die Carnegie Foundation, beeindruckt von Roths jahrelanger Erfahrung am Nationalen Observatorium in Mexiko, ihm den Posten des leitenden Astronomen in Las Campanas anbot und kurz darauf auch den des Direktors, ließ er sich diese Gelegenheit nicht entgehen. Seit dieser Zeit hat er das Observatorium durch einige der ereignisreichsten Jahre in seiner Geschichte geführt, er hat die komplizierte Installation von Teleskopen auf einem der Hügel überwacht, auf denen es zuvor nur Fels und Sand gab, und er könnte stolz sein auf seine Effizienz und Fantasie bei der erfolgreichen Leitung eines bedeutenden Forschungszentrums. Auch wenn er sich über gewisse persönliche Einschränkungen beklagt, die eine solche Karriere ihm auferlegt, so hat dieser Außenposten in der Wüste ihm doch eine Art zu leben ermöglicht, die er sowieso angestrebt hätte: in Chile zu sein und zugleich nicht in Chile, sich zu distanzieren von einem Land, das er nicht mehr wiedererkannte, das räumliche Hin und Her als eine schmerzliche Erinnerung an eine ähnliche mentale Reise der Annäherung und Distanzierung, die er auch durchmachen müsste, wenn er permanent in Santiago leben würde. Er ist aus Not in die Wüste gegangen – aber er ist auch geblieben, dachte ich mir, aus einem Grund, aus dem auch andere in die Wüste gegangen und jahrelang dort geblieben sind: weil es auf der Welt keinen besseren Platz für sie gab. Die Art von Existenz, die Miguel in einem von Angst, Misstrauen und Verfolgung verzerrten Mainstream-Chile hätte führen müssen, hätte ihn auch nicht befriedigt. So war es eigentlich nicht die Wüste, die sein Leben zerrissen, es entzweigebrochen hatte. Es war die Diktatur.

Und es liegt auch ein beträchtlicher Trost in seiner wissenschaftlichen Arbeit, denn die Sterne winken ihm jede Nacht. Auch wenn er keine formale Ausbildung als Astronom hat, auch wenn er gezwungen ist, einen Großteil seiner Zeit administrativen Aufgaben zu widmen, ist er doch in der Lage, in die Geheimnisse der Sternentwicklung einzutauchen.

Als wir gestern Abend über seine Interessen sprachen, schauten wir zusammen mit Angélica und Jenny in die Tiefen des Wüstenhimmels. Der Enthusiasmus und die gute Laune des alten Miguel, des Miguel, der nicht fatalistisch ist, kamen wieder zum Vorschein. Wie werden Sterne geboren, wie sterben sie? Er ist fasziniert von der Art, wie die Astronomie mit biologischen Phänomenen in Verbindung steht, insofern als beide Prozesse, unser Leben und das Leben der Sterne, nicht umkehrbar sind. »Es gibt gewisse Augenblicke, die auf eine Umkehrbarkeit hinzudeuten scheinen«, sagte Miguel, »aber die sind irgendwie wie diese Zwischenperioden in der Jugend, in denen man manchmal ein Kind und manchmal ein Erwachsener ist. Dieses Hin und Her gibt es auch bei Sternen, auch Sterne wehren sich, zwar nicht gegen den Tod, aber doch gegen das geriatrische Stadium ihrer Existenz ... So wie wir ...« Und da war es wieder, dieses für ihn so typische herzhafte Lachen.

Und weil er anmutige Objekte liebt, hat er sich auf planetarische Nebel konzentriert, die ästhetisch faszinierendsten Materiewirbel, die es im ganzen Universum gibt. Zu einem solchen Nebel wird unsere Sonne eines Tages werden. Es wird damit anfangen, dass sie eine große Menge ihrer Materie ausstößt und in ihrem Zentrum nur einen sehr heißen Kern behält, und da sie das Material, das sie ausstößt, ionisiert, wird ihr Sterben ein sehr schöner Anblick sein.

»Allerdings«, sagte ich, »wird von unserer Spezies keiner mehr da sein, um dieses Spektakel zu genießen.«

Miguel zuckte die Achseln. »Am Anfang war auch niemand da. Der Big Bang muss auch ein ziemlicher Anblick gewesen sein, wenn es bereits Augen gegeben hätte, um ihn zu sehen.«

Ursprünge. Ich war hierher gekommen, in den Norden, auf der Suche nach unseren Ursprüngen, und ich habe mehr bekommen, als ich erwartet hätte. Indem ich mich an die Anfänge dessen herantastete, wer und was wir sind, riskierte ich da nicht auch, mich mit unserer letztendlichen Auslöschung beschäftigen zu müssen?

Unvermittelt packte mich existenzielles Grauen, ein beängstigendes Gefühl der Einsamkeit, das kein Syndrom der Wüste ist, sondern des Lebens selbst, ein Entsetzen, das sich in den menschlichen Körper schleicht, wenn der einsame Verstand, der ihn kontrolliert, zum Rand des Randes des Kosmos wandert und sich die Entfernung vorzustellen wagt, die diese Wüste der Sterne im Himmel zerfrisst.

Und was habe ich getan? Auf diesem Hügel im Hinterland Chiles, wo zum ersten Mal eine Supernova gesehen wurde, die alles auf den Kopf stellen sollte, was wir bis dahin über die Geburt von Sternen wussten, tat ich, was man immer tun sollte, wenn man sich zum Sterben einsam fühlt: Trost bei einem Freund suchen. Ich tat, was man tut, wenn man mit einer Wüste konfrontiert ist: Man versucht, die Entfernung zu zähmen.

Ich fragte Miguel, ob wir letztendlich nicht auf die weit entfernten Cousins jener Atome schauten, die hier auf Erden in uns und neben uns tanzten?

Und Miguel erzählte mir noch einmal, fast so, als würde er einem Kind ein Märchen erzählen, wie alles angefangen hatte, wie vor fünfzehn Milliarden Jahren die in den ersten Augenblicken des Universums entstandenen Atome sich zu molekularen Wolken formiert hatten und diese zu Sternen und die Sterne zu Galaxien. Er erzählte mir, dass die Moleküle da oben dieselben sind, die diese Wüste produziert haben und dich und mich, sagte er, und Angélica und Jenny und diesen Himmel und das Wasser, das in der Wüste fehlt, und die Minerale, die genau in dieser Region zum ersten Mal abgebaut wurden, Silizium und Kohlenstoff und Gold und Kupfer. Er erzählte mir, dass alles auf dieser Erde entstanden ist in der thermonuklearen Maschine der Sterne, das Eisen im Hämoglobin in unseren Körpern, das den Sauerstoff durch unser Gewebe transportiert, das Natrium und das Kalium, aus denen Nitrat und Dünger wurden, unser Herz, das schlägt, und unser Gehirn, das denkt, und selbst unsere Erinnerung, alles, alles, alles besteht aus Sternenmaterial, ist in einem Stern entstanden.

»*Somos polvo de estrella*«, sagte Miguel. Zu Jenny und Angélica und mir.

Eine gewisse Quelle des Trosts vielleicht, bei meiner Suche nach den Ursprüngen. Miguel sagte mir, dass wir Menschen buchstäblich Sternenstaub sind.

Friedhöfe unter dem Mond

Montag, 13. *Mai* 2002. *Irgendwo in der Desierto de Atacama*
Ich stehe im Zentrum von etwas, das früher Oficina Alemania war, eine Nitratstadt, in der Tausende von Arbeitern sich quälten, um *caliche* zu zertrümmern, es zu zermahlen und zu kochen, bis es seinen Schatz aus weißem Gold freigab, ich stehe dort, wo Millionen von Tonnen auf Eselskarren geschaufelt wurden und dann in Züge, die sie Jahr um Jahr in die Hafenstadt Taltal transportierten, damit die Äcker Europas einen reichen Ertrag an Zuckerrüben und Getreide und Gemüse abwerfen konnten, ich stehe vor einem kleinen Monolithen mit einer kleinen menschlichen Figur obendrauf, die den *pampino* darstellen soll, der diese Wüste aberntete, als wäre sie ein grünes Feld und keine Kruste aus hartem Granit, ich stehe in der Mitte – oder ist es der Rand – von Oficina Alemania in der trockensten Wüste der Welt und drehe mich und schaue und sehe ... nichts. Nicht einmal die leere Hülle einer verlassenen Hütte, nicht die Spur von Silhouette einer Ruine, kein Fotomotiv, nichts.

Nur der Horizont, der sich ins Nichts erstreckt. Und der Müll. Hinterlassen von Reisenden, die hier anhalten, gaffen, ihren Schokoriegel auspacken, einmal abbeißen und weitereilen.

Eine Eiskremetüte, eine zerbrochene Bierflasche, zusammengeknülltes Toilettenpapier, das an einem Brocken Feuerstein klebt, das ist alles, was ich in Oficina Alemania sehe. Sogar der Name, der noch Bestand hat, ist irreführend. Die ersten Zentren menschlicher Aktivität, gegründet zur Ausbeutung des Nitrats, wurden, als sie 1810 auftauchten, dem Jahr, in dem ein großer Teil Lateinamerikas seine Unabhängigkeit erklärte, *Oficinas de compra* genannt, weil sie die Schlacke aufkauften (*compraban*), die von unabhängigen Arbeitern herangeschafft wurde. Aber das waren nur Behelfsbauten, die hastig verlegt wurden, sobald die Felder der Umgebung ausgebeutet waren, während Oficina Alemania, wie so viele ähnliche Nitratstädte, eine geschäftige, dauerhafte Gemeinde mit all den Annehmlichkeiten einer Kleinstadt war.

Vermeintlich dauerhaft.

Jetzt weniger als eine Geisterstadt. Wo sind die Straßen, die 1905 angelegt wurden, die Wohnhäuser mit ihren Blechdächern aus *calamina*, der Firmenladen, der sich über einen ganzen Block ausdehnte, das große Filmtheater, vor dem die Einwohner Schlange standen, um Greta Garbo und Tallulah Bankhead und Pedro Armendáriz zu sehen, während eine Frau am Piano die Begleitmusik zum stummen Zelluloid klimperte?

Ich denke an Tom Dillehays Experiment am Monte Verde, sein *curanto*-Picknick, von dem drei Jahre später nicht die geringste Spur mehr übrig war. Seit über dreißig

Jahren hat in dieser *oficina* keine Menschenseele mehr geschlafen oder ist hier aufgewacht. Was kann dann noch übrig sein von den anderen Nitratproduktionszentren, den Hunderten, die alle schon viele Jahre vor Alemania ihren Betrieb einstellten? Wie kommt es, dass nicht einmal die Fundamente eines Gebäudes überdauern?

Es wurde alles gestohlen. Sogar zwei der vier Gedenktafeln des Monolithen wurden entwendet, so dass fast nur noch die Statue selbst übrig ist – die lebensgroße, heroische Figur eines Mannes in Bronze, mit einem Vorschlaghammer in der einen und einer Wasserflasche in der anderen Hand, seinen beiden treuesten Freunden in der feindseligen Wüste, der eine, um sie aufzubrechen, die andere, um sich gegen ihre Trockenheit zu wehren. Unter seinen Füßen eine rührselige Inschrift für jene, die hier arbeiteten und starben ohne Dank von irgendjemandem: *Pampino, du warst das Rückgrat dieses Nordens und dieses Landes: Siehe jetzt, wie öde dein Land ist, weit entfernt von dieser ruhmreichen Zeit, von diesem blühenden Land. Deine Söhne und Töchter aus dieser Pampa gedenken deiner.*

Sie scheinen die einzigen zu sein.

»Schau«, sagte Angélica.

Ich habe mich getäuscht. Etwas ist doch geblieben. Auf der anderen Seite der Straße, ein Stückchen von der Fahrbahn entfernt, liegt ein kleiner Friedhof. Aber ich gehe nicht hinüber, um den Menschen Respekt zu zollen, die genau über diese Stelle marschierten, wo ich jetzt stehe. Denn im Augenblick bin ich begierig darauf, zum ersten Mal diese Steine zu berühren, aus denen Nitrat gewonnen wird, diese aus der Wüste gesprengten Gruben scheinen mich zu rufen.

Ich wage mich allein hinaus in diese Weite, marschiere so weit, wie ich mich traue, und tue dabei so, als hätte ich mich verirrt. Ein kindisches Spiel, das ich immer spiele, wenn ich einen unbekannten Ort besuche: Ich versuche, die Feindseligkeit einer mir fremden Umgebung zu fühlen – besser gesagt: pseudo-fühlen –, ohne mich auch nur dem Anschein einer Gefahr auszusetzen. Ich habe dieses kleine Experiment in so unterschiedlichen Orten unternommen wie der Kasbah in Algier (damals in den Siebzigern, bevor es wirklich gefährlich wurde), im Veldt in Südafrika und in der Savanne aus Gestrüpp und Buschwerk namens *El Impenetrable*, die Undurchdringliche, im Nordosten Argentiniens. Mentale Akrobatik für Touristen mit Geschmack – aber nicht mehr als Geschmack – fürs Exotische. Doch was ich jetzt zu ergründen suche, ist zufällig meine eigene Geschichte, und meine Empfindungen geben diesem lächerlichen Ausflug ins Unbekannte etwas Bedeutendes, ja sogar Intimes.

Das ist es also, das, worum sich alles dreht, das ist *caliche*. Sie ist erstaunlich hart, diese Gesteinsschicht, die, mehrere Meter in die Tiefe reichend, die Salze und Minerale enthielt, die das Schicksal meines Landes veränderten und halfen, die Welt zu ernähren. Im Vergleich dazu fühlt Straßenpflaster sich an wie Teer. Diese harte Steinplatte nur mit dem Finger anzustoßen, zu spüren, wie sie beharrlich meinen Füßen widersteht, unter meinem Gewicht nicht nachgibt und meinem Hiersein keinen Zentimeter einräumt – das ist eine Lektion über die Millionen von Stunden, Millionen von Muskeln, Millionen von schwitzenden Armen, die diese Salzebene bearbeitet haben, um ihr die Nuggets aus Nitrat zu entreißen.

Niemand weiß genau, warum diese Wüste so viel *salitre* enthält, wie man den Stoff für gewöhnlich im Spanischen nennt. Theorien gibt es zuhauf, aber sie neutralisieren sich gegenseitig, schließen einander aus. Einige sagen, Kompositmaterial wäre von den Bergen herabgesickert und dann in dem Becken zwischen den beiden *cordilleras* verdunstet. Andere meinen, einst hätte ein Meer diese Gegend bedeckt, und ein Prozess der Sublimation hätte dann dieses riesige Bett aus Salz und Jod erzeugt. Eine dritte Theorie behauptet, es wäre organische Material gewesen, winzige Mikroben, die sich über Hunderttausende von Jahren hinweg durch den Fels nagten und ihn so in Nitrat verwandelten. Oder heiße Quellen.

Es gibt keinen Konsens.

Nur eins ist sicher, und darin sind alle Experten einer Meinung: Der Wassermangel, der Fluch auf diesem wüsten Land, ist es, der die Wüste mit Nitrat segnet. Es müsste nur ein paar Wochen ununterbrochen regnen, und das Salz würde sich auflösen, der *salitre* verschwinden.

Aber es hat hier seit einer Million Jahren nicht mehr geregnet, und das ist der Grund – obwohl Nitrat an vielen Ort der Welt zu finden ist, in Kalifornien, Indien, Ägypten und dem Fernen Osten, und es schon von den frühen Arabern und Chinesen benutzt wurde und von europäischen Alchimisten, die es »Griechisches Feuer« nannten –, warum nur hier, im Norden Chiles, die Qualität hoch genug ist und die Ablagerungen ausgedehnt genug sind, um es in industriellem Maßstab auszubeuten.

Ich nehme einen Brocken in die Hand. Wenn ich ein Streichholz hätte, könnte ich ein Experiment versuchen. Im Jahr 1866 wurde von einem gewissen José Santos Ossa eine Expedition in diese Gegend organisiert, um nach Silber zu suchen. Die erfahrenen Bergleute, die alle das Schürfen in den tausend kleinen Minen des Norte Chico gelernt hatten, den Angélica und ich eben verlassen haben, hatten ihr Nachtlager in der Salar del Carmen aufgeschlagen, nicht weit entfernt von der Stelle, wo ich jetzt diesen gebleichten Brocken aus Erde und Stein in der Hand halte, und einer der Gruppe, Juan Zuleta, beschloss, seine letzte Zigarette auf einem kleinen Stück pulverisierten weißen Steins auszudrücken. Als es anfing, Funken zu werfen und zu brennen, rief er: »*Caliche! Caliche!*« Im Umkreis von vielen Meilen gab es Nitratfelder wie dieses. Und der *salitre*-Rausch war geboren.

Ich rauche nicht, deshalb kann ich es Juan Zuleta auch nicht nachmachen. Aber dieser Brocken, den ein unbekannter Arbeiter vor wer weiß wie vielen Jahren aus der Erde sprengte, kann noch immer meine Fantasie entzünden. Denn für dieses kleine Stück harter, kalkiger Erde haben Tausende von Männern ihr Zuhause verlassen, und die meisten von ihnen wurden weggelockt aus dem grünen Süden Chiles, den ich jetzt schon vermisse, von den Versprechungen der *enganchadores*, den Versprechungen von Reichtum und einem Neubeginn, einer Flucht aus den Fesseln des *latifundio*, einer Chance, frei zu sein. Für dieses Stückchen Erde wurden sie in Schiffe gepackt und kamen hierher in der Hoffnung, ein wenig Geld zu sparen und dann nach Hause zurückzukehren, ein Fleckchen Land zu kaufen und dort Mais und Kartoffeln anzubauen. Aber sie blieben, sie blieben gefesselt an dieses Stück Nitrat, als würde es ihnen an einer Kette vom Hals hängen. Keinen einzigen Peso konnten sie sparen, denn sie wurden bezahlt mit *fichas*, Gutscheinen, die nur in den Firmenläden der jeweiligen *oficinas* akzeptiert wurden, wo die Direktoren die Gesetze machten und sie ohne Einmischung von außen auch vollstreckten. Wenn die Arbeiter sich beschwerten, wurden sie ausgepeitscht und konnten auch gefeuert werden, und wenn sie ihre Arbeit verloren, mussten sie weggehen, hinein in die Wüste, zur nächsten *oficina*, mit nichts als den Kleidern, die sie mitgebracht hatten, weggehen, um dem Land einen anderen Brocken wie diesen zu entreißen. Dieses kleine Mineralgemisch machte die bis dahin so verachtete Wüste zum Objekt der Gier, zu einer Quelle unaufhörlichen, ungeheuren Wohlstands. In einem Ausmaß, dass die Südamerikaner sich gegenseitig umbrachten in einem Krieg um die Kontrolle über diese Bodenschätze, dieses Körnchen Salz: 1879 brach Chile den so genannten Pazifischen Krieg gegen Peru und Bolivien vom Zaun, ein Krieg, der damit endete, dass die siegreichen Chilenen – die sogar Lima besetzten – diese Territorien annektierten. Das bedeutete jedoch nicht, dass die Besitzer dieses Steinbrockens, den ich in der Hand halte, letztendlich Chilenen aus dem Süden waren, sondern eher eine Reihe (vorwiegend) britischer Unternehmer und Bankiers, die es bis Mitte der Achtziger geschafft hatten, die Mehrheit der Nitratraffinerien in ihren Besitz zu bringen.

Die Geschichte muss einen kranken Humor besitzen, denn der Engländer, der schließlich als der König des Nitrats bekannt wurde, hieß ... North, John Thomas North, und es war tatsächlich dieser Mann aus dem Norden, dem einige Jahre nach dem Krieg die fünfzehn produktivsten *salitreras* gehörten sowie die vier Eisenbahnen, die das Transportmonopol für die gesamte Region besaßen, das Tarapacá-Wasserwerk, das alle Menschen hier mit Wasser versorgte, und die Firma, die europäische Waren importierte und die *oficinas* mit Nahrungsmitteln belieferte. Viele Historiker behaupten auch, dass North – der sich selbst auf der Höhe seiner Macht unrechtmäßig den Titel *colonel* verlieh – im Jahr 1891 auch den erfolgreichen Aufstand des chilenischen Kongresses gegen Präsident Balmaceda inszenierte, in dessen Verlauf der rechtmäßige Präsident gestürzt wurde, weil er drohte, die ausländischen Firmen zu verstaatlichen, die die Produktion und den Export eines Großteils des Nitrats aus dem Norte Grande kontrollierten. Was für eine verdrehte Geschichte: Der großmächtige Mr. North sorgte dafür, dass der Reichtum, der aus Steinen wie dem in meiner Hand quoll, dazu benutzt wurde, ähnliche Steine in seiner Hand zu behalten und nicht in die Hände der Leute gelangen zu lassen, die dieses angeblich souveräne Land angeblich regierten. Die Hypothese von einem antiimperialistischen Balmaceda – der lieber Selbstmord beging, als sich zu ergeben, und so auf unheimliche Weise die Tragödie Allendes achtzig Jahre später vorwegnahm – wurde inzwischen von anderen Wissenschaftlern in Zweifel gezogen, aber niemand bestreitet, dass Norths extravaganter Lebensstil die Opulenz der vielen ausländischen und wenigen chilenischen Spekulanten und Finanziers anschaulich verkörperte, die im Nitratboom zu fabelhaftem Reichtum gelangten. Es ist unvorstellbar, was dieser winzige Klumpen Erde für North erbrachte, wie er ihn zum Kumpel des Prince of Wales machte und zum Geschäftspartner des massenmörderischen Königs Leopold von Belgien in den Gummiplantagen des Kongo, wie er ihn 1888 im Hotel Metropole in London 800 Gäste aufs Üppigste bewirten ließ anlässlich eines Empfangs, auf dem er sich mit Lord Randolph Churchill und dem Marquis of Stackpole präsentierte und sich als Heinrich VIII. verkleidete und seine Tochter als persische Prinzessin und sein Sohn als Richelieu auftrat und alle darauf warteten, dass eine Trompetenfanfare die Gesellschaft zu Tisch rief. Diese spezielle Londoner Party – die damals zehntausend Pfund kostete – wurde veranstaltet zur Verabschiedung des Nitratkönigs am Vorabend seiner neuerlichen Abreise nach Chile, und ihr folgten viele andere Partys in Iquique und Santiago während seiner anschließenden Rundreise.

Festivitäten und Feste, die nicht überdauerten.

Hier ist der Beweis: dieses Loch hier in der Erde und der Verfall der Oficina Alemania in einiger Entfernung.

Ein anderer Krieg zwischen Brüdern vernichtete diese vom Nitrat geschaffenen Vermögen und die Städte, die gebaut wurden, um diese Vermögen noch zu vergrößern, und das Leben der Männer, die hier gearbeitet hatten. Ein europäischer Krieges dieses Mal, von 1914 bis 1918, der damals der Große Krieg genannt wurde und jetzt der Erste Weltkrieg heißt. Das verzweifelt benötigte chilenische Nitrat und die Unterbrechung der Lieferungen zwangen die Deutschen, in ihren Laboren einen Ersatz für das zu finden, was in den letzten vierzig bis fünfzig Jahren aus diesen Ländereien des Staubs herausgesprengt und dann raffiniert worden war in *oficinas*/Städten wie – nun, Alemania etwa, was der spanische Name für Deutschland ist. Ich stehe also an einem ironischerweise sehr passenden Ort, um mich daran zu erinnern, dass das aus Petroleum synthetisierte Nitrat, das in ebenjenem realen Alemania erfunden wurde, dem chilenischen Boom den Garaus machte, weil dieser Dünger viel billiger künstlich herzustellen als am anderen Ende der Welt einer gnadenlosen Wüste abzutrotzen war. So verwüsteten die Schlachtfelder Flanderns und die Gräben an der Somme mehr als das Leben dieser Generation in Europa; sie schlossen auch die Minen in der Atacama, schütteten die Nitratgräben von Oficina Alemania oder Flor de Chile und Agua Santa und Bella Vista und Primitiva zu und spülten in die Hafenstädte Antofagasta und Iquique und Taltal und Pisagua und Cobija Tausende und Abertausende von Arbeitern samt ihren Familien, die nun nicht mehr Fremde in der *pampa* waren, die nun *pampinos* waren, die sich in den *salitreras* eine neue Identität geschmiedet hatten und jetzt kein anderes Zuhause mehr kannten.

Die zu viele von ihresgleichen an Orten wie diesen hatten sterben sehen, die zu viele von ihren Kindern und Gatten und Gattinnen und Eltern und Geschwistern und Freunden an Orten wie diesen beerdigt hatten, um jetzt noch weggehen zu können.

Habe ich noch Zeit, diesen Friedhof auf der anderen Seite der Carretera Panamericana zu besuchen?

An Angélicas Gesichtsausdruck bei meiner Rückkehr sehe ich deutlich, dass ich sie nicht habe. Wir wollen noch vor dem Abend Antofagasta, die größte Stadt des Norte Grande, erreichen. Wir sind zum Abendessen mit dem Schriftsteller Hernán Rivera Letelier verabredet, der in einer Stadt wie Oficina Alemania aufgewachsen ist und einige aufrüttelnde Texte über seine Erlebnisse verfasst hat. Lieber mit den Lebenden sprechen als die Toten quälen, um ihnen Geschichten zu entlocken, die sie mir doch nicht erzählen werden. Der *cementerio* von Oficina Alemania ist nicht der letzte Friedhof, den wir auf dieser Reise sehen werden. Und es ist auch nicht der erste, den wir heute gesehen haben.

Früh an diesem Morgen waren wir durch die einst blühende Hafenstadt Caldera gefahren, von wo aus im neunzehnten Jahrhundert das erstaunliche Silber von Chañarcillo, der zu dieser Zeit drittgrößten Mine ihrer Art auf der Welt, verschifft wurde – wie auch Kupfer aus einer Myriade kleiner Halden im Norte Chico. Obwohl jetzt im Verfall begriffen, kann Caldera noch immer mit zwei bemerkenswerten Sehenswürdigkeiten aufwarten. Die eine ist ein erstaunlich gut erhaltener Bahnhof, erbaut 1851 von einem Amerikaner mit dem passenden Namen Wheelwright, in dem am Weihnachtstag 1851 der erste Zug in Südamerika, der sowohl Passagiere wie auch Fracht transportieren konnte, aus Copiapó ankam, einer Bergbaustadt, die sich hundert Kilometer im Osten in die Berge schmiegt – und dieser Zug war zufällig auch der erste in den Amerikas, der je den Pazifik erreichte. Die zweite Hauptattraktion von Caldera ist der *Cementerio Laico*, die erste nichtkatholische Begräbnisstätte in Chile und wahrscheinlich einer der ältesten Friedhöfe in Lateinamerika, gegründet, als Chile vor den meisten anderen Ländern dieser Hemisphäre die Trennung von Kirche und Staat einführte. Es war die Eisenbahn, die diesen Friedhof hervorbrachte: Viele seiner Toten sind genau jene protestantischen englischen, schottischen und amerikanischen Bürger, die hierher gekommen waren, um bei der Eisenbahn oder in den Minen zu arbeiten, und dann geblieben sind, MacKenzies und Griffiths und Smiths aus Swansea und Boston und Glasgow – es gibt hier allerdings auch ein paar pagodenähnliche Grabstätten, in denen chinesische Immigranten und einige orthodoxe Slawen ihre letzte Ruhe gefunden haben. Sie alle waren jedoch angelockt worden vom Reichtum der Bergbauindustrie, so wie viele andere Ausländer Jahre später während des Nitratbooms in den Norte Grande strömen sollten. Ein Friedhof, der noch eleganter und melancholischer wirkt durch die schmiedeeisernen Einfassungen, die die Gräber schützen, geschaffen aus Eisenbahnersatzteilen und Schienenresten von den Gringo-Kunsthandwerkern, die jetzt selbst hier ruhen, unter unseren Füßen. Während wir über den Friedhof schlenderten, entzifferten unsere Lippen die verwitterten Inschriften über Gott und Liebe und verlassene Heimat in zwanzig Sprachen, und vielleicht bereiteten wir uns so auf andere Begräbnisstätten weiter nördlich vor, wo wir versuchen wollen, die Namen und die Abstammung von Angélicas verlorener Iquiquer Familie herauszufinden.

Es gab aber noch einen anderen Friedhof, der mich heute an dieser Straße erwartete, der einzige Ort im Norden, durch den ich auf meiner überhasteten Reise 1962 nach Bolivien und Peru gekommen war und der bei mir einen bleibenden Eindruck hinterlassen hatte. Mit meinen beiden Tramper-Kumpels saß ich in der Fahrerkabine eines riesigen Lastwagens, der uns an diesem Nachmittag in La Serena mitgenommen hatte – und die langen Stunden waren damals recht angenehm vergangen, denn der Fahrer redete unablässig davon, wie beschwerlich und trist es sei, allein auf diesen endlosen Straßen fahren zu müssen, ein frühes Beispiel für das Wüstensyndrom, hätte ich damals schon die Erfahrung besessen, um die Symptome zu erkennen und eine solche Diagnose zu stellen. Irgendwann in dieser Nacht hielt der Fahrer einige Kilometer – zwanzig, vielleicht dreißig? – hinter Caldera an und meinte, wir sollten aussteigen und uns erleichtern. Der eigentliche Grund, sagte er, als wir hinauskletterten, sei jedoch ein anderer. Ihr *muchachos* werdet das unbedingt sehen wollen.

Und da lag es, unter dem Vollmond, vor gut vierzig Jahren. Was mir im Gedächtnis bleiben sollte, was ich Angélica zu beschreiben versuchte, als ich von dieser ersten Reise in den Norden zurückkehrte, war ein Feld niedriger Felsformationen, das sich einen guten Kilometer weit erstreckte, vom Wind zu fantastischen Schädeln geformt, eine erstarrte Phantasmagorie im Schein des Mondes. Etwas Uraltes und in der weißen Dunkelheit unheimlich Bedrohliches.

Dieses Erlebnis ließ sich 2002 natürlich nicht wiederholen. Diesmal schien kein Mond, der Himmel war grau, und es regnete leicht – die Schlechtwetterfront, die vor zwei Tagen das Magellan-Observatorium auf dem Cerro Las Campanas lahm gelegt hatte, verfolgte uns jetzt weiter in den Norden. Und doch hatten die seitdem vergangenen Jahre den Ort noch geheimnisvoller gemacht. Seit ich hier gewesen war, hatte mein Körper einen Staatsstreich überlebt, mein Verstand ein Exil und die Diktatur erlebt, und in meinem Herzen trug ich viele Freddy Tabernas.

Ich hielt an, nahm Angélica bei der Hand und ging mit ihr vorsichtig zu diesem zerklüfteten Feld dunkler Felsbrocken. Beinahe noch genauso wie in meiner Erinnerung, merkwürdig und gespenstisch, wie von innen heraus geformt, als würden sie stumm schreien, einer nach dem anderen, einer nach dem anderen.

Ein Friedhof der Felsen, sagte Angélica leise.

Warum sie mir diese ganze Zeit in Erinnerung geblieben waren, diese porösen Leiber aus Stein, die vierzig Jahre später noch immer nicht zur Ruhe gekommen sind? Es klingt vielleicht lyrisch oder überintellektuell, aber mir geht der Gedanke nicht aus dem Kopf, dass ich irgendwie schon damals die Tode der Zukunft vorausahnte. Irgendetwas an der Schwelle dieser Wüste sprach zu mir von marterndem Schmerz und innerer Leere und Zeit und Verlust und vielleicht sogar, auf irgendeine merkwürdige Weise, auch von Widerstand. Sprach so eindringlich, dass dieser Ort in meiner Erinnerung immer das eine, wichtige Tor in den Norden blieb. Wiederholte vierzig Jahre später dasselbe untröstliche Klagen der Steine, erzählte Angélica und mir, was wir finden würden, eine Wüste voller Ruinen, eine Vergangenheit, die vielleicht schon zur Zeit ihrer höchsten Blüte den bevorstehenden Ruin fürchtete, all diese toten *oficinas*, die wussten, dass es nur eine Frage der Zeit wäre, bis die Wüste wieder zu dem würde, was sie immer gewesen war, bevor armselige Männer Spuren in ihr Gesicht getreten und ihre Mineralien gestohlen und übers Meer transportiert hatten.

Den Friedhof der Oficina Alemania konnte ich also getrost auslassen. An diesem Tag hatte ich eindeutig genug Leichen und Knochen gehabt.

Am Rande der Wüste: der Friedhof der Steine

Wir steigen ins Auto und fahren nach Norden.

»Nächster Halt, Antofagasta«, sagt Angélica, die sich darüber freut, die steile Klippenstraße, die zu dieser Hafenstadt am Meer hinabführt, nicht im Dunkeln befahren zu müssen.

Ich sage ihr nicht, dass es vor Antofagasta, bevor dieser Tag vorüber ist, noch einen Ort gibt, den ich besuchen muss. Ein Gegenmittel zur Wüste, das ich unbedingt brauche.

Nicht, dass mir die Lust an dieser Fahrt schon vergangen wäre. Die letzten beiden Tage waren alles andere als monoton. Es gibt lange Stunden, das stimmt, in denen sich nichts zu ändern scheint. Doch dann taucht plötzlich eine *cuesta* auf, eine Hügelkette wie Portezuelo

Blanco, und eine Schwindel erregende Vielfalt von Brauns und Graus und Terracottas (Angélicas Lieblingsfarbe), die sich miteinander vermischen und in der Ferne in etwas wie Weiß übergehen, und dann ein glänzendes *arenal*, Dünen von einem fast karottenhaft blassen Rot, und dann ein anderes körniges Stück Ferne, das gern die Farbe von Milch hätte, es aber nicht ganz schafft. Und dann war da eine *meseta* aus dunklerem Lehm, und Finger und Zungen aus Sand flossen von ihr herab. Und später eine Ebene von einem so endlosen Blau, dass sie wirkt wie das Meer, Meere aus Lehm, Meere aus Stein, Meere von bräunlichem Blau, einer der wenigen Landstriche in Chile, der so weit ist, dass man die Anden nicht sehen kann. Trunken vor Schatten und Pigmenten und Farbe, so dass ich verstehen kann, dass so viele in die Wüste kommen, um Drogen zu nehmen und im Schauen grenzenlos zu werden.

Und man ist so ungemein dankbar, wenn man etwas so Gewöhnliches wie einen winzigen Baum sieht, vielleicht ist es ein *tamarugo* – die Art, die früher Teile dieser Wüste bedeckte und die in den frühen Tagen der *salitreras* benutzt wurde, um die Schmelzöfen zu beheizen; und dort drüben ist etwas, das aussieht wie ein Kaktus, und weiter weg, das muss eine Fata Morgana in der Wüste sein, etwas wie eine Stadt, das wolkenähnlich am Horizont schimmert, nein, nein, es ist – und dann verschwindet es, und der Blick konzentriert sich wieder auf die Straße, und was man dort sieht, kann auch nicht wirklich sein, aber dort geht ein Mann ganz allein auf der anderen Seite dieser Straße mitten im Nichts, und er trägt seitlich einen Kühlbehälter, wie fliegende Händler sie bei Sportereignissen in Stadien haben oder auf den Straßen der belebtesten Kreuzungen von Großstädten, dieser Mann schleppt seine Eiskrem durch die Gegend, wo niemand ist, um sie ihm abzukaufen, und niemand, der auch nur anhält, um zu fragen, was er hier tut, und ich hätte fast Lust, ihm etwas abzukaufen, aber wir fahren weiter, verzehrt vom Fieber des Vorwärtsdrangs, das einen oft packt, wenn man auf endlosen Straßen unterwegs ist.

Und *un arbolito*, ruft Angélica aufgeregt aus – wo auch nur die kleinste Quelle zu Tage tritt und ein Baum daneben, da hat sich jemand ein Haus gebaut, eine winzige Oase, ein grünender Hoffnungsschimmer. Und dicht daneben, wie ein Hund, der hinter seinem Herrn herhechelt, Müll, der Abfall, der dem Menschen sogar bis hierher in die Wüste folgt. Und von Zeit zu Zeit eine Abzweigung, eine Schlängelpiste, die unweigerlich zu einer Mine führt, ob verlassen, noch halb funktionierend oder im Wiederaufbau begriffen, der einzige Grund, warum irgendjemand mitten in diesen Unmengen von Staub einen Pfad anlegen sollte.

Und Zeichen der Toten in der Wüste. *Animitas* – die man an jeder Straße in jedem Winkel Chiles findet, die hier aber viel auffälliger sind, weil sie sich so deutlich abheben von dem nackten und kahlen Hintergrund. Ungefähr alle sechs Meilen ein Steinhaufen, ein Kreuz, eine Art kreidiges Heiligtum, in einigen Fällen sogar ein winziger Tempel, um in Erinnerung zu rufen, wo jemand gewaltsam ums Leben kam und wo angeblich die Seele (die kleine Seele, die *animita*) noch immer verweilt, bereit, sich für die Lebenden einzusetzen bei den Göttern oder der Jungfrau oder wer auch immer über dieses große

Jenseits herrscht und uns Gnade erweisen kann. Die kleinen Tode und die kleinen Toten, die es nie bis in die Friedhöfe geschafft haben, die jetzt allmählich den Horizont sprenkeln, als wir hineinfahren in die *salares*, wo die Nitratstädte entstanden. Und dann Dinge, die aussehen wie Spiegel und Meile um Meile flach neben der Straße liegen, vielleicht Satellitenempfänger oder -sender oder Vorrichtungen zum Einfangen von Sonnenenergie, so merkwürdig, beinahe schon grotesk ultramodern in einer Wüste, in der man, wenn man sich nur zehn Meter von der Straße entfernt, alles unberührt und intakt vorfindet, genau so, wie es vor Millionen von Jahren war.

So kennzeichnen wir das Land als das unsere.

Botschaften in der Wüste. Menschen, die vor uns hier waren, haben angehalten, Steine in die Hand genommen, rötliche Steine, die noch roter wirken im Kontrast zu den öden Sanddünen hinter ihnen, und mit ihnen ihre Namen auf den Straßenrand geschrieben ... Botschaften der Liebe, kurze Erinnerungen an Hoffnung und Verzweiflung, Daten, Herzen. Ich spüre eine bizarre Zärtlichkeit in mir aufsteigen, wenn wir an diesen auf die Haut der Wüste geschriebenen Worten vorbeikommen, ein Vergehen des Zorns, den Graffiti in natürlicher Umgebung normalerweise in mir wecken, eine Kameradschaft mit diesen Leuten, die diese Wüste berührt und etwas hinterlassen haben, irgendetwas, das sie ihren Zügen aufgeprägt, das sie auf die Wüste geschrieben haben, als wäre sie ein Blatt Papier.

Ich war hier, besagen sie, *lies mich, ich bin hier durchgekommen* ... Ist es nicht genau das, weswegen auch ich hier bin? Träume nicht auch ich davon, ihre Geheimnisse zu durchdringen, gleite nicht auch ich nur an der Oberfläche dieses Landes entlang, um irgendeine Art von Zeichen darauf zu hinterlassen? Ist diese Wüste nicht voll von den Piktogrammen und Petroglyphen und gigantischen Hieroglyphen ihrer allerersten Bewohner, den Vorläufern der Männer und Frauen von Monte Verde, haben nicht auch sie versucht, eine Botschaft zu senden, die wir noch immer zu entziffern versuchen, indem sie auf ihre Art auf die Wüste schrieben mit dem, was sie ihnen lieferte, Steine als Worte und Steine als Ideen?

Und das ist der Grund, warum ich jetzt wieder bremse, als wir uns der Kreuzung nähern, an der wir die Panamericana verlassen und auf die Straße nach Westen einbiegen müssen, die hinunter zum Meer und nach Antofagasta führt, das noch siebzig Kilometer entfernt liegt, auch wenn es bereits dämmert, auch wenn wir bereits spät dran sind und unser Freund, der Schriftsteller, unseren Anruf erwartet.

Vor uns, ein Stückchen abseits der Straße, ragt auf einer leichten Erhebung in der Wüste eine gigantische Granithand in den Himmel. Ja, ich habe gesagt Granithand, und ich habe gesagt gigantisch – ungefähr zwanzig Meter hoch ... eine glatte Felsskulptur, dieser *Mano*, 1992 von dem chilenischen Bildhauer Mario Irrarrázaval hier errichtet zum Gedenken an die Anwesenheit von Menschen auf diesem Land, sowohl der Europäer, die 1492 hier ankamen, wie auch jener, die ihre Reise so viele Jahrtausende vor Kolumbus unternommen hatten.

Unsere Antwort auf die Wüste, diese Hand.

Was uns menschlich macht. Dass wir die Leere, das Nichts nicht ertragen können. Dass wir alle etwas hinter-

An der Straße nach Antofagasta: die Hand in der Wüste

lassen wollen, aber nicht durch Zufall im Schlamm, nicht nur ein unwillkürlicher Ausrutscher auf dem Weg woandershin, sondern mit Absicht, manchmal sogar, indem wir brutal einfordern, was wir als das Unsere betrachten.

Es muss einen Grund geben, warum die Schrift am Rand der Wüste entstanden ist. Waren die Bewohner der großen, ursprünglichen Zivilisationen, die in den Flusstälern entstanden, sich des gefährlichen Ödlands, das sie umgab, nicht allzu sehr bewusst? Wurde die Schrift nicht erfunden als ein Mittel, ein Stück Land in Besitz zu nehmen – denn auch wenn die Schrift ursprünglich ein Mittel zur Fixierung der Grundlagen des Rechts war, begründete sie nicht auch Besitzansprüche, indem sie sagte, dieses Land gehört mir und nicht dir und vor allem nicht der Natur, der Natur, die ihr Eigentumsrecht an dieser Erde ganz anders schreibt als der Mensch? War es nicht die Angst vor der Leere, die sie antrieb? Die Angst vor dem, was die hohlen Steine im Sand außerhalb von Caldera uns zuflüsterten?

Versuchen, eine Art von Dauerhaftigkeit zu begründen, das ist es, was wir tun, wir, diese Spezies.

Wir alle, die wir in Geisterstädten leben, auch wenn wir es nicht wissen.

Mit der Illusion, dass das, was wir hinterlassen, nicht weggeweht wird vom Wind, dass etwas bleiben wird, das der Korrosion der Zeit trotzt.

Hand um Hand, Hand in Hand.

Und so tun wir tapfer so, als würden wir die Wüste überdauern.

ZWEITER TEIL: GEISTER

Nomaden des Nitrats

Mittwoch, 15. Mai 2002. Antofagasta
Ich stelle dem alten Mann auf der anderen Seite des Tisches die Frage noch einmal.

»Warum wollten Sie nicht weggehen?«

Der alte Mann, Eduardo Riquelme, gehört zu den etwa fünfzehn Mitgliedern der *Association de Hijos y Amigo* (Söhne und Freunde) *de Pedro de Valdivia*, die sich hier in diesem großen Versammlungssaal im Hafen von Antofagasta auf Einladung von Jorge Molina, dem *intendente* (Gouverneur) dieser Region, versammelt haben, um mir die Geschichte ihres Lebens zu erzählen. Pedro de Valdivia ist derjenige, der sie alle zusammenbringt, nicht etwa, weil sie auch nur entfernte Abkömmlinge dieses Mannes wären, der Chile im Jahr 1540 eroberte, sondern vielmehr, weil sein Name der Nitratstadt gegeben wurde, in der diese Männer und Frauen einen Großteil ihres Lebens verbracht hatten, bevor sie vor sechs Jahren geschlossen wurde. Es ist meine erste Gelegenheit, mit einer Gruppe von *pampinos* zu sprechen, und sie haben mir auf jeden

Fall viel von dem bestätigt, was ich über die Leiden, die zur Extraktion und Produktion von Nitrat gehörten, in Büchern und Artikeln gelesen und auf Fotos und in Filmen gesehen habe. Keiner der bei diesem Treffen Anwesenden hatte die wirklich dunklen Jahre erlebt, die Zeit, bevor die Arbeiter den *patrones* und der Regierung einige grundlegende Rechte abrangen – das Recht, Geld als Lohn zu erhalten, das Recht auf eine Abfindung, das Streikrecht, das Recht, eigene Zeitungen herauszugeben, das Stimmrecht, das Recht auf eine Entschädigung nach einem Unfall –, aber sie haben noch immer genügend Horrorgeschichten zu erzählen.

Die Geschichten stürmen so schnell auf mich ein – einer nimmt den Erzählfaden auf, bevor der andere so richtig zu Ende gekommen ist –, dass ich Schwierigkeiten habe, mir ihre Namen zu notieren, und sie hören nicht auf mich, wenn ich sie bitte, ihre Namen zu nennen, sooft sie das Wort ergreifen. Mit der Zeit entsteht dennoch ein kollektives Bild, und es ist beinahe besser und auch symbolischer, dieses Mosaik oder dieser Choral von Stimmen, die gemeinsam versuchen, die Vergangenheit wiederaufleben zu lassen: ein Elektriker namens Héctor Torres, der sich erinnert, wie gefährlich das Leben war, bevor die Volksfront im Jahr 1938 die Sozialversicherung und den staatlichen Gesundheitsdienst einrichtete, und Gladys Torrico, die zusehen musste, wie drei Arbeiter während eines Streiks vor ihren Augen umgebracht wurden, und Julio Gómez, der nicht glauben wollte, dass seine Stadt je aufgegeben würde, die Wörter sprudeln einfach nur so heraus, eins nach dem anderen, Elizabeth Villarroel, die mir von den Baracken erzählt, in die unverheiratete Männer wie Tiere eingesperrt und mit Ausgangssperre belegt wurden, und ein anderer *pampino* berichtet mir von einem Ausflug mit seinen Kindern in seinen Geburtsort Oficina San José, wo er aber nichts mehr vorfand und auch nicht in Constancia, wo seine Mutter auf die Welt gekommen war, und Santa Rosa de Huara, alles verschwunden – *mein Haus ohne Dach*, sagt ein anderer Mann, *die Küche geplündert und sogar der Friedhof verwüstet.*

Und Mario Bernal, der in einer kleinen Hütte geboren wurde, keine Bodendielen, nicht einmal Kies, nur die nackte Erde – sieben Geschwister mussten sich drei Betten auf dem Boden mit ihrer Mutter und ihrem *tayta* teilen. *Keine Literatur*, sagt er zu mir. *Das ist alles wahr.* »Das Wasser war schmutzig ... Man musste die Moskitos mit ihren langen Beinen verscheuchen, bevor man das Wasser trinken konnte, und das Wasser war sowieso voller Dreck, und wir haben ein Stückchen Kohle hineingeworfen, um es zu klären. Und das zähe Fleisch aus der *pulpería*, dem Firmenladen, wo wir unser Essen kaufen mussten, weil der Vater zum Teil mit Gutscheinen bezahlt wurde, die nur dort gültig waren. Und scheißen musste man hinter einem *aromo*-Baum, einen anderen Ort dafür gab es nicht. Und die Explosionen.«

»Die Explosionen«, wiederholt ein Mann namens Miranda und nimmt den Faden von Bernal auf. »Ich war vier Jahre alt. Ich erinnere mich noch gut an diesen Nachmittag, als meine Mutter die Wäsche auskochte, um die Wanzen loszuwerden ...«

»Ja«, ergänzt ein anderer *pampino*, »am Sonntag haben wir immer die Matratzen ins Freie getragen und die *bichos* mit heißem Wasser getötet.«

»Und plötzlich höre ich«, fährt Miranda unbeirrt fort, »ganz in der Nähe das Krachen von Dynamit, und irgendjemand hat den Kopf zur Tür hereingesteckt und gesagt: ›*Otro huevón que se mató*‹, ›jetzt hat wieder ein Hurensohn dran glauben müssen.‹ Nicht nur Unfälle. Ein Junge und ein Mädchen, Jugendliche, noch nicht einmal zwanzig Jahre alt, haben sich selber in die Luft gejagt, aus Liebe haben sie es getan. Das Leben war grausam.«

Nun ist es Bernal, der ihn unterbricht. »Stimmt, aber ich weiß auch noch, dass ich als Kind glücklich war. Ich weiß noch, wie viel Spaß es mir machte, wenn der Teekessel auf dem Kohleofen überkochte. Ich weiß noch, wie ich Eidechsen umbrachte und dem Krächzen des *patizorro* zuhörte, wenn er über uns hinwegflog. Mein Bauch war immer voll – mit Kartoffeln, aber ich kann nicht sagen, dass ich wirklich Hunger hatte ... Vielleicht habe ich aber einfach nichts anderes gekannt.«

Miranda stimmt ihm zu. »Erst als ich zehn Jahre alt war und nach Iquique geschickt wurde und mir im Meer den Hintern nass gemacht habe, habe ich begriffen, wie wir lebten. Später habe ich dann herausgefunden, dass meine Mutter jeden Morgen Brot gebacken und es verkauft hat, dass sie Kleider genäht und so Geld gespart hat, damit ich studieren konnte.«

Ein anderer meldet sich: »Als ich fünf oder sechs war, kam ich zu meiner Großmutter, die am Meer wohnte. Damals dauerte es acht Stunden bis Antofagasta ... Ich wurde geschickt wie ein Paket – wenn meine Großmutter mich haben wollte, musste sie für meine Lieferung zahlen.«

»In Antofagasta freundete ich mich mit Chato Valdés an«, fährt Miranda unerschütterlich fort. »der mich in sein Haus einlud – dort gab es Bodendielen aus Holz, ich ging ins Bad, und da gab es eine Toilette mit einer Kette zum Spülen, ich drehte einen Wasserhahn auf, und Wasser kam heraus. Eines Nachtmittags ging ich in den Laden an der Ecke, um Mortadella zu kaufen, und da sah ich einen Kunden, der sagte zum Besitzer, nein, nicht die, ich will Scheiben von der da. Ich konnte nicht glauben, dass irgendjemand sich aussuchen konnte, was er essen wollte. In der *pulpería* kaufte man, was es eben gab.«

Und doch hat mein Freund, der Schriftsteller Hernán Rivera Letelier, der bescheiden neben mir sitzt, während die *pampinos* ihre Geschichten vor mir ausbreiten, mir erst am vergangenen Abend, beim Essen in dem Hotel, wo Angélica und ich übernachten, erzählt, dass an dem Tag, an dem die Bewohner aus Pedro de Valdivia vertrieben wurden, sie alle geweint hätten. Er selbst, einer der erfolgreichsten Schriftsteller Chiles, obwohl er sein Leben in äußerster Armut begonnen hatte, arbeitete zehn Jahre in dieser Nitratstadt, bevor sie geschlossen wurde, und hatte die Sorgen der Männer und Frauen in diesem Raum geteilt, diese eine Konstante in ihrem Leben – neben der Sonne, die unausweichlich jeden Morgen wie ein Dämon aufging –, das Wissen, dass dieser Tag kommen würde, die Sicherheit, dass sie eines Tages würden weiterziehen müssen. Hernán hatte mit angesehen, wie Stadt um Stadt geschlossen wurde, mit neun Jahren Algorta, wo er mit weniger als einem Jahr angekommen war, und dann später Coya Sur und dann Mantos Blancos und dann Pedro de Valdivia. Familien hatten ihre wenigen Habseligkeiten zusammengepackt und waren auf Lastwagen geklettert, und während sie die staubigen Straßen hinter sich ließen, in denen sie ausgebeutet worden waren und die sie nun nie wieder sehen würden, hatten diese von täglich sechzehn Arbeitsstunden gehärteten Männer, einer wie der andere, diese Männer, die mehr Kinder beerdigt hatten, als sie je hatten aufwachsen sehen, diese zähen Bergarbeiter, geprägt von einer Kultur, die jedes Anzeichen von Schwäche als weibisch und verweichlicht brandmarkte, diese anmaßenden und gefühlsarmen Machos hatten geweint.

Es ist diese zweite Geschichte, die des Heimwehs, die nun langsam in die vorherige Geschichte der Ausbeutung und der Standhaftigkeit einsickert und sie überlagert. Immer und immer wieder hörte ich, dass sie sehr gerne in der Wüste gelebt hatten, dass sie sich verzweifelt zurücksehnen, nicht nur wegen der Stadt selbst, sondern auch wegen der Lebensart in den *salitreras*. Es liegt aber nicht nur daran, dass diese Gruppe, mit der ich spreche, eine spezielle Art von *pampino* darstellt – diejenigen, die überlebt haben, die nicht mit vierzig Jahren an Silikose gestorben sind, die nicht auf ewig vom glühend heißen Feuer der Schmelzöfen gebrandmarkt sind, diejenigen in diesem Raum, die vorwiegend Lehrer wurden, gebildete Männer und Frauen jetzt in ihren Sechzigern und Siebzigern. Die meisten *campinos*, sagen die, die jetzt in Antofagasta mit mir reden, verwechseln die Ausbeutung, unter der sie in der *salitrera* zu leiden hatten, nicht mit der *salitrera* selbst, nicht mit der Wüste, für die sie alle, wie sie gestehen, eine immerwährende Liebe empfinden, an die sie sich mit Zärtlichkeit erinnern, vor allem wegen einer

Kindheit, die sich ihnen, trotz des Hungers und der Schläge, als eine Zeit der Freiheit und der Fantasie ins Gedächtnis eingeprägt hat.

Und langsam – sehr langsam, fast so, wie dem Rohmaterial des *caliche* sein Schatz an Salpeter entlockt wird, ein langer, umständlicher Prozess – kann ich ihnen das Eingeständnis entlocken, dass das Pedro de Valdivia, an das sie sich erinnern, eine der beiden Nitratstädte, die in den letzten Jahrzehnten des zwanzigsten Jahrhunderts noch in Betrieb war, eine Modellgemeinde war, mit Gehältern über der nationalen Norm, kostenlosem Strom, Elektrizität, Wasser, Gas, erstklassigen, von der Firma subventionierten kulturellen Veranstaltungen, ausgezeichneten Sportmöglichkeiten, eigentlich fast ein kleines Paradies.

Ich würde sehr gerne ihre idyllische Version ihrer Heimatstadt mit eigenem Augenschein und Erleben vergleichen. Und tatsächlich war ich gestern, am Dienstag, dem 14. Mai, zu einem Ausflug nach María Elena aufgebrochen, der einzigen noch voll funktionierenden Nitratstadt der Welt, aufgebrochen mit der ernsthaftesten Absicht, auch das nahe Pedro de Valdivia zu besuchen, das demselben Unternehmen gehörte. Ich hatte sogar die genaue Adresse des Hauses, in dem Hernán Rivera Letelier zehn Jahre lang fast im Verborgenen seine Gedichte hingeworfen hatte. Er hatte mir erklärt, über welche Straßen ich gehen, welche Teile der verlassenen Stadt ich meiden sollte. Aber ich habe es nie bis nach Pedro de Valdivia geschafft.

Ursprünglich sollte ich auf diesem Abschnitt der Reise von Sergio Bitar begleitet werden, einem Freund von mir aus dem Exil. Er war Allendes Bergbauminister gewesen und hatte nach dem Staatsstreich lange Monate als Gefangener auf der eiskalten, sturmgepeitschten Insel Dawson vor der grimmigen Küste Patagoniens verbracht. Bei seiner Rückkehr nach Chile war er einer der Führer des Widerstands gegen Pinochet und wurde, als die Demokratie nach Chile zurückkehrte, zum Senator für den Norte Grande gewählt. Während seiner acht Jahre im Senat (seine zweite Amtszeit endete erst vor wenigen Monaten) war es ihm ein besonderes Anliegen gewesen, die drei alten Nitratstädte, die, wie durch ein Wunder, auch viele Jahrzehnte nach ihrer Schließung relativ unverändert geblieben waren, zu erhalten. Bitar hatte in enger Zusammenarbeit mit *pampino*-Gruppen wesentlich zur Gründung einer Stiftung beigetragen, die diese geretteten *salitreras* als Museen verwalten sollte. Also hatte er angeboten, sich mit mir in Antofagasta zu treffen und in den drei Tagen meines Aufenthalts unseren Führer zu spielen. Eine der Aktivitäten, die vorzubereiten er den *intendente* Molina gebeten hatte, war diese Zusammenkunft älterer *campinos* gewesen und eine andere der gestrige Ausflug nach María Elena (und, falls die Zeit reichte, nach Pedro die Valdivia, deren Raffinerien auf Hochtouren laufen, obwohl die Stadt selbst verlassen ist), damit ich mir die Gewinnung von Nitrat in all ihren Phasen ansehen könne. Bei dieser Gelegenheit wollte er auch mit einem der Manager der Firma Soquimich, die diese Anlagen betreibt, reden, um herauszufinden, ob er ihn gewissermaßen philanthropisch mit an Bord holen und zu einer Unterstützung der Stiftung überreden könne. Aber im letzten Augenblick war mein Freund

Sergio gezwungen gewesen, nach Washington, D.C. zu fliegen, und so blieb es mir überlassen, all die Termine wahrzunehmen, die für ihn geplant worden waren, wozu auch ein langer Aufenthalt im Gästehaus von María Elena gehörte.

Und dort wurde ich gestern kurz nach Mittag von dem Chauffeur abgeliefert, den Soquimich geschickt hatte, um mich nach María Elena zu fahren – eine Stadt drei Stunden nördlich von Antofagasta, die genauso aussah wie die Fotos, die ich von so vielen staubigen tropischen Firmenstädten auf der ganzen Welt gesehen hatte und die das viktorianische Modell, das das British Empire in jede Ecke des Globus exportiert hatte, unaufhörlich kopierten. Das einzige Zugeständnis an die amerikanischen Besitzer, die sie errichtet hatten, ist ein heruntergekommener Baseballplatz und ein von Metro Goldwyn Mayer erbautes Filmtheater. Und der einzige Flecken Grün mitten in dieser Tristesse ist das Gästehaus, in dem man mir Lunch servieren sollte.

Die Ankunft vor diesem Gebäude mit seinen beiden majestätischen Palmen und der großen Veranda und den Sprossenfenstern, früher die Residenz des Verwalters der *oficina* und seiner Familie, war wie der Eintritt in die koloniale Vergangenheit – das Einzige, was fehlte, um dieses Bild perfekt zu machen, waren Damen in langen, weißen Kleidern, die auf der Veranda an Juleps nippten, während dunkelhäutige Einheimische mit großen Fächern die Fliegen wegwedelten. Es war ein luxuriöser, bungalowähnlicher Bau im Schatten großartiger Pfefferbäume, mitten in einem herrlichen Garten, der umso prächtiger wirkte durch den Kontrast zu dem ihn umgebenden Lager aus monotonen niedrigen Häusern mit Flachdächern aus Wellblech und schmuddeligen, verwahrlosten Straßen, die breit genug waren für den Durchzug einer ganzen Armee. Und noch bekannter kam mir vor, was ich sah, als ich das Haus betrat, was ich in zahllosen Filmen (man denke an *Jenseits von Afrika*) und in Südafrika selbst gesehen hatte. Die geräumige Empfangshalle war kühl, von Oberlichten in weiches Licht getaucht, die Wände waren mit Kunstwerken und Erinnerungsstücken geschmückt, und am hinteren Ende stand ein Konzertflügel, der vor einem halben Jahrhundert vielleicht ein ausgewähltes Publikum unterhalten hatte. Von dieser Halle abgehend lag eine Reihe makellos möblierter Schlafzimmer, und eins davon bot man mir an, damit ich mich erfrischen und ausruhen konnte, bis das Essen aufgetragen würde. Eine Stunde später führte mich ein Bediensteter in einen eleganten Speisesaal mit einem Mahagonitisch, an dem problemlos zwei Dutzend Gäste Platz finden würden, doch wir saßen nur zu dritt dort, während ein Diener in weißer Livree eine opulente Speisenfolge auftrug.

Trotz des freundlichen Empfangs, den mir mein Gastgeber Eduardo Arce, der Manager der *salitrera*, und dessen eigener Gast Dan Amit, ein israelischer Bergbauberater, bereiteten, fühlte ich mich nicht ganz wohl. Denn eigentlich war dieser Lunch ursprünglich organisiert worden, um Sergio Bitar zu bewirten, einen der mächtigsten Politiker des Landes, einen engen Freund von Präsident Ricardo Lagos – und stattdessen mussten sie sich nun mit dieser notorisch widerspenstigen, linksradikalen Nervensäge herumschlagen. Aber es war nicht nur das: Ich fühle

Salitrera María Elena: das Gästehaus

mich immer unwohl, wenn ich mit Angehörigen der chilenischen Wirtschaftselite zusammen bin, denn nur allzu bewusst ist mir deren Mittäterschaft bei Pinochets Diktatur, die im Fall von Soquimich besonders ungeheuerlich war: Der damalige Schwiegersohn unseres Diktators, Julio Ponce, hatte zu denen gehört, die diese *salitreras* dem Staat abkauften, als sie in den frühen Achtzigern unter, wie Beobachter meinen, dubiosen Umständen privatisiert wurden. Und auf meine Nachfrage nach seiner Familie deutet Eduardo Arce an, irgendwann zwischen den Meeresschnecken und dem Seebarsch – oder war es kurz vor dem Meringue-Dessert? –, dass sein Vater sehr gelitten habe unter dem Verlust seiner Hazienda während der Landreform des Präsidenten Eduardo Frei Montalva in den späten Sechzigern – ein Prozess, der von einigen meiner engsten Freunde durchgeführt wurde. Aber auch das ist Chile – ein Land, in dem Menschen, zumindest aus der Elite, mit ihren früheren Feinden an einem Tisch sitzen und lächeln und über edle Weine reden und so tun, als würde die Vergangenheit eigentlich gar nicht existieren, als wäre Arce kein Unterstützer Pinochets und als wäre ich nicht in den Norden gekommen, um nach dem verschwundenen Leichnam von Freddy Taberna zu suchen. Vor allem aber verlieren wir kein Wort darüber, dass Arce auch am nächsten Tag an diesem Tisch sein Mittagessen einnehmen wird, während ich in Antofagasta mit *pampinos* an einem Tisch sitzen werde, die aus ihren Häusern vertrieben wurden aufgrund von Entscheidungen, die hier in ebendiesem Esszimmer getroffen wurden. Stattdessen sprachen wir über María Elena und seine Zukunft – und bei diesem Thema war ich sichtlich beeindruckt sowohl von der Effektivität des Konzerns wie auch von dessen zukünftigen Expansionsplänen. Wie ich es auch später an diesem Nachmittag sein sollte, als Jorge Araya, der technische Leiter, mir im Rahmen einer ausgedehnten Führung den industriellen Komplex zeigte.

Nitrat kommt immer nur vermischt mit anderen Mineralien vor, und der Prozess seiner Produktion besteht, von den Anfängen der Gewinnung im 16. Jahrhundert bis hinein ins 21. Jahrhundert, im Zermahlen der unglaublich harte Kruste, in die es eingebettet ist, in immer kleinere Stücke und dann dem Auslaugen dieser Steinbrocken in Wasser, bis das Salz isoliert ist und kristallisiert. Was sich im Lauf der Jahrhunderte verändert hat, ist die Technik, mit der man diese Schritte durchführt. Anfangs des 19. Jahrhunderts schlugen Bergleute als Kleinstunternehmer die Klumpen rohen Nitrats mit dem Vorschlaghammer aus der Erde und schafften sie dann, mit Mulis oder auf dem eigenen Rücken, zu *oficinas*, wo die Schlacke in kochendem Wasser aufgelöst und dann in großen Kesseln unter der Sonne weiter raffiniert wurde, eine rudimentäre Methode der Auslaugung, die nur bei Material mit einem Wertstoffgehalt von 60 Prozent und mehr funktionierte. Dass diese *oficinas paradas* genannt wurden – was die Bezeichnung für einen Ort ist, an dem man kurz verweilt, der heute da und morgens schon verschwunden ist –, deutet darauf hin, wie unsicher und provisorisch diese Lager gewesen sein mussten, denn man zog weiter, sobald ein Feld erschöpft war. Erst Mitte der 1850er Jahre, als Europa nach immer mehr Düngemittel verlangte und Pedro Gamboni, ein Chilene, eine kostengünstigere Methode entwickelte, um minderwertigeres *caliche* aufzubereiten, wurden die *oficinas* feste, stabile Siedlungen. Zwei Jahrzehnte später wandte Santiago Humberstone, ein junger britischer Ingenieur, der das in Lancashire erfundene Shanks-System der Aufbereitung von Ätznatron studiert hatte, diese Methode (Dampfrohre, um die Kessel zu heizen) auf *caliche* an und ermöglichte so die Extraktion von Nitrat aus Rohmaterial mit nur 13 Prozent Gehalt. Die Shanks-Methode ermöglichte es Chile, ab dem Jahr 1910 rund zwei Drittel des Weltbedarfs an Düngemitteln auf Nitratbasis zu liefern. Als zwanzig Jahr später das deutsche, synthetische Produkt triumphierte, befriedigte der Norte Grande nur noch noch zehn Prozent des globalen Bedarfs. Dass die Depression der 1930er, die den meisten *salitreras* den Todesstoß versetzte, nicht auch das absolute Ende der Nitratära bedeutete, rührte daher, dass im Jahrzehnt davor eine neue Technik zur noch billigeren Extraktion von Nitrat entwickelt worden war. Bekannt als die Guggenheim-Methode, weil Elias Cappelans Smith sie aus Verfahren entwickelte, die in der Guggenheim gehörenden Kupfermine von Chuquicamata angewandt wurden, ermöglichte sie im Jahr 1932 die Eröffnung von zwei neuen, profitablen *oficinas*, María Elena 1925 und Pedro de Valdivia 1931 – die letzten, die je gegründet wurden.

Was ich in María Elena (benannt nach María Elena Condon, Cappelans' Gattin) gesehen habe, war deshalb nicht, was ich gesehen hätte, wenn ich viele Jahrzehnte zuvor Oficina Alemania besucht hätte (oder eine andere der über dreihundert *oficinas*, die einmal das Shanks-System benutzt hatten und alle aufgegeben wurden), aber immerhin war es, wie fortschrittlich solche zeitgenössischen Anlagen auch sein mögen, eine ganz passable Annäherung daran, wie es gewesen sein musste.

Unser Jeep mit Vierradantrieb begann die Tour, indem er, eine ganze Reihe von schwer bewachten Sicherheitstoren passierte und dann durch ein Labyrinth von unbefestigten Straßen fuhr, die so weit in die *pampa* hinausreichten, dass von María Elena nur noch die riesigen Schornsteine am Horizont zu sehen waren, die Rauch in die transparente Luft der Atacama-Wüste bliesen. Schließlich erreichten wir eine *cantera*, den Grund eines Steinbruchs von etwa hundert Meter Länge und fünfundzwanzig Meter Breite, wo an diesem Morgen Dynamit zur Detonation gebracht worden war. Ich stand vor einer hoch aufragenden Wand aus *caliche*, vier bis fünf Meter hoch, ein richtiger Canyon aus diesem Material, und schaute zu, wie riesige Schaufelbagger das Rohmaterial aufnahmen und es auf noch gigantischere Lastwagen luden. Falls ich sehen wollte, wie die Geologen zu der Entscheidung kommen, wo sie sprengen sollen – sie brechen das *caliche* auf und schätzen die Qualität des Materials anhand seines Funkelns! –, und miterleben wollte, wie die Dynamitstangen in ihrer gelben Plastikumhüllung im Abstand von fünfzehn Metern zur Explosion gebracht werden, das Donnern, der Staub, der von der Wüste aufsteigt wie Rauch, schlug Jorge Araya mir vor, über Nacht zu bleiben und es mir früh am nächsten Morgen anzuschauen. Ich war versucht, diese Einladung anzunehmen – die rebellische Geschichte dieser Region ist eng verwoben mit der Geschichte der Sprengstoffe. So war es zum Beispiel das Dynamit in den Händen der Arbeiter, das zu einem ganz außergewöhnlichen anarchistischen Aufstand von großen Teilen der chilenischen und ausländischen Arbeiterschaft im Jahr 1925 geführt hatte. Sie besetzten Dutzende von *salitreras* und verlangten bessere Löhne und demokratische Rechte, und sie schafften es, der mächtigsten Armee Lateinamerikas viele Tage lang zu widerstehen, doch das Ganze endete in einem Massaker – enden Revolten auf meinem traurigen Kontinent je anders? – an Tausenden von Aufständischen in den *oficinas* von La Coruña und Maroussia. Deshalb ja, ich war mehr als interessiert an der Gelegenheit, die Gewalt der Wüste mitzuerleben – auch wenn es nur die eingeschränkte, wissenschaftliche Variante war, in der sie auf diese Krater losgelassen wurde. Aber ich musste noch am selben Abend zu Angélica zurückkehren, und die *campinos* erwarteten mich am nächsten Vormittag, und deshalb musste ich mir dieses spektakulärste Bergbau-

Salitrera María Elena

erlebnis entgehen lassen, den Augenblick, da die Wüste aufgebrochen und verwundet wird. Dieses Bild einer verwundeten Wüste vertiefte sich in mir, während wir den Lastwagen zu einer Rampe folgten, wo das Material abgeladen wurde und dann auf Transportbändern nach oben kroch, um in zwei Schritten zerkleinert zu werden, von den *chancadora primaria y secundaria*, wie man sie nennt. Für Meilen und Meilen im Umkreis von María Elena – und jedes anderen *salitre*-Feldes, das Angélica und ich auf der Fahrt gesehen hatten – sieht die Erde aus wie von Granaten malträtiert. Pockennarbig, vergewaltigt, ausgehöhlt.

Vom produktiven Standpunkt her bedeutet das, dass die Firma nach Ausbeutung der nahe gelegenen Lagerstätten bei der Suche nach neuen Nitratfeldern immer weitere Kreise ziehen muss. Araya führte mich zu dem

Förderband, das die Mineralbrocken – inzwischen verkleinert zu Blöcken von neunzig Tonnen – weitertransportiert. Wir folgten seinem Verlauf, und es waren vierzehn Kilometer, die diese wertvolle Fracht bis zu der Raffinerie zurücklegte, in der die Guggenheim-Methode der Auslaugung zur Anwendung kommt – aber erst nachdem weitere Mühlen die Steine noch mehr zerkleinert hatten. Während wir an dem endlosen Förderband entlangrasten, begriff ich, warum Eduardo Arce mir beim Mittagessen gesagt hatte, es könne der Tag kommen, da Soquimich María Elena aufgeben und einen neuen industriellen Komplex irgendwo weit draußen in der noch unberührten Atacama hochziehen müsse. Ein solcher Umzug steht nicht unmittelbar bevor – zumindest versicherte Arce mir das, als ich Gerüchte über eine mögliche Schließung von María Elena erwähnte –, da es in der unmittelbaren Nachbarschaft noch Nitratvorräte für die nächsten dreißig, vielleicht sogar noch fünfzig Jahre gebe. Aber je weiter sie sich vom Zentrum entfernen müssen, um den Rohstoff zu gewinnen, desto teurer wird es, und irgendwann werden die Transportkosten einen Weiterbetrieb von María Elena unmöglich machen.

Diesen industriellen Prozess in all seine geschäftigen Phasen zu sehen und ihn geduldig durch die verschiedenen Dampf- und Lauge- und Verdunstungskessel zu begleiten – natürlich kommt hier modernste Technologie zum Einsatz, jedoch in Gebäuden, die in den Zwanzigern und Dreißigern errichtet wurden –, gab mir ein Gefühl dafür, wie es wohl für über hundert Jahren gewesen sein musste, wenn ein Reisender nach der Durchquerung von Ödland, wo nicht einmal ein Reptil kroch, plötzlich auf diese riesigen Netzwerke menschlicher Tätigkeit stieß. Und sich schließlich den gleißenden Hügeln aus milchig weißen Kristallen zu nähern, das Nitrat schließlich zu berühren und zu riechen und zu schmecken, half mir wiederum, mir das Leben in den *salitreras* vorzustellen, wie das Leben in diese Wüste strömte und wie es ausgepresst wurde. Obwohl es genau genommen nicht mehr dasselbe Nitrat wie früher ist. Um im globalen Markt zu überleben, muss Soquimich seine Produktion auf die Bedürfnisse von Kunden aus Japan, Frankreich, den Vereinigten Staaten und hundert anderen Nationen zuschneiden, auf Agrarindustrien, die einen natürlichen Dünger brauchen, der so leicht löslich und so problemlos absorbierbar ist, dass er einen besseren Ernteertrag liefern kann als synthetische Materialien. Was aber diese moderne Operation wirklich von dem unterscheidet, was in der Vergangenheit passiert ist, sind die Nebenprodukte des Nitrats, die jetzt die Haupteinnahmequelle bilden. Als ich im Gespräch mit Jorge Araya meine Skepsis in Bezug auf die tatsächliche Bedeutung dieser anderen Materialien anmeldete, deutete er nur auf die Werkzeuge meines Berufs: Jod für die Fotos, die ich schoss, Lithium für die Akkus meiner Videokamera und des Kassettenrecorders, und Borax für meine Brille und die Zahnpasta, die ich an diesem Morgen benutzt hatte, und das Waschmittel, mit dem ich meine Kleidung reinigen würde ... Ich dachte darüber nach: wie die chilenische Wüste fast unsichtbar über den ganzen Erdball verstreut ist, sie regt sich in einem Schnappschuss, der in Sri Lanka aufgenommen wird, in einer Tomate, die in Chicago gegessen wird, und in einem batteriegetriebenen Spielzeugauto in Tokio.

»Zeit zur Rückfahrt«, sagte Jorge Araya. »Es tut mir Leid, dass Ihnen jetzt keine Zeit mehr bleibt, um auch Pedro de Valdivia zu sehen, aber es ist ein weiter Umweg, und Ihre Frau wird sich Sorgen machen, wenn Sie sich so sehr verspäten. Eine Frau sollte man nie zu lange warten lassen.«

Ich mochte Jorge Araya. Ein ehemaliger Armeeoffizier, der sich, ohne mein Zutun, bemühte, sich von den »Exzessen« der Diktatur zu distanzieren, aber ich glaube, ich hätte ihn auch so gemocht, wegen seines Schnurrbarts und seiner sprühenden Vitalität und seiner Bereitschaft, jede Frage offen und aufrichtig zu beantworten, und auch wegen seiner Reaktion, als ihm während unserer Tour ein Unfall gemeldet wurde. Er hörte sich meine Theorie über das Wüstensyndrom aufmerksam an, meinte aber, er passe nicht in das psychologische Modell, das ich mir da zurechtzimmere. Wie fast alle Manager und eine immer größer werdende Zahl von Arbeitern in María Elena verbrachte er eine halbe Woche hier und die andere Hälfte in Antofagasta – ein Pendeln, das ich bereits in Las Campanas mitbekommen hatte –, aber er betrachte sich ganz und gar nicht als einsam, vielleicht weil seine militärische Ausbildung ihn auf lange Tage und Nächte des Alleinseins vorbereitet hatte. »Das ist es, was Pioniere tun«, sagte er. »Keine Wüste wird erobert ohne Leute wie mich.«

Aber das ist es nicht, woran ich mich jetzt erinnere, am Tag darauf, an diesem Mittwoch, den 15. Mai, während ich in Antofagasta mit den *pampinos* spreche. Es ist nicht die Andeutung einer Beziehung, die zwischen mir und Araya entstanden ist, die Art von Beziehung, die Männer entwickeln, wenn sie gemeinsam auf Ausflüge und Expeditionen gehen, das ist es nicht, was mir jetzt in den Sinn kommt. Nein, es ist etwas, das Araya am Ende unserer Tour sagte, als wir wieder über die traurigen Straßen von María Elena fuhren und ich ihn fragte, wie er mit den örtlichen Behörden zurechtkomme.

»*A las mil maravillas*«, erwiderte er. »Sie müssen mit mir zurechtkommen. Ich bin hier der eigentliche Bürgermeister, nicht derjenige, der von den Bürgern gewählt wurde. Wenn er hier irgendetwas unternehmen will, einen Zirkus in die Stadt zu holen zum Beispiel, wenn er etwas verändern oder etwas rückgängig machen will, dann muss er mich um Erlaubnis fragen. Ich bin derjenige, der entscheidet. Weil diese Stadt, jeder Zentimeter davon, Soquimich gehört.«

So wäre also dieser freundliche, sanfte Mann, mit dem ich einen sehr angenehmen Nachmittag verbracht habe, verantwortlich für die Vertreibung der Bewohner aus María Elena, falls diese Stadt je das Schicksal von Pedro de Valdivia ereilen sollte. Und das ist die Kehrseite all dieser Vergünstigungen, des freien Stroms, der großartigen Sportanlagen, der preiswerten kulturellen Veranstaltungen, der billigen Mieten. Die Firma, die verantwortlich ist für die Müllabfuhr und die Instandhaltung der Straßen und für die Reparatur einer ausgefallenen Ampel, ist dieselbe, die Bewohner aus ihren Häusern werfen kann, als wären sie nur ein Klumpen Mineral.

Und genau das machte Soquimich mit all den Männern und Frauen, die jetzt an diesem Tisch in der *intendencia* von Antofagasta sitzen.

Genau das machte sie vor allem mit Eduardo Riquelme, dem Direktor der Schule in Pedro de Valdivia, dem achtzigjährigen Mann, der, nach Meinung aller in diesem Raum, der Letzte war, der diese Stadt verließ, der geblieben war, auch nachdem die Verwaltung den Strom in seinem Haus abgestellt hatte, um ihn und seine Frau zum Weggehen zu zwingen. »*Riquelme fue*«, sagen seine Gefährten, »*el que apagó las luces*, er war derjenige, der das Licht ausgemacht hat.« Und deshalb habe ich mich ihm zugewandt und ihn gefragt, warum er nicht weggehen wollte, was ihn dort gehalten hatte bis zum bitteren Ende, sechs Monate nachdem der Letzte der anderen Pedrinos sich verabschiedet hatte?

Riquelme wurde nicht einmal in Pedro de Valdivia geboren. Er kam 1952 in diese Stadt, ein dreißigjähriger Grundschullehrer, der nach einem Ort in der Wüste suchte, wo er nicht unter Asthmaattacken leiden würde. In der Nacht, als er nach einer anstrengenden, dreitägigen Fahrt vom Süden her aus dem Zug stieg, war es so spät, dass er keine Unterkunft mehr fand, und so machte er sich auf zur örtlichen Polizeiwache, wo man ihm, nachdem er verkündet hatte, dass sein Vater Polizeiwachtmeister sei, ein Bett für die Nacht anbot. Am nächsten Morgen wachte er bei Sonnenaufgang auf, rasierte sich und ging los, um sich in der Schule zu melden. Ein paar Schritte, und er rutschte im Staub aus – »*me di un costalazo*«, sagte Riquelme lachend, »ich bin hingefallen.« Doch anstatt das als schlechtes Omen zu betrachten, sagte er sich: »*Ya pagúe el terreno*, ich bezahle schon jetzt für das Land. So, dachte ich bei mir, sagt die Erde dir, dass du bleiben sollst, dass du dich nie mehr von ihr trennen sollst. Und deshalb bin ich die nächsten vierundvierzig Jahre geblieben.«

Er sagt das alles mit einer vollen, weichen Baritonstimme, die umso überraschender ist, weil er ein kleiner Mann ist, zumindest körperlich klein, mit präzisen Gesten und sorgfältiger Aussprache, ein Mann, der es gewohnt ist, öffentlich zu sprechen und sich deutlich verständlich zu machen.

Was war es nur, was ihm an dieser *salitrera*-Stadt so sehr gefiel?

Er erwähnt natürlich all die Annehmlichkeiten – das tun sie alle, die Pedrinos –, aber er beschreibt auch detailliert andere Merkmale dieser Gemeinschaft, die mich wieder einmal daran zurückdenken lassen, wie es gewesen sein musste in den heroischen Tagen der *pampa*, als Männer von anderen Orten hierher strömten, was sie hier fanden außer der Ausbeutung und der harten Sonne unter einem baumlosen Himmel.

Pedro de Valdivia war ein Magnet, sagt er. Es gefiel ihm, dass Leute aus allen Ecken Chiles hierher kamen, jeder mit einer anderen Geschichte und einer anderen Herkunft. »Die Bedingungen in der Wüste sind so hart, und das Leben ist nicht einfach«, sagt er. »Man braucht den Nachbarn von nebenan mehr, als man ihn in einer großen Stadt brauchen würde. Man braucht einander zum Überleben. Deshalb ist die Solidarität unter uns stärker und viel wichtiger als irgendwo anders. Und das führt zu einer Kultur der Toleranz und der Teilhabe.« Er hält inne. »Ich dachte, meine Frau und ich würden dort bleiben, bis die *pampa* aufhörte zu sein oder ich aufhörte zu sein. Stattdessen war es die Stadt, die aufhörte zu sein.«

»Was wir allerdings nicht glauben wollten«, warf einer der *pampinos* dazwischen, vielleicht war es Angel Lattus.

»Ich wurde zwar in Oficina Vergara geboren, aber Pedro de Valdivia war meine Heimat.«

Ich wende mich wieder Eduardo Riquelme zu. Seine Gefühle sind echt, sein Schmerz ist echt, und doch habe ich noch nicht das Gefühl, wirklich zu begreifen, wie und warum ihn dieser Ort so anzog. Seine Erklärungen klingen ein bisschen abstrakt, ein bisschen schulmeisterlich, als würde er einen Text vorlesen. Ich möchte bei ihm noch ein bisschen tiefer vordringen. Pedro de Valdivia wurde Januar 1996 geschlossen, und er blieb bis zum Juni dieses Jahres. Ich frage ihn nach diesen sechs Monaten, in denen er und seine Frau die einzigen Bewohner eines Ortes waren, der zur Geisterstadt geworden war, ich frage ihn nach der letzten Nacht, die sie in ihrem Haus verbrachten, bevor man sie hinauswarf.

»Wissen Sie«, sagt er, und obwohl ich zuerst den Eindruck habe, er will das Thema wechseln, beantwortet er tatsächlich meine Frage. »Ich kam 1964 in dieses Haus. Und fast sofort legte ich einen Garten an ... Ich hatte da einen fast vertrockneten Baumstamm, der einfach nicht herauskommen wollte, wie sehr ich auch grub und zerrte und versuchte, ihn zu entwurzeln, der Baum rührte sich einfach nicht. Er hatte noch immer ein paar lebendige Äste. Nicht sehr dick – vielleicht wie ein Besenstiel, aber er wehrte sich. Also fing ich an, ihn zu gießen. Und als wir 1996 dann weggehen mussten, war er immer noch da, und ich konnte ihn nicht mitnehmen. Also blieben wir. Anfangs ließen sie uns. Aber nach einer Weile stellten sie den Strom ab.

Wir blieben trotzdem und kochten auf einem kleinen Kohleofen. Aber dann sagten sie, sie würden uns das

Wasser abdrehen. Im Juni, das war 1996. Also konnten wir nichts mehr tun. Na ja, wir mussten einfach gehen. Den Tag verbrachten wir damit, die Pflanzen in Körbe zu packen. Als wir an diesem Abend das letzte Essen in unserem Haus kochten, in dem unsere Kinder geboren wurden, redeten wir darüber, dass das Leben in dieser Stadt so gut zu uns gewesen war. Und bevor wir schlafen gingen, goss ich den Baum zum allerletzten Mal, *por última vez*. Am nächsten Morgen kochte ich uns Kaffee im *brasero* ... Der Kessel war so schwarz von dem Kohleofen, dass wir ihn einfach dort gelassen haben. Den hätten wir nie wieder sauber bekommen. Zweiunddreißig Jahr lang hatte unser Bett in Ost-West-Richtung gestanden. Und kurz vor unserem Aufbruch drehten wir es in die Nord-Süd-Richtung. Weil wir einfach nicht wollten, dass es so blieb, wie es diese ganzen Jahre gewesen war. Unser Leben fing neu an. Und das Bett sollte keine schlechten Erinnerungen bewahren müssen, wenn wir es zurückließen.«

Und er ist nie zurückgekehrt, um dieses Haus, diesen Baum noch einmal zu sehen?

»Wir werden geboren«, sagt er und moduliert diese Stimme, die mich an Männer erinnert, die in zwanglosen Quartetten, in einem Chor, bei Amateur-Opernfestivals singen, »und kaum sind wir geboren, fangen wir schon an zu sterben; jedes unserer Erlebnisse stirbt sofort, und das Einzige, was uns weitermachen lässt, ist die Erinnerung an diese glücklichen Augenblicke. Aber wir sollten nicht versuchen, sie zu wiederholen.«

Eine kurze Stille entsteht.

Ich frage ihn, was er jetzt tut, was sie alle tun.

Es gibt in Antofagasta ein Zentrum, eine Art Arbeiterverein, aber Riquelme und einige andere haben darüber hinaus etwas gegründet, das sie *Hermandad de la Pampa* nennen, die Bruderschaft der Wüste. Sie bringen viele Tage damit zu, alte, verlassene Städte zu besuchen, von Tantal bis Pisagua, verteilt über achthundert Kilometer Wüste. An jedem 1. November, dem Tag der Toten, sagt Riquelme, ist es ihm ein Anliegen, eine Stadt zu besuchen, in der er zuvor noch nicht war. Er nimmt Blumen mit und richtet das Grab eines Erwachsenen und das eines Kindes her. Er weiß nicht, wer sie sind, er sucht sich einfach willkürlich zwei Gräber aus. »Das sind die Menschen, die Chile reich gemacht haben«, sagt er. »Und doch erinnert sich keiner an sie. Die Märtyrer, die massakriert wurden, die gestorben sind, die dieses Land aufgebaut haben. Ich fahre in diese verlassenen *oficinas*, um für die Sünde des Vergessens zu büßen, die an diesen Toten begangen wurde.«

Ich denke an Oficina Alemania und den Friedhof, den zu besuchen ich keine Zeit mehr hatte. Ich bitte ihn, mir von der letzten *salitrera* zu berichten, die er besucht hat.

»Von der letzten?«

Na ja, von irgendeiner, von der er mir erzählen will.

»Cecilia«, sagt Eduardo Riquelme. »Cecilia war die modernste von allen *salitreras*. Gebaut anhand von Plänen aus San Francisco, Kalifornien. Ich spiele Akkordeon, und irgendwann kam mir der Gedanke, dass ich im Theater von Cecilia spielen will, in den Ruinen des Theaters dort in Cecilia, und so habe ich meinen Tag dort verbracht. Ich kann nicht mit ansehen, wie Pedro de Valdivia ausgeplündert wird, wie der Staub sich jeden Tag dichter über die Stadt legt, wie Tag um Tag dort Holz gestohlen wird, aber diese Ruinen von Cecilia, das ist eine andere Geschichte.«

»*Unsere eigenen Ruinen schmerzen uns mehr*«, sage ich.

Riquelme nickt.

»An diesem Tag«, sagte er, »war ich also in Oficina Cecilia, in der Nähe von Chacabuco, und ich habe mir einen Klappstuhl genommen und ihn im Theater aufgestellt, weil ich dort ganz alleine sein wollte ... Ich habe mein Leben lang so viel Zeit mit anderen Menschen verbracht, dass ich einen Raum fürs Alleinsein brauchte ... Den ganzen Tag habe ich dort verbracht, nur mit einer Dose Thunfisch, *un limoncito*, ein paar Spritzer Zitronensaft, und einer Flasche *cerveza*, und ich habe angefangen, Akkordeon zu spielen, ganz allein. Ich spiele nur für mich selbst.«

Und jetzt hält Eduardo noch einmal inne.

»Für mich«, sagt er schließlich. »Und für die Geister.«

Zeit für eine Geschichte

Donnerstag, 16. Mai 2002. Nach Verlassen von Antofagasta

Wir stehen mitten in den Ruinen von Pampa Unión, einer Stadt, die nie ein einziges Gramm Nitrat produzierte, die stattdessen Vergnügen und Ausschweifungen und Illusionen produzierte, eine Stadt der Bordelle und Bars, der Opiumhöhlen und Spielsalons, eine Stadt, die jetzt nur noch von Wirbelwinden und wehendem Sand besucht wird.

Ich weiß über diese Stadt Bescheid – und wir haben hier angehalten, zwei Stunden östlich von Antofagasta, auf unserem Weg in die Berge –, weil Hernán Riviera Letelier mir gestern Abend ihre Geschichte erzählt hat. In *Fatamorgana* (einem seiner wenigen Romane, die ich noch nicht gelesen habe) versetzt er seine Figuren nach Pampa Unión, eine Stadt, die 1912 mitten in der Wüste entstand, um den umliegenden 27 Nitratgemeinden als Vergnügungsort zu dienen (und deren Bewohner zu bedienen), nur um vierzig Jahre später wieder zu verschwinden, wie eine Fata Morgana, ein Trugbild, das die Wüste verschlang. Nur zwanzig Häuser in Pampa Unión schmückten sich offiziell mit dem Titel Hurenhaus, tatsächlich aber gab es über zweihundert davon: In jeder Pension, in jedem Lebensmittelgeschäft, in jedem Schnapsladen, in jedem Lagerhaus herrschten die Damen der Nacht. Nach einiger Zeit war die Stadt so korrupt, dass die Behörden die gesamte Polizeitruppe entlassen mussten. Aber keiner der Polizisten ging weg. Sie alle blieben in Pampa Unión, und schon am nächsten Tag sah man sie, diese ehemaligen Vertreter von Recht und Ordnung, als Chefs von Bordellen wieder.

Ich schlendere zwischen den bröckelnden Mauern dieses Ortes des Verderbens herum. Pampa Unión verfiel auf dieselbe Art, wie es gebaut wurde – chaotisch, ohne erkennbare Ordnung. Keine systematisch angelegten Straßen nach britisch kolonialem Vorbild, keine Reihen unterwürfig kleiner Häuser, kein Firmenladen, kein Hauptplatz, keine Sportanlagen, keine Gewerkschaftszentrale – und keine Kirche, weil der Bischof von Antofagasta sich weigerte, hier ein Gotteshaus zu errichten, mit dem Hinweis, die Seelen hier seien schon zu verloren, um noch die Entsendung eines Priesters zu rechtfertigen. Vielleicht fürchtete er auch nur, was mit einem minderen Diener Gottes in diesem Sündenpfuhl passieren würde, dem einzigen Ort in der ganzen Wüste, in dem es mehr weibliche Bewohner als männliche gab, wo diejenigen, die arbeiteten, dies in der Nacht taten und nicht im sengenden Schein der Sonne, wo die Minen, in denen geschürft wurde, ganz anderer Natur waren (tatsächlich nannte man Frauen von lockerer Moral *minas*). Ein Ort der Gesetzlosigkeit wie die Grenzstädte im Wilden Westen Amerikas, die mich als Kind in New York fasziniert hatten, wo die Disziplin und die Vorschriften der Macht, die anderswo in der gnadenlosen *pampa* herrschten, für kurze Zeit aufgehoben waren, wo die Sünde belohnt wurde und die Leidenschaft überkochen konnte.

Ich stehe in einem Raum, der ein großer Empfangssaal gewesen sein muss, vielleicht ein Saloon. Fast genau in der Mitte grünt der verkrüppelte Stumpf eines Baums, gespeist aus wer weiß was für einer versteckten Wasserquelle, wer weiß was für einer Erinnerung an vergangene Wollust und Üppigkeit. Ich stapfe durch den Schutt zum hinteren Teil des Gebäudes, wo Klinker und Stuck die Eingänge zu den winzigen Kammern markieren, in denen Liebe stundenweise an verzweifelte Männer verteilt wurde. Hernán Rivera Leteliers kernige Aussage kommt mir wieder in den Sinn: »Wo ein Bergmann ist, da ist auch eine Prostituierte – da kannst du dir ganz sicher sein.« Vorsichtig steige ich über die Überreste von etwas, das eine Art Schutzmauer gewesen sein muss, und trete wieder in die Sonne. Ich frage mich, wo die Hahnenkämpfe stattfanden, wie der Schnaps ausgeschenkt wurde, wer die Betrunkenen bei Tagesanbruch hinausbegleitete, was für postkoitale Kartenspiele noch gespielt wurden, wenn die Sonne schon über den Horizont stieg.

Nun sehe ich in einiger Entfernung einen Zug herankommen. Mit genau so einem Zug war ich 1962 aus Bolivien zurückgekehrt, genau auf dieser Route war ich vor so vielen Jahren an Pampa Unión vorbeigefahren und hatte überhaupt nicht bemerkt, dass es existierte.

Damals wie heute gab es keinen Bahnhof in Pampa Unión, aber 1929 gab es ein Gebäude, vor dem die Züge hielten, das Jahr, in dem Hernáns Roman spielt, genau an dem Tag, als der Diktator Chiles, General Carlos Ibáñez del Campo, der den Norden bereist hatte, auf dem Rückweg aus Calama durch diese Stadt kommen sollte, standesgemäß untergebracht in einem speziellen Waggon, den die in englischem Besitz befindliche Eisenbahn ihm zur Verfügung gestellt hatte. Der Zug musste in Pampa Unión anhalten, um Wasser aufzunehmen. Die Städter organisierten für den Präsidenten einen turbulenten Empfang. Alle strömten in den Bahnhof, die Huren und die Zuhälter und die Barkeeper und die Kartenhaie und die Bergleute aus jeder *salitrera* der Umgebung samt ihren Familien und Kindern. Alle fühlten sich unschuldig und munter an diesem Morgen, an dem sie aufwachten mit der Aussicht auf eine Art von Erneuerung noch vor dem Ende dieses Tages.

Hernán hatte Angélica und mir die Szene in seinem Haus auf einem Hügel über Antofagasta beschrieben, er hatte erzählt von den Fahnen, die geschwenkt wurden, und wie die Spannung stieg, und jetzt, am nächsten Tag hier in Pampa Unión, kann ich die Szene fast vor meinen Augen sehen. Die Musikkapelle ist bereit, sie hat schon seit Wochen geprobt. Die Kinder warten darauf, singen zu dürfen. Der Zug kommt, man sieht den Rauch am Horizont. Und die Leute fangen an zu jubeln und werden von einem der Organisatoren zum Schweigen gebracht. Alles muss ordentlich und hübsch aussehen. Sie wollen die Gelegenheit nutzen, um den Präsidenten zu fragen, ob er der Stadt nicht einen legalen Status verleihen, sie als Gemeinde anerkennen und auf die Landkarte setzen könne.

Sie in die Schoß der großen chilenischen Familie aufnehmen könne.

»Und die Lokomotive«, sagte Hernán bedächtig und sich an unserer Neugier labend, »fährt genau um 15 Uhr 08 an diesem heißen, transparenten Nachmittag in den Bahnhof ein.«

En la tarde calurosa y transparente.

Doch genau in diesem Augenblick wurde die Erzählung unterbrochen von Hernáns Frau Mari, die hereinkam, um uns zu sagen, dass die *onces-comida* auf dem Tisch stehe. Ein Abendessen, das eine chilenische Institution ist, eine Mischung aus englischem High Tea und spanischem Abendessen, wobei der Begriff *onces* wahrscheinlich von einigen Mönchen kommt, die sich in den langen, durstigen Nachmittagen in ein Versteck mit *aguardiente* schlichen, benannt nach den *once*, den elf Buchstaben dieses spanischen Namens für Branntwein, für Feuerwasser. Mari hatte für uns allerdings ein anderes Festmahl vorbereitet. Sie hatte *pastel de choclo* gekocht, ein sehr typisches und äußerst köstliches chilenisches Gericht, eine Art Shepherd's Pie mit Maisbrei – und sie hatte es getan, weil sie sich daran erinnerte, dass ich vor vielen Jahren einen Gedichtband mit diesem Titel herausgebracht hatte. Eine Gastfreundschaft und Aufmerksamkeit, die mich verstehen ließ, warum Hernán immer wieder sagte, Mari sei das Beste, was ihm in seinem Leben passiert sei, und die mir auch die Szene ihrer ersten Begegnung unvergesslich machte, damals vor vielen Jahren in Mantos Blancos, wohin er auf Arbeitssuche gefahren war.

»Ich lernte sie auf die Art kennen«, hatte er Angélica und mir erzählt, »wie sich die meisten Paare in der *pampa*, in diesem Teil der Welt kennen lernen. Ein unverheirateter Mann kam damals in einem *campamento* an – und 90 Prozent der Männer, die in den *salitre*-Feldern Arbeit suchten, waren ursprünglich Junggesellen – und fragte, so wie ich es getan habe, in welchem Haus es gutes Essen gebe, und am nächsten Tag ging man dort hin und versuchte, sein bestes Benehmen an den Tag zu legen, weil es dort immer zwei, drei Töchter gab, die das Essen an die Tische brachten. Mari war sechzehn, und ich war zweiundzwanzig. Ein paar Tage später fällt mir auf, dass auf meinem Teller mit *cazuela* das Hühnchenteil immer größer war als auf allen anderen und die Kartoffel ebenfalls.« Viele Jahre später sollten es dann Maris Kochkünste sein, die es ihm erlaubten, seinen ersten Roman zu schreiben – indem sie mit Backwerk und Fleischpasteten, die sie von Haus zu Haus verkaufte, den Computer abbezahlte, mit dem er ihn schrieb. Eine Situation, die sich überall auf der Welt wiederholt, wo und wann auch immer das Leben hart ist, die aber ganz besonders typisch ist für die *pampa*, die mir immer begegnet, wenn ich eine Geschichte aus den *salitreras* höre: die Mutter, die Frau, die Schwester, die Tochter, die schuften und sich abmühen, damit der Mann dem Inferno entkommen kann und, wer weiß, sie bei seinem Weggang manchmal sogar mitnimmt.

Wobei die beiden nicht an Flucht dachten, als sie heirateten und nach Pedro de Valdivia zogen und Hernán zur Arbeit auf die Nitratfelder geschickt wurde – was als die härteste Plackerei, fast schon als Strafe betrachtet wurde. Was sich allerdings auch als Segen erwies, denn dort hörte er all die Geschichten der *pampa*, die aus den anderen Arbeitern herausflossen, während sie auf den

Ladeflächen von Lastwagen zu den Gruben fuhren oder danach in den Ruhepausen. Stundenlang, erzählte er uns, habe er den *viejos* zugehört. Man nannte sie *viejos*, alte Männer, nicht weil sie so betagt waren – Bergleute sterben eher jung –, sondern weil sie alt aussahen und sich Zeit nahmen beim Reden und übersprudelten von Erinnerungen, die für mehr als ein Leben gereicht hätten. Erinnerungen und Geschichten, die Hernán ihnen entlockte und die ihn später zu einem Bestsellerautor machen sollten, zu einem der wenigen Schriftsteller in Chile, die sich mit dem Schreiben von Büchern ihren Lebensunterhalt verdienen können. Eine außerordentliche Leistung für jeden, der es schafft, vor allem aber für jemanden, dessen Mutter starb, als er neun Jahre alt war, und der auf den Straßen von Antofagasta Zeitungen verkaufen musste, um sich zu ernähren, als sein Vater gezwungen war, sich in der Wüste Arbeit zu suchen. Noch merkwürdiger erscheint vielleicht sein Erfolg als Schriftsteller, wenn wir erfahren, dass er der schüchternste Junge war, den man sich vorstellen kann, *silencioso, solitario y soñador*, ein Träumer, einzelgängerisch und still, wie er sich selbst in *Himno del Angel* beschreibt, seinem autobiographischsten Roman.

Ein Zuhörer. Eine seiner ersten Erinnerungen war das Belauschen einer Unterhaltung zwischen Erwachsenen in Algorta – »wir lebten im ärmlichsten Haus in der ärmlichsten Straße von drei wirklich ärmlichen Straßen« –, wo seine Mutter und seine Schwester, so wie Mari und ihre Mutter viele Jahre später, das Familienbudget aufstockten, indem sie Mahlzeiten verkauften. So dass sich jeden Abend um die vierzig *viejos* im Haus der Riveras zu einer schmackhaften Mahlzeit einfanden, und der kleine Hernán brachte den Abend unter dem Tisch zu und lauschte gebannt jeder einzelnen Anekdote. Fasziniert von dieser Fähigkeit, Worte zu verweben, die er scheinbar nicht besaß, verzaubert von den Predigten, die analphabetische Evangelisten (seine Eltern waren wiedergeborene Christen) an den Straßenecken von Algorta hielten, und später völlig verhext von den *charlatanes* in den Gassen von Antofagasta, Quacksalber und Schwindler und Hausierer, die die Leute mit ihren meisterhaften Palästen der Sprache übers Ohr hauten, all diesen *ángeles del verbo*, diesen Engeln des Wortes, der Wörter, die sich in ihm ansammelten, in ihm, in ihm, *dentro, dentro, dentro*, sagte Hernán, bis sie schließlich herausflossen, viele Jahre lang als Gedichte und schließlich, eines Tages im Jahr 1990, in Form einer Geschichte, die anwuchs und sich in einen Roman verwandelte, der in einem Hurenhaus in der *pampa* spielte und durchtränkt war von der versunkenen Welt der *salitreras*, der Wüste, die seine erste Liebe war.

Und seine erste Erinnerung.

»Ich saß in einem kleinen Korbstuhl – ich war vielleicht drei Jahre alt –, und da war eine Blechtür, die auf die *pampa* hinausging, direkt neben der Küche, erbaut aus Ziegeln und Schlamm, und da war sie, die Wüste, sie sprang mir einfach in die Augen und lud mich ein, zu ihr zu kommen, sie war meine Veranda, mein Spielplatz.« Und er hatte diese Einladung angenommen. Sein Lieblingsspiel: einen Wirbelwind zu fangen, in sein Zentrum zu springen, denn die Legende besagte, wenn man im Zentrum eines Wirbelwinds die Augen öffnet, kann man das Gesicht des Teufels sehen, aber natürlich war das Einzige, was den Kindern passierte, dass sie Sand in den Augen hatten. Und seine zweite frühe Erinnerung: Züge, die unablässig vorüberratterten, Tag und Nacht. Diese Landschaft definierte die versteckten Themen seiner zukünftigen Romane: Der Kontrast zwischen dem, was bleibt, und dem, was weiterzieht, die Spannung zwischen dem, was immer dort war, und den Menschen, die eines Tages weggehen müssen und denen nichts bleibt als ihre Erinnerungen.

Es war nicht einfach gewesen, Schriftsteller zu werden. Er erzählte uns von den Hindernissen, die er hatte überwinden müssen, und dabei redete er mit dem leichten Verschleifen von Silben, das auf diskrete Weise fast alle chilenischen Männer aus der Arbeiterklasse charakterisiert, während wir zusammen in diesem magischen Haus aßen, in dem er mit sieben Frauen wohnt – mit Gattin und Töchtern und einer Schwiegertochter und einer Enkelin –, blau getüncht wie ein Schiff mitten in einem *barrio* an der Steilflanke, die sich über Antofagasta erhebt.

Hernán hatte kurz nach der Niederwerfung der Demokratie 1973 angefangen, Gedichte zu schreiben, und paradoxerweise fand er genau zu der Zeit, als das ganze Land in Schweigen und Zensur verfiel, sein erstes dünnes Stimmchen – und tatsächlich könnte es sein, dass die Diktatur diese seine Stimme geschärft und geschliffen hat, indem sie ihn an einer frühzeitigen Publikation hinderte und ihm half, die Falle vorzeitigen Erfolgs zu meiden, in die so viele junge Schriftsteller tappen. Die Diktatur – und die Einsamkeit. Jahrelang hatte er niemanden, dem er seine Verse zeigen konnte außer Mari, die ihn zwar ermutigte, aber kein besonderes literarisches

Interesse hatte. In Pedro de Valdivia bewunderte Hernán Professor Riquelme aus der Ferne, lauschte seiner wohl tönenden Stimme und der gebildeten Diktion und war ein paar Mal versucht, ihm seine Texte zu zeigen, traute sich aber nie. Und wenn er vor den *viejos* eine so bizarre Tätigkeit auch nur erwähnt hätte, hätten die ihn wahrscheinlich ausgelacht. *Poesía es cosa de maricones*, Poesie ist etwas für Schwule ... »Die hätten angefangen, mir an den Arsch zu fassen oder sonst was«, sagte Hernán und lächelte Mari an. »In zehn Jahren kein einziger Mensch, mit dem ich über Literatur hätte reden können. Ich kannte nicht einmal jemanden, der las, geschweige denn einen, der schrieb. Schließlich las ich meine Gedichte leise den Büchern vor, die ich mir aus der Bücherei geholt hatte, ich las den großen toten Dichtern vor, damit sie mir Gesellschaft leisteten ...« Es dauerte die ganzen siebzehn Jahre der Diktatur, bis er seinen ersten Roman schrieb, den er 1990 anfing – man könnte sagen, zu einer Zeit, als das Land selbst sich bereit machte, den Geschichten zuzuhören, die so lange unterdrückt worden waren. Dennoch sollte er viele Jahre brauchen, um diesen Roman abzuschließen – und er konnte es auch erst, als Pedro de Valdivia geschlossen wurde und die Familie nach Antofagasta zog. Der Verlust der *pampa* schenkte ihm den Schmerz und die Distanz, die Geschichte der Wüste zu erzählen. Das Resultat war *La Reina Isabel Cantaba Rancheras* – der einen von Chiles bedeutenden Literaturpreisen gewann, mehrere zehntausendmal verkauft wurde und ihn zu einer öffentlichen Ikone machte.

Ein Beispiel für die Verehrung, die ihm entgegengebracht wird, hatten wir an unserem ersten Abend in

Antofagasta erlebt, als wir an der Hotelbar etwas tranken. Obwohl Hernán zuvor noch nie in diesem Hotel gewesen war und dort niemanden kannte, hatte der junge Kellner uns nicht bezahlen lassen – »Sr. Rivera Letelier bezahlt hier nicht«, lautete die einzige Erklärung. Eine kleine Geste der Anerkennung von Leuten, die ihn gelesen oder zumindest von seinen Büchern gehört haben, vielleicht der Sohn eines *pampino*, der ihm dafür danken will, dass er der Welt seiner Vorfahren Ausdruck verliehen hat. Hernán berichtete uns von anderen solchen Vorfällen – der jüngste, als er einen Freund in einem Krankenhaus besuchte und dort gebeten wurde, bei einem sehr kranken alten Mann vorbeizuschauen, der dann anfing, zu weinen und Hernán die Hand zu küssen, und der ihm versicherte, er habe jedes Buch gelesen, das diese Hand geschrieben hatte, und jetzt sterbe er. Und Rivera Letelier, der unglaublich gerührt war, parierte das Kompliment mit einem Anflug von Ironie: »Na ja, wenn Ihnen meine Bücher so sehr gefallen, dann müssen Sie noch ein wenig warten, dann können Sie uns nicht schon jetzt verlassen, weil ich im Augenblick gerade ein Buch schreibe, das nicht schlecht wird.« Und zwei Tage später hielt der Sohn dieses Mannes – ein Anwalt in einem eleganten Anzug – Hernán mitten im Zentrum von Antofagasta auf und dankte ihm, denn er habe den alten Mann gerettet, der jetzt wieder zu Hause sei, sich schon viel besser fühle und sich darauf freue, dieses neue Buch zu lesen, sobald es auf dem Markt sei.

Ich habe diese und andere Geschichten gehört – Frauen, die Babys zu Hernán bringen, damit er ihnen die Hand auflege, eine glanzvolle Leserin, die ihm bei einer

Buchmesse auf den Knien ewige Liebe schwor –, und ich erkenne hinter ihnen etwas, das mehr ist als nur der Hunger nach Geschichten in einer Zeit des Vergessens und des Konsums, dieser Hunger, den Hernán offensichtlich als Hauptgrund für seine große Popularität betrachtet. Gestern Abend, kurz bevor wir nach dem Essen sein Haus verließen, hatte ich ihm meine Theorie erklärt und ihm gesagt, dass meiner Meinung nach die Menschen in Chile in ihm den Traum sehen, den sie sich selbst nicht erfüllen konnten, den *calichero* aus der Arbeiterklasse, der sich aus einem Leben in Armut und Leiden lösen konnte, das sie noch immer ertragen müssen. Ein Traum, der noch schöner wurde durch die Tatsache, dass er diese Flucht mit der magischen Kraft des geschriebenen Wortes bewerkstelligt hat. Menschen, die diese Botschaften aus Stein in der Wüste schreiben und lesen, sehen in ihm jemanden, der das menschliche Versprechen, die Vergangenheit nicht auf ewig verloren sein zu lassen, eingelöst hat.

An der Haustür waren wir noch einmal stehen geblieben. Unter uns funkelten die Lichter des Hafens von Antofagasta und gaben der hässlichen grauen Stadt dort unten fast etwas Verlockendes.

»Und was ist passiert?«, fragte ich.

»Was ist wo passiert?«

»In Pampa Unión. Als der Zug mit dem Präsidenten ankam? Wir fahren da morgen nämlich selber durch.«

»Ach ja. Genau um 15 Uhr 08 fährt der Zug ein. Alle warten und warten, die Pfadfinder aus den Nachbarstädten, das Rote Kreuz, die Feuerwehr, aus jedem kleinen Dorf, die Basketballmannschaft, die Fußballmannschaft. Und der Mann, der die Rede halten soll, räuspert sich und macht sich bereit, dem Präsidenten ihre Petition zu überreichen, in der sie ihn bitten, ihre Gemeinde zu einem echten und anerkannten Ort zu machen, und sie warten und warten, während die Lokomotive befüllt wird. Und dann ...«

»Und dann ...?«, fragte Angélica.

»Und dann um 15 Uhr 14 an diesem Nachmittag verlässt der Zug den Bahnhof wieder.«

»Kein Präsident.«

»Er hat nicht einmal den Kopf zum Fenster hinausgestreckt ...«

»Als würden sie gar nicht existieren«, sagte ich zu ihm gestern Abend, und ich sage es jetzt noch einmal zu mir, während ich die trostlosen Trümmer betrachte, die von den Hurenhäusern Pampa Unións jetzt noch übrig sind, von dieser Stadt, die erbaut wurde zu keinem anderen Zweck, als dass Männer in der Wüste Liebe machen können. »Als hätten diese Menschen nie existiert.«

In meinem Kopf klingt noch Hernáns Antwort nach.

»Außer für mich«, hatte Hernán gestern Abend zu uns gesagt und flüstert es heute Pampa Unión zu. »Ich bin hier, um ihre Geschichte zu erzählen.«

Berg des Feuers

Freitag, 17. Mai 2002. Chuquicamata
Ich sehe mich in dem riesigen Speisesaal um, in dem wir ein erstklassiges chilenisches Mittagessen verspeisen – Schellfisch und *congrio*, Meeraal, und perfekt gekühlten Weißwein – und über die Produktion von Kupfer im größten Tagebau der Welt reden, ich blicke auf die dreißig, vielleicht vierzig Tische mit ihren roten Tischtüchern und den gestärkten Servietten, auf denen Hunderttausende von Mahlzeiten serviert wurden, zuerst den Amerikanern, denen diese Mine gehörte, und seit 1971 den Chilenen, die sie übernahmen und verstaatlichten, ich sehe vorbei an den geschickten Kellnern und den Desserts und Kuchen, mit denen die anderen Gäste überhäuft werden, hinaus zu dem hoch aufragenden Berg, der bald auf dies alles herabstürzen wird, auf die weichen Stühle, auf denen wir sitzen, die luxuriösen Kronleuchter, die über uns hängen, ja, es ist schwer zu glauben, dass das alles bald verschwunden sein wird, dass in einem Jahr dieses ganze Gebäude mit Kronleuchtern und Küche und

poliertem dunklen Holz an den Wänden und Sprossenfenstern und die angrenzende Cafeteria, die eintausendfünfhundert Arbeiter versorgt, nicht mehr existieren werden, ich sage mir, das kann doch nicht wahr sein, dass diese ganze Anlage und die Stadt selbst, die sich nach allen Seiten erstreckt mit ihren Straßen, ihren Krankenhäusern, ihrer Polizeistation, dass das alles, wirklich alles, begraben sein wird unter einem riesigen Haufen *ripio* – Geröll; ja, Milliarden von Tonnen Abraum aus der Mine von Chuquicamata, der größten Industrieanlage der Welt, werden genau diesen Tisch bedecken, an dem Angélica und ich bewirtet werden von Coset Avalos und Orlando Nanjari Cortés, zwei ranghohen Managern der Codelco, *la Corporación Nacional de Cobre de Chile.*

Cobre.

Nachdem der Niedergang des Nitrats Chile als Nation beinahe in den Bankrott gestürzt hätte, kam dem Land das Kupfer zu Hilfe. Dieses Mineral, das in seinem letzten, geläuterten Zustand in einem wunderbaren, feurig roten Glanz erstrahlt, wurde von jeder Bevölkerung geschürft, die je die nördliche Wüste besiedelte – mehrere Wellen Präkolumbianer, spanische Kolonisatoren, *peruanos* und *bolivianos* und *chilenos*, nachdem ihre Nationen unabhängig geworden waren – aber erst nach 1910, als der Guggenheim-Konzern diese Mine eröffnete und die Mineralien von Chuquicamata mit derselben Methode raffinierte, die zwanzig Jahre später auf das Nitrat von María Elena und Pedro de Valdivia angewendet werden sollte, war Kupfer auf dem Weg, zum wichtigsten Exportgut Chiles zu werden. Heute liefert Chile 60 Prozent des Weltbedarfs an Kupfer, und diese überseeischen Exporte finanzieren 40 Prozent des Staatshaushalts, eine Abhängigkeit, die nicht so Besorgnis erregend ist wie seinerzeit die vom Nitrat, aber dennoch bedrückend. Würde irgendein Land oder ein Labor oder ein verrücktes Genie einen Ersatz für Kupfer entdecken, wie einer für das weiße Gold der *salitreras* gefunden wurde, dann wäre Chiles Überleben als Nation in Gefahr.

Unsere Gastgeber Coset und Orlando halten das für ausgeschlossen – doch das wäre natürlich auch die Antwort eines Nitratmanagers gewesen, wenn ich ihm (nein, damals gab es in dieser Funktion noch keine *sie*) vor über hundert Jahren diese Frage gestellt hätte. Gab es denn vor einer Weile nicht das Gerücht, dass Aluminium das Kupfer aus dem Markt drängen werde, dass Glasfaserkabel die Verwendung von Kupfer in der Informationsindustrie verzichtbar machen würden? Und Orlando Nanjari Cortés erwidert, dass die moderne Welt einfach nicht existieren kann ohne »dieses edelste aller Metalle«, wie er es nennt. Keine Flugzeuge, keine Autos, keine Computerchips, keine Kabel. Kupfer ist, sagt er, einfach der beste (und preiswerteste) Stromleiter, der je entdeckt wurde.

Und es besteht auch nicht das Risiko, fügt Coset Avalos hinzu, dass Chile je das Kupfer ausgehen wird, da in diesem Teil der Wüste dauernd neue Minen eröffnet werden. Zufällig sitzen wir auf dem reichsten Kupferberg, der auf diesem Planeten existiert, der jeden Tag sechzigtausend Tonnen reinen Minerals abwirft, und die Produktion in der Mine von Chuquicamata wird sich sogar noch deutlich erhöhen, wenn diese Stadt, im Volksmund nur Chuqui genannt, erst einmal evakuiert ist. Obwohl die Umsiedelung der zwölftausend Einwohner teuer ist, werden die Kosten mehr als gedeckt von den Profiten, die die Expansion der Mine erbringt.

»Haben Sie die *tortas* gesehen«, fragt Orlando, »als Sie heute Vormittag von Calama hierher gefahren sind?«

Es war in der Tat ein erstaunlicher Anblick gewesen, als wir diese zehn Meilen nach Chuqui hochfuhren, auf der Straße, die von der Oasenstadt Calama aus, wo wir die Nacht verbracht hatten, in schnurgerader Linie die steile Flanke des Berges hochführt. Als wir uns der Mine näherten, erkannten wir, dass das, was wir für natürliche Hügel gehalten hatten, die sich auf dem Grat erhoben, tatsächlich riesige Geröllhaufen waren, *tortas*, gigantische Kuchen aus Erde und Abraum. So schwer, dass die Gefahr besteht, sie könnten kollabieren und auf die Mine fallen, ein Babel aus Stein und Staub, das den industriellen Teil Chuquicamatas zu zerstören droht. Stattdessen werden die Milliarden von Tonnen jetzt auf die Stadt gekippt. Schließlich können Menschen, im Gegensatz zu einer Mine, umgesiedelt werden. Und noch ein Vorteil: Die Schlacke jedes Tages, den die Firma in den letzten Jahren immer weiter hinaus in die Wüste transportieren musste – mit Lastwagen, die exorbitante zwei Liter Diesel pro Minute verbrauchen –, wird künftig bei geringen Kosten die viele Meilen breite Senke auffüllen, in die sich einst die Stadt duckte.

Ebenso wichtig sind Aspekte des Umweltschutzes und der Gesundheit. Die Industrieanlage spuckt eine tückische Mischung aus Staub, Schwefel und Arsen aus. So viel Arsen, dass man sich eine Geschichte erzählt von einem Bergmann, der eines Nacht während eines Urlaubs in Madrid an einem Herzinfarkt starb und dessen Frau von der spanischen Polizei verhaftet wurde wegen des Verdachts, sie habe ihren Ehemann vergiftet. Frei kam sie erst, als den Behörden erklärt wurde, dass jeder, der länger als ein Jahr lang das Wasser von Chuqui trinkt, genug Arsen in den Adern hat, um jeden Agatha-Christie-Detektiv vor Neid erblassen zu lassen.

Angélica und ich können die Umweltverschmutzung, unter der die Mine und ihre Umgebung leiden, bestätigen, ohne – das hoffen wir zumindest – selbst vergiftet worden zu sein. Gestern Abend erhielten wir in unserem Hotel in Calama einen Anruf von Patricio Hidalgo, dem PR-Mann, der unser Führer durch Chuquicamata sein sollte. Er riet uns, für diesen Tag dicke Schuhe und lange Hosen und langärmelige Hemden anzuziehen, doch keines der Kleidungsstücke, die wir letztendlich trugen, wurde als ausreichender Schutz betrachtet. Also hüllte Patricio uns in dunkelblaue, gefütterte Gummijacken, Stiefel, rote Helme, unförmige Schutzbrillen und Atemmasken; und gewappnet mit diesem umfassenden Schutzschild gegen die verheerenden Einflüsse der Mine – nur eine leichte Rüstung im Vergleich zu den zusätzlichen Handschuhen und Schürzen und Überziehern, die die Arbeiter tragen müssen –, machten wir uns auf herauszufinden, was alles nötig ist, um das Kupfer zu erzeugen, das die chilenische Wirtschaft rettet, die Krankenhäuser am Laufen hält, für Schulen, Bibliotheken und Kanalisation bezahlt und sogar die Straße pflastert, auf der wir in den Norden gekommen sind.

Da Kupfer erst exportiert werden kann, wenn es zu 99,7 Prozent rein ist, muss das Mineralerz, nachdem es abgebaut und zu einigermaßen handlichen Brocken zertrümmert ist, eine Reihe reinigender Brände durchleiden – ein passenderes Wort fällt mir nicht ein –, die es immer und immer wieder läutern.

Diese Trennung des Kupfers von den anderen Metallen, die seine Existenz im Bauch des Berges von Chuquicamata bis dahin begleitet haben, wird vorwiegend durch ein Element erreicht: Feuer. Nicht gerade gewöhnliches Feuer. Feuer, wie ich es noch nie zuvor erlebt habe. Feuer, das das Blut der Arbeiter zum Kochen bringt, es über die Jahre hinweg langsam köchelt, bis es nicht mehr so durch die Adern fließt, wie es sollte. Feuer, das zuerst das Konzentrat in gigantischen, zwei Stockwerke hohen Kesseln schmilzt und dabei Rauch nach oben und nach außen und nach innen in unsere Augen und Lungen bläst, so dass die Luft in der riesigen, höhlenartigen Industrieanlage trübe und neblig ist. Feuer, das die von Kessel um Kessel geformten Canyons erhellt, weiß glühende Kohlestücke, die auf den Boden rieseln, wo sie sich zu einer Paste aus Asche und Unrat vermengen, über die dicht verschlossene Fahrzeuge rollen, deren Scheinwerfer vergeblich den dicken, trüben Dunst zu erhellen versuchen, während über ihnen rot glühende Klauen so groß wie Pferde sich hin und her bewegen, hin und her. Feuer, das brüllt und zischt und sich Gehör zu verschaffen sucht in der Kakophonie von Summen und Piepsen und der Lautsprecher, die unverständliche Warnungen plärren. Und dann wieder Feuer, wenn die Lava aus flüssigem Kupfer, so weiß wie die Mittagssonne, von oben herab in eine gigantische Kelle stürzt, die den Fluss auffängt und festhält und dann in Formen gießt, die selbst glühend heiß sind, um ihrer lodernden Fracht widerstehen zu können.

Chuquicamata: Kupferschmelze

Und dann, und erst dann, Wasser. Wasser, das selbst blau gekocht ist mit chemischen Agenzien – und doch so viel kälter als die Blechbahnen und Stangen aus Kupfer, die darin versinken und in seinen Tiden gebadet und besänftigt werden, Wasser, aus dem ebenfalls Dämpfe aufsteigen. Und dann und nur dann, nachdem wir – und das Mineralerz – ein zweites gigantisches industrielles Lagerhaus ertragen haben – wie eine riesige Wüste in der Halle, meinte Angélica –, ein Lagerhaus voller Eisengestelle, von denen die Kupferbahnen hängen, dürfen wir ins Freie treten und das Endprodukt betrachten. Die Spuren des Feuers sind kaum sichtbar an der Oberfläche dieser Stangen, die bald unterwegs sein werden nach Antofagasta mit dem Zug, den wir gestern durch Pampa Unión haben rattern sehen. Dagegen werden wunderschöne Kupferbahnen ausgesondert wegen Unvollkommenheiten und Knötchen und winzigen Bläschen, die einen ungehinderten Durchfluss des Stroms nicht zulassen. All die Farben, die eingeflossen sind in die Herstellung dieses Kupfers vermischen sich jetzt in diesen Bahnen wie auf Bildern, die Schicht um Schicht in der Sonne liegen und darauf warten, wieder dem Feuer übergeben oder einfach weggeworfen zu werden, diese flachen Bilder, die, könnte ich sie in ein Museum mitnehmen, für das Werk eines manischen Genies gehalten würden. Nur das Kupfer, das auch nicht den geringsten Makel trägt, das von allem gereinigt ist, was es durchgemacht, geht hinaus in die Welt, um benutzt zu werden.

Und nun konnten wir endlich die Schutzbrillen hochschieben und die Masken abnehmen und die Luft atmen, die, wie Patricio Hidalgo uns informierte, ebenfalls kontaminiert ist.

»Doch was wir durchmachen«, sagte er, »ist eine Sache, eine ganz andere ist jedoch das, was unsere Familien durchmachen. Als Arbeiter haben wir keine Alternative, wir werden immer eine niedrigere Lebenserwartung als der Durchschnittschilene haben, aber wenigstens unsere Angehörigen können wir aus der Zone der größten Gefahr wegbringen. Wir können nicht zu Hause mit unseren Kindern und mit unseren Frauen leben und dabei die ganze Zeit Masken tragen. Die machen es ziemlich schwer, der Frau einen Gutenmorgenkuss zu geben.«

Patricio wurde in Chuquicamata geboren, hat aber begriffen, dass um seiner Gesundheit willen und der Gesundheit aller, die hier arbeiten, sowie der finanziellen Gesundheit der Firma sein Geburtsort unter einem Berg von Abraum begraben werden muss und das ganze Gebiet nur noch rein industriell genutzt werden darf.

Nicht jeder ist so verständnisvoll, das erfahren wir jetzt beim Lunch mit Coset und Orlando. Sogar Coset selbst – die dafür verantwortlich ist, der Außenwelt die Auslöschung der Stadt Chuqui zu erklären – lässt gewisse Zweifel in ihre Aussagen einfließen. Ihr Baby ist eines der letzten, die hier im Krankenhaus, nur ein paar Straßen entfernt, entbunden wurden. Es ist schon nicht mehr in Betrieb, wird unter einem Fluss aus Steinen begraben, während wir hier unseren Minztee trinken.

Ich komme mir beinahe vor wie ein Leichenfledderer, entdecke in mir die Gier, meiner Sammlung noch ein weiteres Beispiel für die Zerstörung des Norte Grande hinzuzufügen, bin krankhaft fasziniert von dem bevorstehenden Weggang der Gemeinde, die um uns herum zu Mittag isst, in diesem Speisesaal und unten in den Häusern und Restaurants von Chuqui selbst. Aber es ist ein so perverses Privileg, eine Stadt besuchen zu dürfen, kurz bevor sie zu einem Gespenst wird, anstatt sie zu durchstreifen, nachdem sie zerstört wurde. Als würde man Pompeji am Vorabend des Vesuv-Ausbruchs besuchen.

»Wie soll ich meinem Sohn sagen, wo er geboren wurde?«, fragt Coset jetzt. »Wie soll er sich diesen Ort vorstellen können?« Sie hat allerdings schon das Gefühl, dass sie es ihm wird erklären können, schließlich ist das bereits eine Familientradition, dieser Verlust der Heimatstadt. Wie so viele andere, die jetzt in Chuqui sind – und in was für einer anderen Schule hätte sie lernen können, diese Art von Arbeit, diese Art von Hitze, diese Art von extremer Anstrengung zu ertragen –, kommt sie aus einer Familie von *pampinos*. Ihr Großvater wurde sogar in Pampa Unión geboren.

Pampa Unión?

Wir unterhalten uns ein bisschen über dieses Zentrum der Verdammnis, das wir erst gestern besucht haben. Denn schließlich wird auch Chuqui bald ein Dorf der Verdammten sein, ist jetzt bereits kurz davor, in diesen fragwürdigen Zustand einzutreten, nur dass hier nicht einmal mehr die Reste von Mauern übrig bleiben werden, um Besucher an vergangene Pracht zu erinnern.

Aber Coset weist uns sehr schnell auf einen viel wichtigeren Unterschied hin: dass Chuqui genau genommen das genaue Gegenteil von Pampa Unión ist, dessen Bevölkerung von allen Mächtigen ignoriert wurde. Die Behörden hier hören den Leuten zu, die von diesen Entscheidungen betroffen sind, müssen ihnen zuhören. Und wie im Fall vom Soquimich gehört dem Konzern hier, Codelco, alles in dieser Stadt, vom Land über die Häuser bis zu den öffentlichen Diensten. Aber wir sind hier nicht in María Elena, wo eines Tages an dem Tisch, an dem ich gesessen hatte, die Vertreibung beschlossen wurde, ohne dass ein einziger Arbeiter anwesend war. Nicht nur, weil diese Anlage hier vom Staat betrieben wird und deshalb demokratischen Gesetzen unterliegt, sondern auch weil die herausragende Bedeutung des Kupfers für die Wirtschaft dieses Landes Gewerkschaften hervorgebracht hat, die zu den stärksten und erfahrensten in ganz Chile gehören. Sie wissen und das Management weiß, dass sie binnen weniger Stunden den ökonomischen Blutkreislauf des Landes zum Erliegen bringen können. Im Lauf der Jahre haben sie der Firma alle möglichen außergewöhnlichen Vergünstigungen abgerungen, und das Ergebnis sieht man, wenn man einfach nur einen Spaziergang macht, wie wir es gestern, am Donnerstagabend, getan haben, durch den *paseo peatonal* Ramirez in Calama, wo die meisten von ihnen leben und der Rest auch noch hinziehen wird.

Wir gingen auf Tuchfühlung mit der am einheitlichsten wohlhabenden Gesellschaftsschicht, die wir in ganz Chile je erlebt habe – die piekfeinen Viertel Santiagos eingeschlossen. Was nicht verwunderlich ist, bei den hohen Gehältern der Arbeiter und Angestellten in einer der trockensten Gegenden der Welt. Irgendwie unpassend war jedoch – darf ich das sagen? –, dass die Bewohner von Calama so indianisch aussahen. In den rassistischen Gesellschaften Lateinamerikas mag es einige Leute mit indigenen Gesichtszügen und bronzefarbener Haut geben, die konsumieren können bis zum Umfallen, aber sie sind eher eine leichte Kräuselung auf dem Ozean einer unveränderlich großen dunklen Mehrheit, die, wo man auch hinsieht, bedrückend arm und unglücklich ist. Calama ist das Musterbeispiel dafür, wie unsere Latinostädte aussehen würden, aussehen sollten, wenn die Menschen, die arbeiten, ausgezeichnete Löhne und öffentliche Versorgung erhalten würden. Zumindest in dieser Hinsicht kann die Stadt wirklich als Modell, als eine Art städtisches Utopia betrachtet werden. Obwohl natürlich ein ökonomisches Paradies auch Konsequenzen hat, wie es wohlhabende Städte auf der ganzen Welt bezeugen können. Wir fanden Calama bereits jetzt überfüllt, die Straßen verstopft mit Autos (jeder besitzt ein Auto, in einer chilenischen Stadt etwas ganz Erstaunliches), und deshalb fragen wir uns, was passieren wird, wenn die Horden neuer Bewohner aus Chuqui in diese immer kleiner werdende Oase gezwängt werden. Zu kolonialen Zeiten war Calama, das genau auf halbem Lauf des *río* Loa liegt, die größte Grünfläche im ganzen Norte Grande, und jetzt verliert es praktisch täglich Areale mit Bäumen und Gemüse. Die Leute verschlingen die modischsten Produkte aus der ganzen Welt und tragen die neuesten Nikes, scheinbar ohne sich bewusst zu machen, dass eine solche Art von Konsum dazu führt, dass die Konsumenten selbst von der Wüste verschlungen werden – wobei mir diese Art von Kritik eigentlich nicht zusteht, genieße ich doch in den USA ein Leben in Wohlstand und Überfluss, auf das die Männer und Frauen in Calama dasselbe Recht haben wie jeder auf diesem Globus.

Orlando jedenfalls betrachtet die Umsiedlung einer so großen Bevölkerung als eine Chance, von der er hofft, dass sie nicht missbraucht wird. Er kam vor zweiunddreißig Jahren aus La Serena hierher mit der Absicht, wie so viele, die in die Wüste kommen, nur eine kurze Zeit zu bleiben. Calama ist jetzt sein Zuhause – aber er gesteht, dass es nie zu einer richtigen Gemeinschaft zusammenwachsen konnte. Die Stadt hat eine lange Geschichte, aber die meisten Bewohner kommen von woanders hierher, und so wurde aus ihr eine *ciudad dormitorio*, eine Schlafstadt, nur zum Schlafen bei Nacht oder zum Schlafwandeln bei Tag. Bei all dem Geld, das in naher Zukunft investiert wird, besteht allerdings die Chance, die Mentalität der Bewohner zu ändern, ein Einkaufszentrum zu bauen, eine Universität zu eröffnen, das Verkehrsproblem zu lösen, dem Land einen gewissen architektonischen Stempel aufzudrücken und eine neue Identität zu schmieden.

»Als ich hierher kam«, sagt Orlando, »kannte ich niemanden, nicht einmal einen Skorpion, nicht einmal eine Schlange. Damals gehörte die Mine noch der Chilexploration Company. Vielleicht haben Sie beim Hereinkommen die englischen Schilder gesehen, vielleicht ist Ihnen aufgefallen, dass auf einigen noch CHILEX steht.«

Mir waren diese Schilder tatsächlich aufgefallen – zum Teil, weil ich in einem antiutopischen Roman einen verrückten Zukunftsstaat namens Chilex erfunden habe, was Ex-Chile bedeuten soll, ein Land, das nicht mehr Chile ist und in dem alles, von den Kindern bis zu den Orgasmen, für den Export bestimmt ist. Zu der Zeit wusste ich allerdings noch nicht, dass eine echte Stadt und eine echte Firma in der Wüste diesen Namen trugen. Doch ähnlich faszinierend war für mich das Überleben dieser anderen Schilder in englischer Sprache, die ebenso die meine ist wie das Spanische. Auch noch dreißig Jahre nachdem durch die Verstaatlichung die Mine den Amerikanern entrissen wurde, existiert die ursprüngliche Sprache, die sie zusammen mit ihrem Kapital und ihren Maschinen auf diesen Berg gebracht hatten, auf Warnschildern und Signalen, an Toilettentüren und in Instruktionen, und alles wird noch in *yards* und *miles* und *inches* gemessen. Aber ich will Orlandos Überlegungen nicht mit meinen eigenen zweisprachigen oder literarischen Obsessionen unterbrechen, zumindest jetzt noch nicht.

Er erzählt uns, dass in Chuqui nur *pulperías*, Firmenläden, gestattet waren, als er sich hier niederließ, keine der großen Handelsketten durfte hier eine Filiale eröffnen, wie es jetzt der Fall ist. Er erzählt uns, dass dic Amerikaner nicht nur vom restlichen Chile abgeschnitten waren (es gab nur einen Flug pro Woche und nicht, wie heute, ein Dutzend pro Tag), sondern auch selbst alles taten, um das chilenische technische Personal von den Arbeitern zu trennen. Dieser Speisesaal war für die Arbeiter und die meisten Chilenen natürlich verbotenes Terrain, wie auch das riesige Schwimmbecken, die Bowlingbahnen, die erstaunliche Bar. Und als Orlando eines Tages im Club Obrero vorbeischaute, der Kneipe, in der abends die Arbeiter zusammensaßen, warnte ihn am nächsten Tag John Tucker, einer der Topmanager: »Ich will nicht, dass Sie da noch einmal reingehen.« Auf Orlandos Einwand hin, dass er mit seiner Freizeit doch machen könne, was er wolle, erwiderte Tucker: »Na ja, entweder Sie gehen da nicht mehr hin, oder Sie suchen sich einen neuen Job.« Denn wenn ein Ingenieur wie Orlando mit Arbeitern verkehrte, würde er seine Macht über sie verlieren, und sie, so die Theorie, würden den Respekt vor ihm verlieren.

Es hat sich einiges geändert.

»Jeder Aspekt«, sagt Orlando, »dieses Stadtzerstörungs- und Umsiedlungsprozesses wurde mit den Gewerkschaften abgesprochen, und sie sprachen es mit den Arbeitern ab. Wir haben verhandelt, wir verhandeln noch immer, jedes kleinste Detail und jeden Wunsch von der Farbe der Häuser in Calama bis zur Gestaltung der Sportvereine und der Trainingsplätze für die Mannschaften.«

Ich beschließe, die Grenzen diese nichtautoritären Prozesses auszuloten, indem ich eine wirklich unangenehme Frage stelle, eine, die ich schon den ganzen Vormittag über gestellt habe und auf die ich von jedem, mit dem ich gesprochen habe, eine mehr oder weniger zögerliche Antwort erhalten habe.

Was ist mit dem Friedhof? Wird er auch unter Abraum begraben werden?

Patricio Hidalgo sagte, er wisse es nicht, ein Arbeiter, mit dem ich ein paar Worte wechseln konnte, meinte, der Friedhof sei unantastbar, und niemand werde Chuqui verlassen, ehe seine Unversehrtheit nicht garantiert sei, und ein Dritter zuckte die Schultern und sagte resigniert, die ganze Stadt werde mit Steinen überschwemmt und damit basta, *oleado y sacramentado.* Und offensichtlich konnten mir auch weder Coset noch Orlando eine eindeutige Antwort geben – nur ein etwas verwirrtes »Darüber wird noch diskutiert«. Allerdings habe ich das Gefühl, dass Orlando mehr weiß. »Es wird sich schon eine Lösung finden«, versichert er mir, als wir nach dem Essen aufstehen. »Die Sache wird geklärt, und zwar im Konsens, wie auch alle anderen Probleme bisher.«

Ich ließ die Frage offen, als wir uns verabschieden und aufbrechen zum letzten Teil unserer Tour, dem Besuch der Mine selbst, die der Ursprung all dieses Reichtums ist, der Chile ernährt, und auch der Ursprung all des Abraums, der den Friedhof vielleicht oder auch nicht unter sich begraben wird, diesen Friedhof, auf dem die Lebenden Chuquis fast ein Jahrhundert lang ihre Toten begraben haben.

Ich kann nicht wissen, dass ich die Antwort auf diese unbequeme Frage nach den Toten der Stadt, eine wirkliche Antwort, erst eineinhalb Tage später erhalten werde, am Abend des 17. Mai, einem Samstag, auf der anderen Seite der Berge ungefähr hundert Kilometer südöstlich von Chuqui, und diese Antwort wird am unwahrscheinlichsten aller Orte ganz einfach auf mich zukommen. Ich werde im Restaurant La Estaka in San Pedro de Atacama sitzen – dem Dorf, in dem magische Ereignisse geschehen, Tag für Tag, seit Jahrhunderten –, und wer anders kommt hereingeschlendert als Senator Ricardo Núñez, einer meiner Freunde von der Universität (aus der Zeit von Freddy Taberna), der diese Region vertritt und der, noch von Santiago aus, diesen Besuch in Chuqui für uns arrangiert hat. Ursprünglich hatte er vorgehabt, uns auf unserer Tour zu begleiten oder sich wenigstens zum Mittagessen dazuzugesellen, aber politische Konferenzen hatten ihn davon abgehalten, sich mit Angélica und mir zu treffen. Da er unseren Reiseplan kannte, hatte er beschlossen, uns an diesem Wochenende in San Pedro aufzuspüren. Einer der Freunde, die er zu diesem Besuch mitbrachte, war kein anderer als Juan Pablo Scroogie, Codelcos oberster Anwalt in den Verhandlungen mit den Arbeitern über die Umsiedelung der Leute von Chuqui nach Calama. Seit über einem Jahr leitete Scroogie nicht nur die offiziellen Sitzungen, sonder auch die eher privaten und informellen Gespräche, bei denen die eigentlichen Vereinbarungen getroffen werden. »Codelcos Fehler war es«, wird Scroogie mir in sechsunddreißig Stunden sagen, während er an einem pikanten *pisco-sour* nippt, »anzunehmen, dass es immer nur um Geld geht, Geld, immer nur Geld, und dass man den Arbeitern nur genug Geld hinwerfen muss, um jedes Problem gelöst zu bekommen.« Er wird zu dem Kaminfeuer schauen, das in einer Ecke des Restaurants brennt, unser einziger Schutz vor der Gebirgskühle, die durch die offene Tür des Restaurants hereinkommt, ein Feuer, das ihn vielleicht und mich auf jeden Fall an die dann schon so viele Meilen entfernten Schmelzöfen von Chuqui erinnern wird, die Tag und Nacht brennen auf der anderen Seite der niedrigen Gebirgskette, die wir beide überqueren mussten, um nach San Pedro zu kommen. »Wir haben Geld auf den Tisch gelegt«, wird Scroogie fortfahren, »und immer wenn die Gewerkschaftsvertreter Widerstand leisten, legten wir etwas drauf. Aber es war kein Problem der Beträge, sondern ein Problem der Kultur. Drei Generationen wurden dort geboren, haben dort gelebt und sind dort gestorben. Es ging um den Fußballclub, es ging um den Abschlussball, es ging um die Stelle, wo ein Mann der Frau begegnete, die später seine Ehefrau werden sollte, um die Stelle, wo ein Junge sich zum ersten Mal das Knie aufschürfte. Und als wir schließlich das Angebot machten, Teile des alten Chuqui zu erhalten, die Kirche zum Beispiel, genau dann fingen wir an, Fortschritte zu machen. Und was war die erste Bedingung der Gegenseite? Der Friedhof muss bleiben. Die Firma muss ihn erhalten und instand halten und muss den Nachkommen der Chuqui-Familien ein Grab zur Verfügung stellen, wenn sie dort begraben sein wollen. Der Vertrag, den wir erst vor ein paar Tagen unterzeichnet haben, besagt, dass der Friedhof erhalten werden muss, solange das Mineral nicht zur Neige geht.«

Genau das wird er mir morgen Abend über die Toten von Chuquicamata sagen.

Was nun den Tod von Chuquicamata angeht, so werden Angélica und ich, wenn wir nach dem Mittagessen die Grube selbst besuchen, Folgendes entdecken. Hier endet unsere Tour, mit diesem Blick in den gigantischen Rachen eines Amphitheaters aus Stein und Schlacke, siebeneinhalb Kilometer lang und viereinhalb Kilometer breit und fast einen Kilometer tief. Weit unten tragen gigantische Schaufelbagger (mit Reifen, die drei Meter hoch sind und 12000 Dollar pro Stück kosten), die Terrassen mit Material ab, die erst heute Morgen mit Dynamit herausgesprengt wurden. Ramon Morales, der für die Sicherheit verantwortliche Elektronik-Ingenieur, sagt uns, dass sie diese *tronaduras* einschränken müssen – Detonationen, die Übersetzung enthält nicht den Bedeutungsreichtum von *trueno*, Donner, oder auch von *dura*, das Härte bedeutet, also etwas ziemlich Fatales und Endgültiges, das mit Gebeten oder Opfern nicht gemildert werden kann. 87 Jahre lang musste die Mine diese Sprengungen erdulden ... Als Chuquicamata noch jung war, kamen Leute von nah und fern hierher, um zuzusehen, wie Millionen von Tonnen Material aus dem Schoß des Berges gesprengt wurden – etwa so wie in unseren Städten die Schaulustigen zusammenlaufen, wenn ein Gebäude mit Dynamit zum Einsturz gebracht wird. Heutzutage ist die Gewalt, die auf den Berg ausgeübt wird, eher ein chirurgischer Eingriff im Vergleich zur Schlächterei der Vergangenheit. Die Geologen gehen sehr vorsichtig, sehr selektiv vor, so dass die schließlich entstehenden Materialfragmente – jedes nicht mehr als eineinhalb Meter im Durchmesser – in die Zertrümmerungsmaschinen passen. Doch wichtiger ist vielleicht noch, dass man die fragile Architektur und den Zustand der Mine berücksichtigen muss – und mich verblüfft, wie Morales über diesen Tagebau redet, als wäre er ein kranker Patient.

Und tatsächlich ist es so, sagt er, dass die Mine anfängt, Risse zu zeigen, dass sie anfängt zu –

Chuquicamata: der Kupfertagebau

Er hält inne und beschreibt mit weit ausholender Geste einen Kreis. Jeden Tag werden 600 000 Tonnen Material gewonnen. Ein Viertel davon, 150 000 Tonnen, geht zur Weiterverarbeitung in die Mühlen und Zertrümmerer und Feuer, die es in der Industrieanlage erwarten. Aber die anderen drei Viertel dessen, was aus der Erde geholt wird, enden als *lastre*, Abraum, und vergrößern die *tortas*, die wir nun am Horizont von der anderen Seite sehen können und die aus diesem Blickwinkel viel bedrohlicher aussehen als heute Morgen, da wir fröhlich von Calama hochfuhren, dumpf brütende Pflaster aus Gestein, die nach oben und zur Seite wachsen, voll bis zum Überquellen und eine Bedrohung, die mehr als nur den nahen Ort betrifft. Denn das alles ist eine zu große Last: Die Milliarden und Milliarden von Pfund lasten wie ein Fluch auf der Mine, sie drücken auf sie und beschweren ihre Existenz.

»Wir müssen an das reichere Erz kommen, das tief im Erdboden liegt, sehr, sehr tief«, sagt Morales. »Und jedes Kind, das eine Sandburg baut, kann Ihnen sagen, dass man oben erweitern und vergrößern muss, wenn man am Grund in die Tiefe will.« Er deutet zu einem riesigen Schaufelbagger, der langsam den oberen östlichen Rand der Grube abträgt, so dass er nicht auf die frischen Arbeiten unten fällt. Oben erweitern, damit tief unten in dem künstlichen Tal – wie eine von einem riesenhaften Kometen hinterlassene Wunde – die Herauslösung und der Abtransport des Materials ununterbrochen weitergehen kann. Und auf der gegenüberliegenden Seite, am westlichen Rand, sehe ich zwei andere Maschinen, die Material nach außen schieben. Sollte ich in vierzig Jahren noch einmal hierher zurückkehren, dann werden die Steinbrüche noch hier sein, fünfzehn bis achtzehn Meter hoch so wie jetzt, und die grünlichen Töne werden auf das Vorhandensein von Kupfer hindeuten, und die weißen werden flüstern, dass Schwefel hineingemischt ist, der nur darauf wartet, als Staub in die Luft zu steigen, alles wird so sein wie jetzt, nur wird die Grube breiter, länger, tiefer sein – und noch trockener.

»Macht es dem Berg etwas aus?«, frage ich Ramón Morales.

Er ist nicht verblüfft von meiner Anthropomorphisierung Chuquis, aber zum ersten Mal antwortet er nicht sofort, sondern lässt sich Zeit. Er hatte uns bereits von den Unfällen erzählt, die von Zeit zu Zeit passieren, wie vorsichtig man auch vorgeht. Jetzt sehe ich denselben Schmerz seinen Blick überschatten, der auch vor einer Weile da war, als er davon sprach, wie es ist, einen Bergmann zu verlieren oder zusehen zu müssen, wie ein anderer fürs Leben verstümmelt wird.

»Ja«, antwortet er jetzt, »ich glaube, es macht dem Berg etwas aus. Der Berg kennt seine eigene Geschichte. Wie lässt er uns dafür bezahlen? *¿Cómo nos cobra?* Mit Krankheiten, mit Männern, die viele Jahre vor der Zeit sterben, an Silikose oder anderen Dingen. Dann haben wir eine hohe Rate von Kindern, die mit Deformationen geboren werden, mit Hasenscharten und Geschwüren. Der Umzug nach Calama wird vielleicht helfen, den menschlichen Tribut zu verringern, aber ganz vermeiden kann man ihn nie. Die Natur holt sich auf andere Art zurück, was wir ihr entreißen. Sie sammelt für das, was wir ihr angetan haben. Man kann nicht der Natur etwas nehmen, ohne den Preis dafür zu zahlen.«

Ich sehe zu, wie der Staub aus der Mine in den klaren, wunderbaren Himmel der Wüste steigt und kleinere Lastwagen ihren gigantischen Schaufelbaggerkollegen die Böschung hoch folgen und Tausende von Tonnen Wasser auf die Straße sprühen, um diese teuren Reifen zu schonen und es unseren Lungen zu ersparen, noch mehr von diesem giftigen Todespulver einzuatmen.

Es heißt, die Götter hätten den Menschen Kupfer im Überfluss gegeben, weil sie etwas anderes brauchen als das Gold und das Silber, das die Leute entzweit und sie neidisch macht, so dass sie sich bekämpfen, weil der Mensch ein Metall braucht, das nur geschürft werden kann, wenn alle zusammenarbeiten. Und das ist eine Legende, die ich heute in dieser Mine in die Tat umgesetzt sehen kann und vermutlich auch in jeder anderen Mine, die je in dieser Wüste oder einer anderen Wüste auf dieser Welt eröffnet wird: die Bande, die von jenen geschmiedet werden, die es wagen, der Erde etwas zu entreißen, was sie vielleicht gar nicht hergeben will.

Die zweite Legende erzählt, dass der Große Gott der *coyas*, Apu Punchau, Priesterinnen hatte – andere sagen Töchter –, die ihm als Wächterinnen, *ñustas*, seines Tempels dienten. Böse Männer kamen und plünderten auf der Suche nach Gold und Schätzen den geheiligten Schrein und töteten die Jungfrauen. Apu schäumte über vor Wut und ließ alle Flüsse austrocknen und tötete diese Männer und schwor, dass das Blut seiner geliebten Jüngerinnen nicht vergeudet sei. Er verwandelte ihre Seelen in Sterne – drei von ihnen, die *yapus*, in die Gestirne, die *las tres Marías*, die drei Marias, bilden, und die *ñusta Inti*, die die bezauberndste und hellhäutigste von allen war, in den *lucero*, den Morgenstern. Aber als er ihre Herzen drückte, um sie zu Sternen zu formen, tropfte das Blut auf die Gegend, die Chuqui war, und er verkündete, dass jeder Tropfen ihres Bluts sich in Reichtum für jene Männer verwandeln würde, die sich eines Tages hier niederlassen würden. Eine Variante dieser Legende, vielleicht eine moderne, fügt hinzu, dass das Land sich jedes Mal, wenn der Berg explodiert und Donner seine Flanken hinunterrollt, an Apus Zorn erinnert.

Wenn ich nun hinunterschaue in die Tagebaugrube von Chuquicamata, die in wenigen Stunden, wie täglich seit siebenundachtzig Jahren, eine Explosion und noch eine und noch eine wird ertragen müssen, jede davon einem Erdbeben der Stärke fünf auf der Richterskala entsprechend, und wenn ich an die endlosen *tronaduras* endlos kommender Tage denke, dann bin ich mir nicht sicher –

wer könnte es sein? –, ob Apu und die anderen Götter vorhersahen, was die Männer tun würden, als sie dann kamen, um das Metall zu gewinnen, bin ich mir nicht sicher, ob er und die anderen uns beim nächsten Mal so wohlwollend behandeln werden, ob wir beim nächsten Mal so viel Glück haben werden.

Unter dem Sand

Samstag, 18. Mai 2002. San Pedro de Atacama
Wir stehen, Lautaro und Carolina und Angélica und ich, auf einer vom Wind gepeitschten Düne wenige Meilen von San Pedro de Atacama entfernt, einer wunderbaren Oase, bereits von Menschen bewohnt, viele Jahrtausende bevor Pedro de Valdivia im Jahr 1540 auf seinem Weg nach Süden hier durchkam, um das zu erobern, was auch damals schon Chile hieß; wir sind hierher, an diesen ganz speziellen Ort, gekommen, um uns den Sonnenuntergang anzusehen, weil unter dem Sand zu unseren Füßen, so Lautaro Núñez, der bedeutendste Archäologe Chiles, das Dorf Beter liegt, ein *pueblo de indios*, das von den Spaniern im siebzehnten Jahrhundert erbaut wurde, um die Abkömmlinge jener Menschen isolieren und kontrollieren zu können, die seit Tausenden von Jahren in diesem Tal gejagt und Ackerbau betrieben und Keramik gebrannt haben.

Wir könnten andere Ruinen besuchen, Ruinen, die wenigstens sichtbar sind. Wir könnten auf den Festungsanlagen von Quitor herumklettern, auf einem Hügel nicht weit von hier, wo sich die Indianer Valdivias Pferden und waffenklirrenden Kriegern entgegenstellten und eine entsetzliche Niederlage hinnehmen mussten. Wir könnten die letzten Sonnenstrahlen auf der Spitze der Pukará-Festung aus dem zwölften Jahrhundert aufsaugen, wo dreihundert einheimischen Häuptlingen der Kopf abgeschlagen wurde, nachdem sie sich ergeben hatten. Oder wir könnten weiter oben in der Schlucht des *río* San Pedro in den Überresten von Catarpe herumschlendern, von wo aus die Inkas das Land verwalteten, als sie 1450 hier ankamen, und wo wir sehen könnten, wie Wohnhäuser gebaut wurden, wo wir eine Ahnung von den damaligen Wohnverhältnissen bekommen könnten. Oder besser noch, auf unserem Weg zu den erstaunlichen Felsstatuen des Valle de la Luna am Eingang zu diesem Tal hätten wir in Tulor anhalten können, das zurückgeht ins achte Jahrhundert vor Christus, wo der Sand zum Teil weggebürstet wurde von den kreisrunden Überresten des ältesten Dorfs, das je in dieser Gegend gefunden wurde und dessen Kuratoren die Indianer von Coyo sind, die die fruchtbaren Felder der Umgebung kultivieren. Oder falls wir einige der anderen *ayllus* besuchen wollten, die indigenen Gemeinden, die jeden Zentimeter dieser weit ausgedehnten Oase kultivieren, könnten wir dorthin gelangen, indem wir noch einmal durch das Valle de la Muerte fahren, das Tal des Todes, das wir durchqueren mussten, um nach San Pedro zu gelangen, wir könnten verweilen vor dieser Flanke aus riesigen, bedrohlichen Felsspitzen, die brütend über der Straße aufragen wie Wächterstatuen, die dieses Land vor fremden Augen

San Pedro de Atacama: Lautaro Núñez in einem *pueblo de indios*

beschützen, brütend über eine Vergangenheit, die nur sie kennen.

Aber mein alter Freund Lautaro – es erstaunt mich, wie wenig die Zeit ihn verändert hat, seit ich ihn das letzte Mal gesehen habe, nur das Silber in seinem Bart verrät, dass vierzig Jahre vergangen sind, noch immer besitzt er dieselbe mausähnliche Vitalität und Unruhe, die ihm den Spitznamen *Laucha* einbrachte – hat darauf bestanden, dass wir zu dem *pueblo de indios* pilgern, und es ist sinnlos, mit ihm zu diskutieren oder auch mit Carolina Agüero, die seinen Vorschlag begeistert unterstützt hat. Und wem sollte man trauen, wenn nicht ihr, der einzigen Archäologin in unserer weit verzweigten Familie, die von uns noch immer als Verwandte betrachtet wird, obwohl ihr Bruder Nacho nicht mehr mit Angélicas Schwester verheiratet ist, die noch immer die Tante unserer geliebten Nichten in Santiago ist, die sich über unsere Expedition auf dem Laufenden halten, die uns unterwegs anrufen, um *tía* Carolina Grüße zu schicken. Obwohl Angélica und ich wahrscheinlich auf jeden Fall nach San Pedro de Atacama gekommen wären, das berühmt ist für seine bezaubernden adobeähnlichen Häuser und die prächtigen uralten Bäume und die weiße Kolonialkirche, fiel die endgültige Entscheidung erst, als wir erfuhren, dass Carolina dauerhaft dort wohnt und arbeitet und Lautaro von Antofagasta, wo er die Hälfte der Woche lebt, herauffahren würde, um diese Tage mit uns zu verbringen. Wir haben eben ein ausgedehntes und ausgelassenes Mittagessen in seinem Haus in San Pedro genossen, wo alles so archäologisch und randvoll mit Vergangenheit ist, dass er, als er einen Anbau an sein Haus anbrachte, im Garten die Mumie eines Indianers entdeckte. Lautaro spekulierte, woher der Mann kam (von jenseits der Kordilleren aus einem Land, das damals noch nicht Argentinien hieß), was sein Beruf war (Tauschen und Erwerben), welche Begräbnisriten angesichts seines Alters angebracht waren (er war irgendwann um 8000 vor Christus gestorben), lud dann Freunde und Kollegen zu einem Abendessen zu Ehren des Toten ein und begrub ihn dann mit all seinen Gegenständen und dem ihm gebührenden Respekt wieder. Vielleicht war es die Erinnerung an dieses Ereignis – vielleicht hatte er es aber auch schon den ganzen Nachmittag im Sinn gehabt –, die ihn dazu brachte, sich plötzlich vom Tisch zu erheben, auf die Sonne aufmerksam zu machen, die sich bereits neigte, und den Wind, der einen Sandsturm entfachte, und vorzuschlagen, wir sollten nach Beter fahren, wohin, wie er versicherte, kein Mensch je geht.

Er hat Recht. Kein einziger Tourist ist hier zu sehen. Aber es gibt auch keine Ruine, die man fotografieren könnte, nicht den kleinsten Hinweis auf eine menschliche Behausung, auch wenn wir jetzt, da wir durch das Gestrüpp stapfen, allmählich einige Steine erkennen können, die in geordneter Art und Weise aus dem Sand ragen und die, wie Carolina sagt, zum Dach eines Hauses gehören, das ausgegraben werden soll, falls es je Geld dafür gibt, und dort, etwas weiter hinten, lugt etwas aus der Erde, das aussieht wie ein Kreuz und die Stelle bezeichnet, wo die einzigen Weißen lebten, die Priester, die von der Krone geschickt wurden, um die Indianer zu christianisieren. Das war im siebzehnten Jahrhundert die Politik des Vizekönigs Toledo – die einheimische Bevölkerung von den Spaniern und Mestizen in einer Art Apartheid der damaligen Zeit zu trennen, Dörfer zu errichten, wo sie leichter indoktriniert und kontrolliert und zur Arbeit gezwungen werden konnten. »Dort«, sagt Lautaro und deutet zu einer von Farn überwucherten Düne, »neben der *capilla* war der Friedhof – für sie der einzige Fluchtweg in den Himmel, und der wurde von den Missionaren verabreicht. Und die *plaza* direkt davor. Alles entworfen nach spanischem Vorbild und den Vorstellungen ihrer fremden heiligen Väter, doch als Bewohner waren nur Indianer zugelassen.«

Die Stadt, die tief dort unten liegt, mehrere Meter unter unseren Schuhen, und deren Straßennetz kaum noch erkennbar ist, als wir darüber gehen, wurde gebaut als Zwilling von San Pedro selbst. Überall im Norte Grande, in jeder Oase, finden sich zwei getrennte Gemeinden, eine neben der anderen, wie etwa Pica und

Mantilla oder San Lorenzo de Tarapacá und Huarasí. Doch diese anderen *pueblos de indios* wurde nicht aufgegeben wie dieses hier, sie zeigen nicht das Leben, wie es damals war, in diesem entscheidenden Moment in der Geschichte Lateinamerikas, als die Kolonisatoren und die Besiegten anfingen, eine gemeinsame Kultur zu entwickeln.

»Wenn wir hier ausgraben«, erklärt Carolina und hebt die Stimme, damit der harsche Wind sie nicht übertönt, »finden wir Keramikreste, die aus einheimischer Tradition stammen, und daneben Keramiken, die rein spanisch sind, aber auch Objekte, in denen beide Traditionen sich vermischt und eine synkretistische Mischung erzeugt haben.«

Lautaro nickt und drückt seine allgegenwärtige Baskenmütze fester, damit der Wind sie ihm nicht wegbläst. An diesem Nachmittag hat er uns erklärt, dass die ganze Geschichte Chiles als militärisches Epos gesponnen ist, ein ununterbrochener Krieg der Eroberung von Seiten der Invasoren und des Widerstands von Seiten der Eingeborenen, was im Wesentlichen auf den Süden des Landes zutrifft, wo die Mapuches sich fast bis zum Ende des 19. Jahrhunderts gegen die Spanier behaupteten, aber es gibt noch eine andere, vielleicht sogar spannendere Geschichte, die man an Orten wie diesem Indianer-Pueblo, das wir jetzt besuchen, zu Tage fördern kann. Man müsste nur ein bisschen graben, und Tierknochen und Geflügelfedern und Reste von Eierschalen würden zum Vorschein kommen und einen daran erinnern, dass die Spanier nicht nur mit Schwert und Kreuz kamen, sondern auch mit dem Huhn. In Beter zum Beispiel wurden die Indianer gezwungen, Weizen anzubauen, ein europäisches Getreide, das diejenigen ernähren sollte, die weiter draußen Bergbau betrieben – aber die Agrarwerkzeuge, die sie benutzten, waren unter Verwendung von präkolumbischen Schmelztechniken hergestellt worden. Was bedeutet, dass das Leben in diesem Alltags-Schmelztiegel des 17. Jahrhunderts sich aus einer bedächtigen Koexistenz zweier Kulturen entwickelte und nicht aus ihrem Zusammenprall, aus einem geschickten Schachern darum, was aus den jeweiligen Kulturen weiterbenutzt werden, was bleiben und was sich ändern sollte.

Und genau hier in dieser Wüste, in diesem trockensten aller trockenen Siedlungsgebiete, können diese und viele andere Geheimnisse der Vergangenheit enthüllt werden, ganz einfach weil sie an einem solchen Ort nie wirklich verschwanden. Sie warten einfach nur auf die richtige Hand, das richtige Auge, die richtigen Fragen, die sie wieder zum Leben erwecken können.

Das ist eine Aufgabe, der Lautaro sein Leben gewidmet hat, und die Wüste war einer seiner Hauptverbündeten bei der schwierigsten Wiedererweckung von allen, der Rekonstruktion der vielen Wanderungen von indigenen Männern und Frauen, die in den letzten elftausend Jahren in aufeinander folgenden Wellen in diese *mesetas* und Täler und Oasen des Nordens kamen und hier eine Vielzahl von Zivilisationen immer höherer Komplexität schufen, Zivilisationen, die schließlich in der Atacameño-Kultur gipfelten und San Pedro einen Platz auf der archäologischen Landkarte der Welt eingebracht haben. Zusammen mit einer Gruppe anderer Historiker und Archäologen versuchte Lautaro, eine Chronologie der indigenen Bewohner der riesigen *meseta* nördlich und südlich von San Pedro zu skizzieren. Einsichten und Erkenntnisse dieser Art erfüllen nicht nur eine Verpflichtung gegenüber den Toten und brechen das Schweigen, in das sie verbannt wurden, sie haben auch Auswirkungen auf die Lebenden. Es gibt Dinge, die die Wüste uns lehren kann, wenn wir nur wissen, was wir suchen sollen, wenn wir uns nur die Chance geben, die Fragen zu stellen, auf die diese Männer und Frauen, die ursprünglich hier lebten, Antworten gefunden hatten, wenn wir uns nur inspirieren lassen, wie Lautaro meint, von der Art, wie einheimische Bevölkerungen der entfernten Vergangenheit, die weniger Ressourcen zur Verfügung hatten als wir heute, Probleme lösen konnten, die eine öde und scheinbar ungastliche Umwelt ihnen aufgab. Wie viele andere Aktivisten und Intellektuelle, die ich auf diesem Erdball kenne und die sich für die so genannten »traditionellen Gemeinschaften« engagieren, glaubt Lautaro, dass diese unsere Vorfahren uns dazu motivieren können, unsere soziale und ökonomische Entwicklung zu überdenken und Wege zu finden, die zeitgenössische Menschen mit geringen Mitteln und Ressourcen ermutigen könnten, ebenfalls die Armut zu überwinden und die Technik auf eine Weise zu nutzen, dass sie den wirklichen menschlichen Bedürfnissen dient. Wir müssten nur dem Beispiel der Männer und Frauen folgen, die vor so langer Zeit hier lebten.

Die Zivilisationen, die in dieser Gegend blühten, sahen die Wüste auf eine ganz andere Art als wir es tun, mit unserem Augenmerk auf der schonungslosen Ausbeutung von Mineralien und so gut wie keinem Interesse an den ökologischen Konsequenzen dieser Schonungslosigkeit, unserer beinahe kriminellen Gleichgültigkeit gegenüber dem menschlichen Leid, das ein solcher Prozess hervorruft. Ohne die Indianer idealisieren zu wollen, glauben Lautaro und seine Kollegen, dass die ursprünglichen Besiedler dieses Teils der Amerikas fähig waren, die Wüste als Ansammlung gegensätzlicher und zugleich sich ergänzender Umwelten zu verstehen. Wenn man von Osten nach Westen reist, sagt er, von den Gipfeln der Anden zur Küste des Pazifiks, erlebt man auf diesen 300 Kilometern alles von polarer Kälte bis hin zu tropischen Temperaturen. Die Vielfalt der Umwelt bietet eine Vielfalt von Ressourcen – Bäume, Fische, Bäche, Obstgärten, Mineralien –, eine ganze Welt konzentriert sich in diesem Teil Amerikas, ein Mosaik, wo jede Möglichkeit der Produktion vorhanden ist und wartet. Allerdings im Verborgenen.

»Der Wald«, hatte Lautaro während unseres verlängerten Mittagessens gesagt, »zeigt sich hier nicht so wie am Amazonas. Man muss das Land fragen, wie es zu schaffen ist, dass die Bäume, die früher hier wuchsen, jetzt wieder wachsen, die Tausende von Hektar von *tamarugos*, die hier gefällt und als Brennstoff verwendet wurden. Wir haben Seen hier im Hochland, direkt über San Pedro und überall in den Anden, aber wir haben sie noch nicht gefragt, welche Art von Leben sie unterhalten können. Wir tun nichts anderes, als ihnen Wasser abzuzapfen und zu den Minen und den Hafenstädten zu leiten, die exportieren, was die Minen hergeben. Und das Meer ist da, aber wir haben es nicht gefragt, wie wir darin Meeresfarmen aufbauen könnten, so wie wir Agrarfarmen an Land haben. Und ich will jetzt gar nicht anfangen mit Solarenergie und Windenergie, über die die Indianer ebenfalls viel wussten, die sie sogar benutzt haben, um Kupfer zu raffinieren.«

Die Fragen wurden nicht gestellt, so Lautaro, weil, sobald in der chilenischen Gesellschaft eine Krise entsteht, es immer ein Mineral gibt, zuerst Silber und dann Nitrat und jetzt Kupfer, das den Mächtigen einen relativ üppigen Lebensstil ermöglicht und diese Fragen verdeckt, in gewisser Weise den Spiegel verdeckt, den Chile der Wüste vorhalten müsste, damit die Wüste aufhört, ein Rätsel zu sein.

Es ist für mich eine erhellende Erfahrung, diese beiden Tage mit Lautaro zu verbringen und tiefer in dieses sein Herzensanliegen einzudringen. Sie erinnert mich an unsere flüchtigen Gespräche von vor vierzig Jahren in den Gärten des Universitätscampus in Santiago, wo wir beide studierten. Es war Freddy Taberna, unser 1973 in Pisagua hingerichteter Freund, der uns damals in den frühen Sechzigern zusammenbrachte und der, davon bin ich überzeugt, uns auch zu dieser neuerlichen Begegnung geführt hat, als würde er noch aus dem Jenseits die Fäden seiner Freunde miteinander verweben. Jinny, Freddys Frau, hatte darauf bestanden, dass ich mit Lautaro spreche, bevor ich Iquique besuche, die Stadt, in der sowohl er wie Freddy geboren wurde und auf deren Straßen sich ihre Wege zum ersten Mal gekreuzt hatten. Lautaro hatte nicht nur ein schmales, aber leidenschaftliches Buch über Freddys Leben und Sterben geschrieben, er hatte auch an der Suche nach seiner Leiche teilgenommen. »Ich hätte nie gedacht«, vertraute mir Lautaro an, als ich das Thema an diesem Nachmittag zur Sprache brachte, »als ich damals beschloss, in die Archäologie zu gehen, dass ich die

Techniken, die ich lernen würde, um die ferne Vergangenheit ans Tageslicht zu bringen, eines Tages würde anwenden müssen, um nach den Knochen eines meiner engsten Freunde zu suchen. Und ich bin nicht der Einzige – da kannst du so ziemlich jeden Archäologen und Anthropologen in Chile fragen. Jeder Einzelne von ihnen hat wahrscheinlich eine gewisse Zeit damit zugebracht, nach den Überresten ehemaliger Klassenkameraden und Freunde zu suchen, die während der Diktatur verschwanden.«

Daran hatte er sicher nicht gedacht und es auch nicht im Sinn gehabt – und ich natürlich auch nicht –, als wir in unseren Studientagen hitzig über die Zukunft Lateinamerikas diskutierten. Ich war, zusammen mit Lautaro und Freddy und einer Unzahl von Männern und Frauen aus dieser Zeit, geformt worden vom intellektuellen Aufbegehren der Sechziger, das eine alternative Interpretation der Geschichte von diesem Teil der Welt aus forderte, und wir hatten uns beide aufgemacht, um diese Geschichte zu suchen und Teil von ihr zu werden. Das Paradox war, dass wir, so fasziniert wir auch waren von den Ursprüngen unseres Kontinents und seinem unterentwickelten, elenden gegenwärtigen Zustand, dass wir so gut wie nichts wissen wollten vom persönlichen Leben dieser *compañeros*, unserer Freunde und Kollegen, mit denen wir diese Mission angehen wollten. Wenn man jung ist und der Planet kurz davor scheint, in Flammen aufzugehen, dann ist es offensichtlich nicht so wichtig, woher man kommt, dann kann man vielleicht gar nicht erkennen, welche tieferen Impulse aus der eigenen Vergangenheit insgeheim das eigene Verhalten formen und motivieren. So wusste ich damals nichts – und dachte auch nicht daran zu fragen – über die versteckten Ursprünge von Lautaros persönlicher Besessenheit, die Vergangenheit ans Licht zu holen. Ich wusste nichts von seiner indigenen Urgroßmutter oder seinen spanischen Vorfahren, die sich am Ende des sechzehnten Jahrhunderts in der Pica-Oase niedergelassen hatten, um Wein für die Mine von Potosí zu produzieren, den größten Silberberg, der in der Weltgeschichte je entdeckt wurde. Ich wusste nicht, wie das Nitrat sein Schicksal bestimmt hatte, noch bevor er geboren wurde. Ich wusste nicht, dass seine Familie von der Farm in der Quisme-Oase vertrieben worden war, weil man das Wasser zu einem durstigen und vom Nitrat aufgeblähten Iquique umgeleitetet hatte, oder dass sein peruanischer Großvater nach Lima deportiert worden war während der ethnischen Säuberungen, die der Norte Grande erleiden musste, als die von den Chilenen aufgestellten Patriotischen Legionen Bürger terrorisierten, die in Verdacht standen, Perus Versuche zur Wiederinbesitznahme jener Landstriche zu unterstützen, die es im Pazifischen Krieg verloren hatte, jenem Krieg um die Kontrolle der *salitreras* und ihres Reichtums. Ich wusste nicht, dass eine seiner frühesten Schulerinnerungen die Suche nach Knochen im Innenhof der Escuela Santa María war, seiner Schule in Iquique, wo im Jahr 1907 dreitausend *salitre*-Arbeiter und ihre Frauen und Kinder von der Armee massakriert wurden, als sie mit der Forderung nach einem Existenzminimum auf Iquique zu marschiert waren. Ich wusste nicht, dass er Archäologe wurde wegen Bertie Humberstone, dem Sohn von Santiago Humberstone, dem britischen Chemiker, der das Shanks-System einführte, um den *salitre* der *pampa* zu raffinieren, ich wusste nicht, dass Bertie den damals neunjährigen Lautaro eingeladen hatte, sich einer Gruppe von Jungen anzuschließen, die im Haus der Humberstones in Iquique außerschulischen Unterricht bekamen, dass Bertie ihm zum ersten Mal von den Pyramiden Ägyptens erzählt hatte und davon, dass diese andere Wüste, die Wüste da draußen, in der Bertie geboren wurde und die er verlassen hatte, um in England eine Ausbildung zu erhalten, und in die er nach seinen Universitätsstudien zurückgekehrt war, dass diese andere, nahe Wüste auch Schätze und Geheimnisse enthielt, die man nur auszugraben brauchte. So vieles, was ich damals über Lautaro nicht wusste und was ich erst jetzt und hier, im so weit entfernten San Pedro de Atacama, erfahren habe, hier, an dieser Kreuzung der Zivilisationen der Anden, wo Kulturen und Geschichten ausgetauscht worden waren, zuerst von den Atacemeños und dann von den Inkas und dann von so vielen anderen, den Spaniern, die es auf ihr Gold abgesehen hatten, und den Händlern aus Bolivien und den Viehtreibern aus Argentinien, die Fleisch in die *salitreras* brachten, sie alle waren, so wie ich jetzt, auf ihrem Weg nach anderswohin, durch diese Oase gekommen.

Ja, diese blühende Kreuzung in der Wüste hat sich als ein guter Ort erwiesen, um Lautaro wiederzusehen und herauszufinden, dass die Jahre des Getrenntseins uns einander nur näher gebracht haben, dass wir auf ähnliche Art und mit parallelen Obsessionen gereift sind.

Und außerdem erwies sich dieses Zwischenspiel in der *precordillera* von San Pedro, scheinbar so abseits unserer geplanten Route der Geisterstädte, als eine recht schlaue Vorbereitung auf die mehr persönliche Wendung, die unsere Reise nun nehmen wird, da wir uns Iquique nähern, woher Angélicas Vorfahren stammen und wo Freddy die letzten Jahre seines Lebens verbrachte, wo wir morgen Nacht schlafen werden. Was wir dort zu tun haben, entspricht dem, was wir eben mit Lautaro getan haben: den Staub und den Unrat wegbürsten, unter dem die Vergangenheit vergraben liegt, denn ein menschliches Wesen ist schließlich gar nicht so sehr verschieden von diesem *pueblo de indios*, das der Sand bedeckt hat und dessen wahre Geschichte nur erraten werden kann anhand der Türmchen und Steine, die aus der Wüste herausragen, während die nahen Vulkane zuschauen und schweigen. Das ist der Grund, warum Lautaro uns hierher bringen wollte, weil diese versunkene Stadt in gewisser Weise ein Symbol dafür ist, worum es in seinem Leben gegangen ist und was noch vor ihm liegt, all die Geheimnisse des Norte Grande, die noch auf ihre Enthüllung warten.

Geheimnisse, die er nicht allein erkundet. Kein Wüstensyndrom der Einsamkeit scheint die schmale Gestalt und den enormen Ehrgeiz und die grenzenlose Energie von Lautaro Núñez zu plagen. Eine ganze neue Generation von Historikern, Anthropologen und Archäologen strömt in diese Region, um das weit entfernte Gestern zu erforschen, das Lautaro und Gleichgesinnte geschürft haben, als wäre es Nitrat oder Kupfer. Carolina Agüero ist im Grunde genommen ein Musterbeispiel dafür – eine von Lautaros vielen Schülern.

Gestern, am Freitag, als wir ankamen, und dann noch einmal heute Morgen konnten wir einige angenehme

Stunden allein mit unserer Verwandten verbringen; wir wanderten durch die schmalen, staubigen Straßen von San Pedro, und ich zumindest erhielt eine exklusive Führung durch das Museum, das der Stolz dieser Stadt ist (Angélica zieht es vor, die Kirchen zu erforschen und mit den Leuten zu reden). Das Museum beherbergt fast vierhunderttausend Exponate, die von einem belgischen Pfarrer, Gustave le Paige, aus der Erde gezogen wurden. Dieser Le Paige kam 1955 hierher, um als Priester einer Gemeinde zu dienen, die damals noch kleiner war als jetzt, und er brachte die folgenden fünfunddreißig Jahre seines Lebens damit zu, Knochen und Artefakte, Keramik und Webwaren zu sammeln. Seinen außergewöhnlichen und bahnbrechenden Entdeckungen – vor allem einige Tausende von Jahren alte Mumien – ist es zu verdanken, dass San Pedro offiziell zur archäologischen Hauptstadt Chiles ernannt wurde.

Carolina kam durch einen Zufall in diese Oase – auch wenn sie mir zustimmte, als ich ihr entgegenhielt, dass nichts im Leben wirklich Zufall ist –, als sie nämlich etwas widerstrebend den Posten des städtischen Archäologen in San Pedro annahm und dann in den folgenden Jahren so gut wie nichts anderes tat, als dafür zu sorgen, dass die neuen Straßen, die für den erstaunlichen Anstieg des Touristenverkehrs in letzter Zeit gebaut wurden, keine indigenen Ruinen zerstörten. Carolina, eine lebhafte, beherzte Frau, kämpfte gegen die Straßenbauingenieure, gegen die Infrastrukturplaner – und sogar gegen das Armeeregiment, dessen örtlicher Kommandant meinte, er habe das Recht, unterschiedslos jeden Ort in der Wüste mit Granaten zu bombardieren, den er sich in den

Kopf gesetzt hatte, auch wenn das bedeutete, uralte indigene Stätten ins Visier zu nehmen und zu zerstören. Als ihr Vertrag ablief, kehrte sie nach London zurück, wo ein liebender Freund geduldig zwei Jahre auf sie gewartet hatte und wo sie die feste Absicht hatte, ihre Dissertation abzuschließen. Auf dem Rückflug nach Santiago – nur ein schneller Abstecher, um sich von ihrer Familie zu verabschieden und ihre Sachen zu packen, bevor sie wieder nach England zurückkehrte – weckte irgendetwas sie mitten in der Nacht auf. Dort, ausgestreckt auf drei Sitzen der Economy-Klasse, mit dem tiefen Atlantik unter ihr und nichts als Wasser über Tausende von Meilen in jeder Richtung, sagte sie plötzlich zu sich: »Ich muss in die Wüste zurück, zurück nach San Pedro. Dort werde ich gebraucht, das ist meine Bestimmung.« Und es gelang ihr, sich einen Job als Wissenschaftlerin im Museum zu beschaffen.

Ich fragte sie, was ich so ziemlich jeden gefragt habe, der in die Wüste gegangen ist mit der festen Absicht, nur eine Weile zu bleiben, sich dann aber dort niedergelassen hat. Warum? Was kann an einem so öden Ort nur so anziehend sein?

Carolina gab zu, dass diese Umgebung sehr schwierig, sehr aggressiv sein kann. »Die Landschaft«, sagte sie, »weigert sich, dich anzuerkennen, *se te niega el paisaje*, aber genau dieser Widerstand gibt dir die Möglichkeit, ja verlangt es beinahe herauszufinden, was in dir steckt, die Chance, nach deiner eigenen intimen Wärme zu suchen. Es gibt keine Ablenkungen, keine leicht verfügbaren Alternativen – du musst also schauen, wer du wirklich bist.« Sie begriff diese Rückkehr auch als das Abstecken einer Identität, sah sie, sagte sie mir, als Möglichkeit zur

Versöhnung mit dem eigenen Erbe, ein Anspruch, der mich überraschte. Ich habe ihren Bruder Nacho viele Jahrzehnte lang sehr gut gekannt und auch seinen Zwillingsbruder Felipe, und ich wäre nie auf den Gedanken gekommen, dass sie auch nur einen Tropfen einheimisches Blut in sich haben könnten, denn sie wirkten so völlig europäisch, eine Kreuzung zwischen den spanischen Agüeros und den polnischen Piwonkas. Carolina beharrte darauf, dass ein Zweig der Agüeros sich ursprünglich nicht weit von hier in Coyo niedergelassen hatte und dass sie eine indianische Genealogie in der Familie nachweisen könne. »Wie auch immer«, fügte sie hinzu, »mehr als ethnische oder rassische Merkmale bestimmt deine Identität, was du mit deinem Leben anfängst, wo du das Gefühl hast hinzugehören.« Sie sieht sich selbst also weniger als fremde Kolonisatorin denn als jemand, der nach Jahrhunderten an den Ort zurückgekehrt ist, der früher das Zentrum der Welt war, und ihr Leben als eine Verbindung zu den ursprünglichen Bewohnern. Und ihre Forschung ist, in gewisser Weise, eine Fortführung des Konzepts von San Pedro als autonomem Zentrum der Vorgeschichte der Anden und nicht nur als Randerscheinung, wie es oft dargestellt wurde. Was sie zu beweisen versucht, ist, dass die Geschichte dieser Oase nicht begriffen werden kann als das Ergebnis der Herrschaft der großen Hochlandzivilisation von Tiawanaku, sondern dass die Menschen hier eine komplexe soziale und kulturelle Organisation entwickelten, die fast völlig eigenständig ist.

Plötzlich wechselte Carolina zu einem anderen, gegenwärtigeren und drängenderen Thema. Sie blieb vor einer

Glasvitrine stehen, in der der berühmteste Bewohner des Museums kauerte, die ausgezeichnet erhaltene Mumie einer Frau, die von den Einheimischen »Miss Chile« genannt wird, vielleicht um die Leiche zu beschwören oder als Anspielung auf ihre Nacktheit, die Art, wie sie unseren Blicken und unserer Neugier ausgesetzt ist. Tatsächlich, das sagte mir Carolina jetzt, habe eine kleine Gruppe von Bürgern von San Pedro diese unerträgliche Entweihung der *abueleos*, der Großväter der Atacama, angeprangert und verlangt, dass man sie der Erde zurückgebe. Diese beharrlichen Forderungen, fuhr Carolina fort, während wir zur nächsten Mumie gingen, seien nicht auf die leichte Schulter zu nehmen. Es hatte Todesdrohungen gegeben. Eine messianische Indianerrechte-Bewegung war entstanden und beanspruchte, die Toten zu repräsentieren – obwohl die meisten ihrer Anhänger keine Ahnung hatten, wie diese Toten gelebt oder wie sie ihren Alltag organisiert hatten, denn das versuchten die Archäologen ja eben erst mit geduldigen Bemühungen zu rekonstruieren und zu verstehen. Als entfernte ideologische Verwandte des mörderischen Sendero Luminoso, der Guerillas des Leuchtenden Pfads in Peru, die die falsche Authentizität einer vergangenen utopischen Ära zurückfordern, die nicht zurückgeholt werden kann und die tatsächlich in jener Reinform, die sie wollen, nie existierte, hatte diese Verschwörerbande in jüngster Zeit eine Reihe von gewaltsamen Anschlägen auf Institutionen verübt, die sie als Symbole der spanischen Usurpatoren betrachteten. Am vergangenen 12. Oktober – der mit dem Kolumbus-Tag zusammenfiel – hatten sie versucht, die Kirche und ihre Heiligen niederzubrennen – deren Ursprünge, wie Carolina mir erklärte, weniger europäisch waren, sondern eher volkstümlich und einheimisch. Der Beweis dafür waren die alten Männer und Frauen, die zu den Füßen der verbrannten Heiligen weinten und sie liebkosten, diesen Statuen, die ihre Kinder geheilt und ihnen gute Ernten eingebracht hatten. Carolina hatte die Aufgabe gehabt, einen Bericht über die Schäden zu schreiben, und es habe ihr schier das Herz gebrochen, sagte sie, San Pedro – sie meinte natürlich die Statue – mit nur noch einem Fuß zu sehen, der aus den verkohlten Überresten seines Körper herausragte, ein Fuß, der liebevoll mit einer Baumwollsandale umhüllt war.

Und dann hatten die Brandstifter am 12. Februar dieses Jahres – dem Jahrestag der Gründung Santiagos durch Pedro de Valdivia – versucht, das Museum niederzubrennen – und es war ihnen nur deshalb nicht gelungen, weil, wie jeder sagte, ein Wunder geschah. Nun, nicht jeder. Die örtliche Feuerwehr nannte einen rationaleren Grund für die Rettung des Museums: Das Feuer sei auf Grund fehlenden Sauerstoffs von alleine ausgegangen. Die Leute von San Pedro jedoch glauben etwas anderes. Es hält sich hartnäckig das Gerücht, dass *las momias soplaron*, dass die Mumien tief eingeatmet und das Feuer ausgeblasen hätten. Die Mumien, sagten die Leute, hätten sich selbst und die Artefakte gerettet. Die Mumien hätten deutlich gemacht, dass sie nicht noch einmal zerstört werden wollten, dass sie von der Zukunft aus der Vergessenheit gerettet werden wollten.

Jetzt, da an diesem Samstagabend die Sonne hinter dem Horizont versinkt, erzähle ich diese Geschichte meinen Freunden, während wir uns vom *pueblo de indios* verabschieden. Carolina lacht. »Genau das brauchen wir jetzt«, sagt sie, während wir zu ihrem Haus zum Abendessen fahren. »Wir brauchen die Mumien, damit sie den Sand wegblasen und uns Beter so zeigen, wie es früher war, jedes Haus noch intakt ... Ein echter Schatz von einem Dorf, der da auf uns wartet. Aber die Mumien sollten sich beeilen. Seit ich das letzte Mal hier war, hat der Sand noch mehr von den Steinen bedeckt, bei jedem Besuch sieht man weniger und weniger.«

Später an diesem Abend, nachdem Carolina uns in ihrem Jeep in unser Hotel Don Tomás zurückgebracht hat, schalte ich mein Diktiergerät ein, weil ich einige Sätze transkribieren will, die unsere Freunde im *pueblo de indios* in unsere Richtung geschrien haben. Doch es ist fast unmöglich, irgendetwas zu verstehen. Der Wind hat in das Gerät geblasen, hat mit seinem Knistern die Stimmen übertönt und sie unter einer anderen Art von Sand begraben, fast so, als wäre das statische Rauschen mehr Sand als Geräusch. Unheimlich und verstörend, denke ich mir, da doch unsere Unterhaltung in der Geisterstadt um die Schwierigkeiten des Schürfens in der Vergangenheit ging, das behutsame Bergen dessen, was sie versteckt. Während ich vergeblich versuche, etwas zu verstehen, diesem jüngsten Ereignis etwas Bedeutung abzuringen, werde ich den Eindruck nicht los, der Wind will nicht, dass ich auch nur die Erläuterungen dessen höre, was an diesem Ort passiert sein könnte.

Und natürlich gibt es diese eine Stelle – wie könnte es auch anders sein? –, an der ich ein langes, stöhnendes Geräusch höre, das ganz und gar nicht vom Wind zu kommen scheint, das eher wie ein menschliches Klagen klingt, eine Zusammenkunft von Geistern, die diese Maschine benutzt haben, um uns leise hören zu lassen, was gewöhnliche menschliche Ohren allein nicht vernehmen können.

Dies war es vielleicht, was Lautaro zuflüsterte, seit er ein Kind war und sich bewusst wurde, dass er in der Wüste arbeiten wollte, um ihre Geheimnisse aufzudecken, dies war es vielleicht, was Carolina mitten über dem Atlantischen Ozean weckte und sie zwang, ihr Schicksal zu ändern, dies war vielleicht der wahre Grund, warum Angélica und ich nach San Pedro de Atacama kommen mussten, um nämlich dem zu lauschen, was diese Stimmen uns sagen wollen, was wir aber noch immer nicht verstehen können.

DRITTER TEIL: LEICHEN

Bewahrungsblues

Donnerstag, 23. Mai 2002.
Santa Laura und Humberstone. Außerhalb von Iquique

Ich stehe, wo Julio Valdivia als junger Mann vor über fünfzig Jahren tanzte, hier, im Innenhof des einzigen Wohnhauses, das noch intakt ist in der Geisterstadt Santa Laura, ich stehe neben dem vierundsiebzigjährigen Julio Valdivia, der mir von diesem Ort erzählt, wo er einst lebte und arbeitete und tanzte.

Er habe hier für drei Monate ein Zimmer bekommen, erzählt Valdivia mir und Senén Durán, dem anderen Mitglied dieser Expedition, ein Zimmer in der damaligen *casa de administración*, wo Angestellte untergebracht wurden, solange sie noch keine feste Wohnung hatten. »Hier habe ich geschlafen, hier stand mein Bett, und da war eine Kommode, und schaut, dort konnte ich abends meine Sachen aufhängen«, sagt er und deutet in der luftlosen Kammer herum, wo ihn jetzt nur noch der Sandboden und ein mit Brettern vernageltes Fenster begrüßen, alles ist so anders als damals 1951, als er hier ankam, um eine

Stelle als Assistent in der *pulpería*, dem Firmenladen, anzutreten.

Wir gehen durch das Gebäude – »Schaut, da drüben war das Bad, schaut, dort drüben haben wir zu Abend gegessen« –, das jetzt als eine Art improvisierte Galerie dient, voller Krimskrams und Erinnerungsstücke und alter Fotos, eingerichtet vom Bürgermeister des nahen Pozo Almonte, der vor ein paar Jahren beschloss, einen Wachmann einzustellen, um die Stätte vor Dieben zu schützen, erläutert Senén Durán, der an der Universität von Iquique ein Programm zur Ausbildung von Touristenführern leitet und mehr über das Leben in der *pampa* weiß als jeder, den ich bis jetzt getroffen habe.

»Zum Glück für uns hat der Bürgermeister sich so verhalten, auch wenn er formaljuristisch gar nicht das Recht dazu hatte«, sagt Julio Valdivia, »denn sonst würde vielleicht nicht einmal das hier noch stehen.« Tatsächlich wurde jedes andere Haus in Santa Laura niedergerissen, wurden die Holzbretter und Blechbahnen abmontiert und als Schrott verkauft von der Familie Andía, die diese *salitrera* und die anderen, ähnlichen Städte, die den Cantón Nebraska bildeten, 1961 gekauft hatte, ein Jahr nachdem sie alle endgültig geschlossen worden waren. Wofür die ursprünglichen Besitzer jedoch nie einen Käufer fanden, war die *planta industrial*, die wenige hundert Meter von uns entfernt hoch in den Himmel ragt, das einzige noch existierende und fast makellos erhaltene Beispiel für die Raffinierung von Nitrat nach dem Shanks-System. Das macht Santa Laura, mit seinen Maschinen und Kesseln und dem riesigen Schornstein, zu einem absolut einzigartigen Ort in der ganzen *pampa salitrera*. Und zu

Santa Laura: Eine aufgegebene Produktionsanlage

einer perfekten Ergänzung der Nachbarstadt Humberstone, früher die größte Nitratgemeinde im ganzen Norte Grande und nun eine, die all ihre Straßen und Wohnhäuser, das Theater und die Kirche und die Läden bewahrt hat, fast genauso wie an dem Tag vor über vierzig Jahren, als sie aufhörte zu funktionieren; es fehlen nur das Fabrikgebäude und die Industrieanlagen, die in Santa Laura zu finden sind. Diese beiden nur ein paar Kilometer voneinander entfernt liegenden Städte bieten Besuchern einen Blick auf das Leben, wie es während des Nitratbooms gewesen sein muss. Natürlich nur so lange, wie Santa Laura und Humberstone erhalten werden und nicht enden wie Oficina Alemania oder Pampa Unión oder die vielen hundert anderen verlassenen und ausgeplünderten Städte, an denen wir in der Wüste vorbeigefahren sind. So lange, wie Männer wie Julio Valdivia und Senén Durán erfolgreich sind.

Die beiden sind die aktivsten Mitglieder der *Corporación Museo del Salitre Humberstone-Santa Laura*, einer kulturellen Stiftung, die 1997 eingerichtet wurde, um diese beiden Orte vor der Zerstörung zu bewahren. Die 1500 Mitglieder der *corporación* brauchten fast fünf Jahre, bis ihr Traum endlich anfing, in Erfüllung zu gehen. Dank der Hilfe und der Inspiration von meinem Freund Sergio Bitar – jenem früheren Senator, der meinen Besuch in María Elena und die Begegnung mit den *pampinos* in Antofagasta arrangiert und mir darüber hinaus die Begegnung mit Julio Valdivia in Iquique ermöglicht hat – schaffte es das *salitre*-Museum schließlich, Santa Laura und Humberstone im März 2002 bei einer öffentlichen Versteigerung im Rahmen eines Konkursverfahrens zu erwerben. »Sergio Bitar ist derjenige, der durch unermüdliche Arbeit das Geld aufgetrieben hat«, sagte Julio mir gestern in Iquique, »aber er wollte, dass ich, ein echter *pampino*, das Angebot ausrief. Ich hob die Hand, als der Richter den zukünftigen Besitzer aufforderte, sich zu melden. Ich bin derjenige, der gesagt hat, hier bin ich, und hier sind die 120 Millionen Pesos, ich bin derjenige, der die Dokumente im Namen von uns allen unterzeichnet hat, im Namen von den vielen tausend Männern und Frauen, die uns ihre Unterschrift gaben, damit die Stiftung von der Regierung offiziell anerkannt werden konnte. Jeden Sonntag standen wir vor dem Bahnhof in Iquique, vor den Kirchen jeder Stadt, die es in der *pampa* noch gibt, vor den Kinos, auf den Stränden, und haben Unterschriften gesammelt. Und so wollte Sergio Bitar, dass wir die Besitzer der *oficinas* sind, in denen wir früher gearbeitet und gelebt haben.«

Und jetzt beginnt der schwierige Teil. Sie müssen die *salitreras* restaurieren, die Häuser anstreichen, Bäume pflanzen, Wachleute anstellen, fließendes Wasser und Strom neu installieren, dafür sorgen, dass die Häuser sicher sind für die Touristen, die seit ein paar Jahren in den Norte Grande tröpfeln, um sich diese Städte anzuschauen. In der nächsten Phase wird man dann Hinweisschilder und Schautafeln aufstellen, Toiletten und ein kleines Verwaltungsgebäude einrichten, Führer unter Vertrag nehmen und einen kleinen Campingplatz bauen. Um all dies überwachen zu können, zieht Julio Valdivia schon in wenigen Tagen nach Humberstone in ein Haus, das speziell für seine Bedürfnisse umgebaut wurde und das eigentlich heute fertig und zur Besichtigung bereit sein sollte – das ist der Hauptgrund für die Fahrt, an die ich mich angehängt habe. Ich bin deshalb in einem ganz einzigartigen Moment in der Geschichte dieser Geisterstädte und Julio Valdivias selbst hier: in dem Augenblick, da Humberstone nach mehr als vier Jahrzehnten wieder einen dauerhaften Bewohner begrüßt, da Julio in die *pampa* zurückkehren wird, die zu verlassen er gezwungen war, als die *salitrera* von Victoria 1980 geschlossen wurde. Ich fragte ihn nach seiner Frau, und er antwortete völlig beiläufig, dass sie ihn hin und wieder besuchen werde, im Wesentlichen aber vorhabe, in Iquique zu bleiben, wo sie den Großteil ihres Lebens verbracht hatte. »So war es immer bei uns«, sagte Julio. »Es gab keine Alternative. Die Wüste verlangte es. Das Geld war draußen in der *pampa*, die Ausbildungsmöglichkeiten waren hier in Iquique. Also zog die Frau unsere fünf Kinder auf, und ich brachte das Geld nach Hause. Und jetzt habe ich eine

Mission, etwas, das ich tun muss, bevor ich sterbe, und ich bin fest entschlossen, es zu tun.«

Als er das gestern so ruhig und eigensinnig sagte, hatte ich das Gefühl, einen kurzen Blick auf diese zähe Hartnäckigkeit der Pioniere zu erhaschen, die in den Zeiten des Nitratbooms als Erste diese Wüste kolonialisiert hatten, und mir dämmerte, dass eine ähnliche Entschlossenheit die Männer angetrieben haben musste, die 1872 in Santa Laura die ersten Claims absteckten. Aber erst jetzt, während ich ihn auf seinem Weg durch Santa Laura begleite, spüre ich auch die Zärtlichkeit, die hinter seiner Kampagne steckt, wie er sich um dieses verlorene Land sorgt, als wäre es ein sterbendes Kind, das man retten muss. Mit seinen Augen sehe ich, wie die Stadt langsam wieder ersteht. Er schlendert nicht nur durch die Vergangenheit, sondern auch in die Zukunft, er geht quasi in den Plänen für Santa Laura, die er mit Senén Durán entworfen hat. Den beiden zuzuhören, ist, als würde man zwei schelmischen Jungs zuhören, die mit einer riesigen, verlassenen Stadt spielen, der alte Julio und Senén in seinen mittleren Jahren, wie sie tuscheln, was hier in dieser ehemaligen Krankenstation zu tun, wie dieser Teil der *maestranza* dort drüben zu restaurieren ist.

Dort drüben.

Das kommt beständig aus Julio Valdivias Mund. Schaut, dort drüben hatten wir den Fußballplatz, und wir haben den professionellen Colo-Colo-Club aus Santiago geholt, damit er hier ein Spiel austrägt. Schaut, dort drüben war *la casa de los secretos*, das Haus der Geheimnisse, wie wir es nannten, weil der Chemiker uns allen verboten hatte, einzutreten oder einzudringen, und wir uns fragten, was er in seinem Labor da wohl zusammenmischte. Schaut, dort drüben ist die mechanische *taller*, die Werkstatt, in der *el sordo Romero* – er war alt und er war taub – arbeitete. Dort drüben war das Krankenhaus, wo Julios Sohn Chato geboren wurde. Und hier läutete Miguel Barrera Solar immer die Glocke, um zu verkünden, dass der *suple* eingetroffen war; die Arbeiter konnten sich dann einen Vorschuss auf den Lohn der nächsten Woche holen. Und diese vier Stufen dort führten ins Filmtheater. Und hierhin kam ein Mann – Julio kann sich an den Namen nicht erinnern –, der nach einem Unfall völlig verstümmelt war, er kam hierher, und seine Beine waren abgerissen, *und wir konnten rein gar nichts mehr für ihn tun.*

Julio spricht wie zu sich selbst. »*Se tronaba a las 11:30 de la mañana.* Jeden Vormittag um 11:30 wurde mit Dynamit gesprengt, und wenn es so weit war, schrien alle: *Con fuego*, Es brennt – und die Arbeiter mussten so schnell und so weit weg wie möglich rennen und irgendwo in Deckung gehen. Ja, so war es damals. Aber manchmal explodierte die Ladung nicht – es war ein *tiro echado*, das TNT ging nicht los. Also musste jemand hin und nachschauen – und dann explodierte es vielleicht doch ... Wer war das, wie hieß der Mann, der mit aufgerissenem Bauch daherkam ...?«

Wir antworten nicht. Ich war nicht dabei, und Senén war nicht dabei, und um uns herum sind nur Ruinen, Schutt, Gerümpel, Staub und nicht einmal der Widerhall der Glocke, die Miguel Barrera Solar einst in der stillen Luft des Nachmittags von Santa Laura läutete.

Während Julio uns die detaillierte Karte des Ortes beschrieb, die in seinem Kopf noch immer präsent war, während wir aus seinen Worten heraufzubeschwören versuchten, was genau hier passiert sein könnte, fiel mir eine Geschichte ein, die mir Lautaro Núñez über eine Frau erzählt hatte, die, glaube ich, Steen hieß. Oder war es Comber? Wie Julio bin auch ich mir nicht sicher hinsichtlich der Namen der Leute, die ich schildern will. Auf jeden Fall wurde diese Mrs. Steen, eine sehr reiche englische Dame, die jetzt in Sevilla lebt, in einer *pampa*-Stadt geboren, und sie war vor ein paar Jahren mit ihren Enkeln in den Norden Chiles gereist. »Hier habe ich zum ersten Mal getanzt, schaut, schaut, dort hat man mir den ersten Drink meines Lebens serviert, ganz kalt, weil sie Eis aus den Kordilleren geholt hatten, um den Gin zu kühlen, mit dem wir auf den Geburtstag der Königin Victoria anstießen; und hier hat mir meine Mutter das wunderbarste Kleid gekauft; und hier haben wir – in Englisch – die Regatten auf einem künstlichen See angefeuert, den irgendjemand mitten in der Wüste angelegt hatte; und dort haben wir bayerischen Schinken und aus der Toskana herangeschaffte Trüffeln gegessen«, das alles erzählte sie ihren Nachfahren, so Lautaro, und wedelte mit den Armen, dabei war nichts mehr da, nur eingestürzte Häuser und herumliegende Steine und Abfall, nichts als Wüste und noch mehr Wüste, und sie hatte getanzt, eine neunzigjährige Frau, die in den Ruinen tanzte. Lautaro wollte sie überreden, ein Buch zu schreiben mit dem Titel *Estábamos Todos Locos*, Wir waren alle verrückt –, ein Buch, das das Leben in der *pampa* aus dem vergessenen Blickwinkel der Fremden beschreiben würde, die in der Zeit der ökonomischen Hochblüte in die Wüste gekommen waren.

Nun höre ich von Julio Valdivia etwas ähnlich Halluzinatorisches – auch wenn er wenigstens in der Lage ist, etwas mehr zu zeigen als den Sand, den die mutmaßliche Mrs. Steen für ihre ausländische Familie aufbieten konnte. *Hier spielte samstags und mittwochs immer die Kapelle, könnt ihr euch vorstellen, dass wir sie bezahlt haben, damit sie extra für uns spielte, damit wir tanzen konnten – ja, es gab ein paar allein stehende Frauen, die* libretera, *die die Bücher führte und Verträge und Schulden verwaltete, die* cajera, *die an der Registerkasse arbeitete, die* tiendera, *die die Kunden bediente, und die drei* empaquetadoras, *die die Waren einpackten. Fünf Frauen in der* pulpería. *Und die zwei, die nicht verheiratet waren, kamen zum Tanz. Aber dass ihr jetzt nicht auf dumme Gedanken kommt. Sie schliefen in einer ganz anderen Unterkunft. María und Iris ... sie amüsierten sich königlich ... aus unserer eigenen Tasche haben wir die Kapelle bezahlt. Dort drüben, hinter der* glorieta, *haben wir getanzt.*

Und sein Wortfluss endet damit, dass sein Finger auf eine Fläche aus Steinbrocken und Schutt zeigt, aber da ist wenigstens ein Pavillon, den ich sehen, auf den ich mich konzentrieren, in den ich mich verbeißen kann, während der Film in seinem Kopf sich weiter abspult, Bilder aus der Vergangenheit über die Leinwand seines Geistes flackern, wie projiziert auf die verwüstete Gegenwart. Um ihn herum ist alles lebendig, die Stadt und die Leute und die Stimmen und die Feierlichkeiten, eine Parade, die keiner ihrer Besucher sich je wirklich wird vorstellen können.

»Ach, ihr könnt euch ja gar nicht vorstellen, wie das war«, sagte er, »wenn die Sonne unterging und die Frauen plappernd die Straßen entlangschlenderten und die Kinder aus den Häusern kamen, um in der aufkommenden kühlen Brise zu spielen.«

Nun haben wir den Firmenladen erreicht, in dem Julio Valdivia arbeitete, der einzigen Unternehmung in der *pampa*, die immer noch profitabler war als der Verkauf des Nitrats, sogar 1951 noch, als es die Gutscheine schon nicht mehr gab. Gestern Nachmittag in seinem Haus hatte Julio Valdivia mir verraten, mit welchen Spitznamen die *pampinos* die Angestellten des Firmenladens bedacht hatten: *ratoneros*, weil sie wie Ratten klauten und hamsterten. Und die Kunden bestahlen. »Ein Kilo war immer nur 800 Gramm«, erzählte er mir gestern. »Aber wir haben auch eine wichtige Dienstleistung erbracht. Die Arbeiter hatten keine andere Stelle, wo sie einkaufen konnten.«

Es ist ein großes Areal, das er mir zeigt: die *carbonera*, wo die Kohle zum Verkauf lagerte. Und die *carnicería*, die Metzgerei. Und die *panadería*, die Bäckerei. Schaut, dort drüben war eine *bodega*, und wir hatten Weintrauben und Salat und – schaut, dort draußen, da war die Schule, direkt hinter dem Laden. Und wieder ist dort nichts – wir schauen durch Leere auf eine Fläche, wo nur Glasscherben daran erinnern, dass dies einst mehr war als Wüste, das dieser Ort einst bewohnt war.

»Hier begann Don Victor Núñez Acuña, der *administrador*, früh jeden Morgen seinen Inspektionsgang durch die *salitrera*. Und ich hatte ihm in Victoria die Schuhe geputzt, als ich neun Jahre alt war, und er erkannte mich wieder, als ich als Angestellter hierher kam, und nach ein paar Wochen habe ich ihn um einen Gefallen gebeten. Wir standen um vier, fünf in der Frühe auf, noch im Dunkeln, um die Knochen zu zersägen« –, merkwürdig,

Julio verspricht sich und sagt zuerst, sie hätten die Knochen von Menschen zersägt ... was zumindest metaphorisch zutreffen dürfte, doch dann korrigiert er sich und sagt, dass es natürlich die Knochen der Rinder waren, die zerlegt wurden –, »und es war gefährlich, also fragte ich ihn, ob die Firma uns nicht eine elektrische Kreissäge für die Kadaver bauen könnte.«

Und so kam es, dass Alberto Bustamante Camacho – und ich bin, weder zum ersten noch zum letzten Mal, beeindruckt, wie viele Namen von Julios Zunge rollen, die Tausende von Menschen, die er persönlich kannte und an die er sich erinnert –, Alberto, der Leiter der *elaboración*, einen kleinen Motor, einen Gummiriemen und ein Sägeblatt aus den kleinen, scharfen Schaufeln, die in den *caliche*-Zerkleinerern benutzt wurden, zu einer solchen Säge zusammenbauen ließ.

Nach dem Erfolg dieses Vorstoßes hatte Julio Valdivia noch ein zweites Projekt in Gang gebracht. Er machte sich Gedanken wegen der fehlenden Toiletten. Eigentlich war es eine Frage des Respekts, den man den Angestellten des Firmenladens eigentlich hätte erweisen sollen, aber für das Anliegen sprachen auch ökonomische Argumente – »eine der Damen, die hier arbeitete, fragte mich immer wieder, ob sie gehen könne, um ihr Geschäft zu erledigen, was bedeutete, dass sie mindestens eine Stunde weg sein würde, weil sie weit hinein in die *pampa* gehen musste, um vor neugierigen Blicken geschützt zu sein«, und so hatte er das Management überredet, zwei *casetas* zu bauen, eine für Männer, die andere für Frauen.

Dieser Geist, dieses Findigkeit, diese Energie von Julio Valdivia sind es, die so ermutigend wie liebenswert sind;

und denselben Antrieb, alles richtig zu machen, den er damals hatte, bringt er heute für den Wiederaufbau der *salitreras* auf. Er entrüstet sich – und Senén stimmt ihm zu, sie stacheln sich gegenseitig in ihrem Zorn auf, während wir weitergehen und uns ansehen, was alles getan werden muss, was noch auf eine Rettung vor dem Verfall wartet – darüber, dass die anderen *pampinos* in der *corporación*, immerhin Mitbesitzer dieser Liegenschaft, sich nicht die Mühe gemacht haben, Spenden zu sammeln, sich nicht für Restaurationsarbeiten melden. »Sergio Bitar hat seinen Beitrag geleistet«, beschwert sich Julio, »aber wir können uns nicht darauf verlassen, dass immer irgendjemand mit Einfluss interveniert und unsere Probleme löst. Wir müssen selber Mittel und Wege finden.«

Ich habe versucht herauszufinden, woher Julio Valdivia seine Motivation bezieht, woher sein Ehrgeiz kommt, wie er es schafft, seine Träume in einem Leben voller Enttäuschungen und Niederlagen lebendig zu erhalten. Gestern bei ihm zu Hause in Iquique, in einem winzigen Bürokämmerchen im ersten Stock seines bescheidenen Heims, bat ich ihn, mir seine erste Erinnerung zu erzählen – vielleicht in der Hoffnung, genau dieses eine Bild einzukreisen, das er nicht loswerden kann, diese eine Sache, die er als Kind seinem künftigen Ich vermachte und sich so seine Identität aufbaute, wie wir alle es tun, aus dem Kern von etwas Wunderbarem, das er wiederholen wollte, oder von etwas Traumatischem, das er verarbeiten wollte.

Und Julio Valdivia erzählte mir von einem Ereignis – er war drei Jahre alt, also muss es 1930 gewesen sein, als so viele der *oficinas* geschlossen wurden und der Vater seines

Vaters die Arbeit verlor. »Sie hatten Oficina Anita in der Nähe von Antofagasta geschlossen«, sagte Julio, und seine Augen verengten sich zu weniger als einem Schlitz, während er sich den Augenblick wieder ins Gedächtnis rief, »und meine Großeltern zogen zu uns. Der alte Mann wusste, wie man Land bestellt – also fing er an, Kohl und anderes Gemüse anzupflanzen, und dann verkaufte er seine Ernte in Pampa Unión. Eigentlich hätte es ein freudiges Ereignis sein müssen, dass meine Großeltern mich besuchten, aber er war so traurig, mein Opa, und ich liebte ihn so sehr.«

Seine erste Erinnerung hatte also ihre Wurzeln im Verlust, Menschen aus seiner Familie trauerten um ein Heim, das ihnen genommen worden war. Und Julio Valdivia sollte, wie die *viejos* von Pedro de Valdivia, wie Hernán Rivera Letelier, wie die Eltern so vieler Bergleute in Chuqui, für den Rest seines Lebens zusehen müssen, wie andere *salitreras* geschlossen wurden, eine nach der anderen, bis keine Nitratstadt mehr übrig war, in die man ziehen konnte. Besonders schmerzhaft waren die letzten Tage von Victoria gewesen, wo Julio 1960 nach der Schließung von Santa Laura und Humberstone Arbeit gefunden hatte. Der Kummer, den er über den Verlust seiner Arbeit und seines Hauses sowieso empfunden hätte, wurde noch verstärkt durch den Verrat keines Geringeren als ... General Pinochet. Wer sonst hätte Tausenden von Arbeitern im Theater von Victoria versprochen, dass er die Schließung Victorias niemals zulassen würde, dass es das Zentrum sein würde, von dem aus die Pampa del Tamarugal mit den *tamarugos*, die früher hier gewachsen waren, wiederaufgeforstet würde, wer sonst hätte garantiert, dass diejenigen, die bereits in Rente gegangen waren, so lange bleiben dürften, wie sie wollten, und wer sonst hätte, bereits am nächsten Tag, den Bewohner die Nachricht überbringen lassen, dass sie diese Stadt binnen achtundvierzig Stunden verlassen müssten, ansonsten würden sie mit Gewalt vertrieben. »Und ich hatte ihm diese Geschichte abgekauft«, erklärte Julio. »Wissen Sie, was mein Fehler war? Dass ich die Stadt nicht schon Monate zuvor verlassen und an der Hauptstraße außerhalb von Victoria ein Geschäft aufgemacht hatte, um das ganze Zeug aufzukaufen, das aus der Stadt gestohlen wurde – wenn man sah, wie viele Leute reich wurden, indem sie das Material aus dieser *oficina* und all den anderen verhökerten.«

Ich war bestürzt über dieses Geständnis. Waren seine augenblicklichen Feinde nicht genau diese Plünderer und Händler, die Santa Laura und Humberstone auseinander nehmen wollten? Wenn er damals bei diesen Plünderungen mitgemacht hätte, hätte er dann nicht genau die Städte zerstört, die er jetzt erhalten wollte?

»Wenn alle anderen stahlen, warum dann nicht auch ich?«, war seine Antwort. »Nein, nein. Uns traf das schlechteste Los: Wir blieben nicht, und wir stahlen nicht.« Jeder, der in den *salitreras* gearbeitet hatte, versuchte nun, diese letzte Gelegenheit zu nutzen, um aus dem Abriss, *desguace* genannt, für sich etwas Geld herauszuschlagen. Was in dem fiebrigen Wettlauf, so schnell wie möglich Städte aus dem Boden zu stampfen und so viel Nitrat wie möglich zu gewinnen, errichtet worden war, wurde nun penibel wieder auseinander genommen. Besonders wertvoll war der *pino de oregón*, die Oregon-

Kiefer, hierher gebracht von Schiffen, die später randvoll mit Nitrat die Häfen wieder verließen, aber auch Eisen war sehr gefragt, vor allem während der durch den Zweiten Weltkrieg verursachten Verknappung. Und die Blechdächer und die Kupferrohre und die Wasserhähne und die Pflastersteine ... alles, was weggeschafft werden konnte, wurde zur Beute dieser Hehler, die verzweifelten Menschen Geld zahlten, damit sie die Häuser schleiften, in denen sie gewohnt hatten, die Straßen zerstörten, in denen sie geboren wurden.

Das Schicksal der Söhne des Nitrats.

Aber jetzt, gegen Ende eines Lebens voller Schließungen, widmet Julio Valdivia sich der Aufgabe, nicht nur eine, sondern zwei Nitratstädte wiederzueröffnen. Er und Senén und die anderen versuchen, die Geschichte Chiles umzukehren, oder zumindest, die Flut des Verfalls einzudämmen und ein Areal der Erinnerung zu retten, damit zukünftige Generationen begreifen können, welche Großtaten in diesem Norte Grande vollbracht wurden.

Vor gut einer Woche hatte Jorge Araya mir in María Elena den langen Produktionsprozess gezeigt, der nötig ist, um aus der *caliche*-Kruste die weißen Kristalle des Nitrats zu gewinnen, ich hatte Hunderte von Arbeitern und Dutzende von Lastwagen und Rauch und Bewegung und Leben gesehen. Hier in Santa Laura ist alles still, das einzige Geräusch kommt aus der Kehle von Senén Durán, der mich durch diese *planta industrial* führt, die eines Tages vor vierzig Jahren zu arbeiten aufhörte.

Die Maschinen sind noch da, im Inneren dieses verfallenen Holzbaus, der so hoch und so lang ist wie eine kleine Achterbahn, der *chancho*, wo die erste Zertrümmerung vonstatten ging, und das Förderband, das das Material zum zweiten Mahlvorgang in der *chanchas* transportierte – man benutzte die Bezeichnungen für das männliche und das weibliche Schwein für diese Rachen, die den trockenen Schotter zu Pulver zerkleinerten –, und auch das zweite Band, das dieses Pulver zu den *cachuchos* brachte, riesigen Wannen aus Eisen, die bis zu sechshundert Tonnen Rohmaterial aufnehmen konnten. Genau hier kam das von Santiago Humberstone nach Chile gebrachte Shanks-System ins Spiel, wobei die Paste bis zum Siedepunkt erhitzt wurde, und zwar mit Dampf, der in Röhren zirkulierte, die meinen neugierigen Augen und meinen tastenden Händen verborgen bleiben, während ich mit den Ruinen dieser Maschine zu kommunizieren versuche, der einst die Männer, die gegangen und nie zurückgekommen sind, auf Gedeih und Verderb ausgeliefert waren.

Senén Duráns präzise Stentorstimme reißt mich aus meinen Gedanken. »Sobald das Wasser den Siedepunkt erreichte – wie bei so vielen Kochrezepten, nicht? –, wurde die Dampfzirkulation unterbrochen und der *caliche* sofort aus den Wannen geholt. Es musste schnell geschehen, damit das Chlorid sich nicht wieder in der Mixtur auflöste – und dann wurde es in diese Tröge gekippt, um zu kristallisieren, schauen Sie, dort drüben.« Und wir verlassen diesen Riesenbau und treten nach draußen in die Sonne und gehen zu den riesigen *bateas* auf Holzgestellen, in denen das Nitrat hundert Stunden lang ruhte. »Es ist nicht die Sonne«, sagt Senén, »und auch nicht die Kälte der Nacht, die die Sache zu Ende bringen – sondern einfach nur Ruhe.« Und er hält der

Wirkung halber inne, und es entsteht einer dieser engelhaften Augenblick der Stille, die in der Wüste so absolut ist wie nirgends sonst auf dieser Welt.

Und ich denke daran, was dieses Mineral durchgemacht hat – Explosionen, Zertrümmerungen, dann den Transport zu Maschinen, die es zermahlen, und das siedende Wasser –, und nun hundert Stunden erzwungener Ruhe, wie ein verwundeter Soldat, der sich nach der Schlacht erholt. Nur um irgendwann seine Reise fortsetzen zu können, um auf der anderen Seite des Planeten in eine Erde zurückkehren zu können und Pflanzen zu ernähren, um Gemüse wachsen zu lassen, um diese andere Erde mit chilenischem Salz zu erneuern.

Und jetzt erfahre ich etwas über Julio Valdivia, das mich sein Leben in einem unerwarteten Licht sehen lässt.

»An dieser Stelle habe ich gearbeitet, als ich zehn, zwölf Jahre alt war«, sagt er. »Nicht hier, in einer anderen *salitrera*« – er sagt nicht, in welcher, aber vielleicht war es in Jazpampa, wo er geboren wurde und aufwuchs –, »ich habe als *rayador* gearbeitet.« Senén erklärt, dass ein *rayador de batea* die Flocken abschöpfen musste, die sich an der Oberfläche der Tröge absetzen, während das Nitrat zu Boden sank, stundenlang ging er von einem Trog zum anderen und schöpfte mit einem Stecken namens *yegua*, Stute, noch eine landwirtschaftliche Bezeichnung für ein industrielles Werkzeug. Vorwiegend Kinder verrichteten diese Arbeit, sagte Senén, so wie die Jüngsten für viele Arbeiten in der Wüste eingesetzt wurden, der *destazador*, der mit seinen kleinen Händen in das Loch für den Sprengstoff greifen und es erweitern musste, und der *lonchero*, der den Männern das Mittagessen aus den Kantinen auf die Felder brachte, und der *cabero*, der die Waggons an die kleinen Lokomotiven ankuppelte, die den *caliche* in die Raffinerie transportierten.

Ich denke an all diese arbeitenden Kinder, an Julio, der vierzehn Stunden lang unter der heißen Sonne schuftete, und plötzlich wird mir bewusst, dass er in den letzten beiden Tagen diese niedere Tätigkeit kein einziges Mal erwähnt hat. In seinem Haus hatte ich ein Foto von ihm gesehen, als neunjährigen Schuhputzer. Aber was er zwischen diesem Alter und dreizehn gemacht hatte, als er als Bäckergehilfe in einer *pulpería* zu arbeiten begann, sagte er nicht. Vom Augenblick unseres Kennenlernens an hatte er sich als Angestellter präsentiert, nicht als Nitratarbeiter – so hat er die Erzählung seines Lebens gestaltet, das ist es, was seiner Existenz, so wie er sie lebte, Bedeutung gab, die Tatsache, dass er dem Schicksal seiner Vorväter entkommen war.

Diese Version seiner Identität – zu der weder die zermürbende Arbeit eines *rayador de bateas* gehört noch wer weiß welche andere verschwiegene Plackerei, die vielleicht sogar noch gefährlicher war, beginnt mit diesem Foto des Neunjährigen mit einem schelmischen Lächeln im Gesicht und ohne Schuhe. Barfuß mochte er gewesen sein und so gut wie mittellos, und doch war er bereit, einen Betrag auszugeben, der für einen Jungen seines Alters ein Vermögen gewesen sein musste, um sich von einem *fotógrafo ambulante* ablichten zu lassen, schon damals ein Zeichen dafür, dass er sich eines anderen Schicksals für würdig hielt, dass er sich geschworen hatte, etwas anderes zu werden. Und tatsächlich wartete dieses neunjährige Kind vor der Kantine, wo die Angestellten

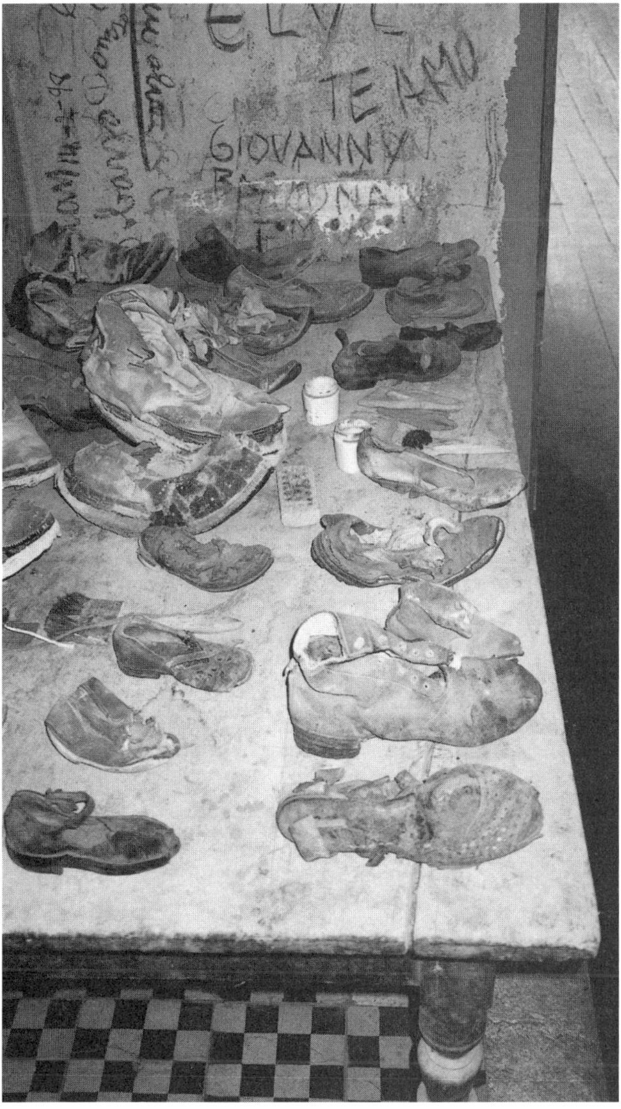

Santa Laura: Eine Ausstellung von Schuhen, die die *salitreros* trugen

aßen – »dort war das Geld«, hatte Julio mir gestern zu Hause erzählt –, damit er ihnen die Schuhe putzen konnte, wenn sie herauskamen, die Sekretäre, der Kassier, alle mit Schuhen, die dank seiner Arbeit glänzten. »Am nächsten Tag«, erinnerte sich Julio, »wurde ich dann bezahlt, und da saß ein *caballero* (ein Gentleman, ein Ehrenmann) hinter seinem mächtigen Schreibtisch, und was sich mir damals ins Hirn hämmerte, woran ich mich jetzt noch erinnere, war der Gedanke, dass ich eines Tages so sein wollte wie dieser Mann. Das wurde das Ziel meines Lebens.«

Das ist der Traum, der ihn diese ganze Zeit antrieb, die tief reichende Erklärung, warum er jetzt, mit vierundsiebzig, nach Humberstone zieht. Dieser Traum stand ihm vor Augen, als er an den Trögen arbeitete und sich weigerte, auf die Nitratfelder zu gehen, wo seine Kameraden landeten. Stattdessen wurde er mit dreizehn Gehilfe eines Bäckers in der *pulpería* – »Um drei in der Früh heizte ich den Ofen, aber als Belohnung durfte ich das Brot essen, dass die Bäcker nur für sich selbst backen, ein Essen, das so gut duftet wie sonst nicht auf der Welt« –, und offensichtlich erwies er sich als geschickt, denn danach wurde er ein *jornalero* (ein Tagelöhner), der Kohle und Wein verkaufte, und wurde dann zum Gehilfen des Metzgers befördert und nach einer Weile zum Metzger, und schließlich wurde er zum Assistenten des Geschäftsführers des Firmenladens in Santa Laura und stieg dann weiter auf zum stellvertretenden Leiter der größeren Läden in Peña Chica und Humberstone, und schließlich fand er sich 1962, zwei Jahre nach der Schließung von Humberstone, als Verkaufsleiter der *pulpería* von Victoria wieder.

Humberstone: Senén Durán und Julio Valdivia

Und was hatte er getan, als er dort ankam? Das fragte ich ihn gestern.

»Als Erstes«, antwortete Julio, »habe ich eine Holzplatte genommen, ein Stück grünes Tuch darauf gelegt und darauf Fensterglas, und das Ganze habe ich auf zwei Böcke gestellt, und fertig war er, mein Schreibtisch mitten im Laden.«

Es war eine Illusion von Macht, die achtzehn Jahre währen sollte. Bis Victoria ebenfalls geschlossen wurde und Julio Valdivia sich mit dem Nomadenschicksal konfrontiert sah, das seinen Großvater und dessen Familie und jeden anderen verfolgt hatte, der mit dem Nitratgeschäft zu tun hatte, dem Schicksal der Straße und der Heimatlosigkeit, dem zu entgehen er gehofft hatte.

Und jetzt hat die Geschichte ihm die Chance gegeben zu beweisen, dass sein Lebensprojekt nicht nur ein flackerndes Trugbild war. Humberstone ist da und wartet auf ihn – nicht nur die *pulpería*, sondern eine ganze Stadt, die verwaltet werden will. Indem er Humberstone vor der Zerstörung rettet, wird Julio Valdivia auch seinen Traum retten, den er als neunjähriger Schuhputzer träumte.

Eine der ersten Stätten, die wir besuchen, als wir die Straßen von Humberstone entlanggehen, ist das Haus, in das Julio Valdivia in ein paar Tagen einziehen wird. Wir betreten das Zimmer, in dem er einen neuen Schreibtisch aufstellen wird mit Blick auf eine Nitratstadt, die nun, in einem bizarren Sinn, ganz allein ihm gehört.

Wir sehen vier oder fünf junge Arbeiter, die bereits so gut wie fertig sind – neue Böden, frisch gestrichene Wände, ein funkelndes, neues Bad und eine ebensolche Küche. Julio diskutiert mit ihnen über die Farbe der Wände, fragt sie, was jeder Hausbesitzer die Männer fragt, die sein Haus renovieren – Sollten die Fenster nicht noch ein Lackschicht erhalten? Was ist mit diesem Riss? –, erklärt sich dann zufrieden und wendet sich mir zu. *Das wird mein Schlafzimmer, hier werde ich kochen, dort werde ich meinen Schreibtisch hinstellen.* Seine Fantasie läuft auf Hochtouren, nicht in einer privaten Vergangenheit, aus der ich ausgeschlossen bin, sondern in einer Zukunft und einer öffentlichen Realität, die eintreten wird, sobald diese Arbeiter ihren Job abgeschlossen haben.

Der Trupp kommt aus dem Süden, aus Concepcíon, Temuco, und wieder werden in einem Land, das damals wie heute eine hohe Arbeitslosigkeit hat, Leute aus dem fruchtbareren Teil Chiles mit Arbeitsangeboten in den Norden gelockt. Sie kommen, um Häuser herzurichten, in denen vor so vielen Jahren Männer gewohnt hatten, die ebenfalls auf der Suche nach einem besseren Leben aus dem Süden gekommen waren. Einer von ihnen, Miguel aus Talcahuano, zeigt sich besonders interessiert an der Geschichte dieser Zeit. Er fühlt sich halb als Arbeiter, halb als Tourist, und er ist stolz darauf, einen Teil unserer Geschichte, einen Teil seiner eigenen Geschichte bewahren zu helfen. Ich denke mir: Vielleicht bleibt er in der Wüste, vielleicht kehren er und seine Kollegen nie mehr in den grünen Süden zurück.

Miguel hat etwas für Senén und Julio, ein kleines Geschenk. Als die Arbeiter die Papierbahnen aus den Fensterrahmen entfernten, die die Zimmer vor Staub und Wind von außen schützten, fanden sie dort eingeklemmt ein großes, vergilbtes Blatt Papier, gedruckt in Köln 1924, mit Zeichnungen und einer Anleitung auf Deutsch, wie die *cachuchos*, die Wassertröge, zusammenzubauen sind – ebenjene, das wird mir beim Lesen klar, an denen Julio in dieser verdrängten Periode seines Lebens gearbeitet hatte, denen er so verzweifelt entfliehen wollte und deren Blaupausen er jetzt triumphierend im erst noch zu eröffnenden Museum von Humberstone ausstellen wird, das, wie Senén mir sagt, in der *casa de administración* entstehen wird, dem einzigen noch stehenden Gebäude aus der Anfangszeit dieser *oficina*, die 1862 eröffnet wurde und von den damaligen peruanischen Besitzern »La Palma« genannt wurde in Erinnerung an eine Schlacht vor Lima. Alles andere wurde niedergerissen und neu gebaut, als sie 1943 wiedereröffnet wurde, diesmal unter dem Namen Humberstone zu Ehren des alten britischen Chemikers, der zu der Zeit noch lebte.

Wir gehen durch die Straßen von Humberstone, und ich bin bezaubert. Wie verlassen diese Gebäude seit Jahrzehnten auch sein mögen, und auch wenn sie alle verrammelt sind und nach den Reparaturen schreien, die an Julio Valdivias neuem Haus eben vorgenommen worden sind, so ist dies doch ein Ort, wo man sich leicht vorstellen kann, wie das Leben damals war. Genau das erwartet man von einer Geisterstadt: Alles ist baufällig und doch intakt, fast kann man den Atem und die Anwesenheit der Leute spüren, die hier einst lebten und liebten, und jeder Winkel schreit danach, dass sie aus der Vergangenheit auftauchen und noch einmal von vorne anfangen.

Das ist es, was Humberstone von einer anderen Geisterstadt unterscheidet, die ich bereits besucht habe, vor einer Woche auf dem Weg nach Calama, die unheimliche Oficina Chacabuco, fünfzig Meilen von Antofagasta entfernt. Es stimmt, die Gebäude von Chacabuco – das 1924 eröffnet wurde – sind in einem beträchtlich traurigeren Zustand als die von Humberstone. Nur das prächtige Teatro Municipal, zum Teil restauriert dank einer Spende der deutschen Regierung, lädt ein zu einem Vergleich mit dem, was ich jetzt in Humberstone sehe. Der eigentliche Unterschied aber ist, dass Chacabuco nach seiner Schließung 1940 nicht völlig verlassen war. Humberstone wird zum ersten Mal seit 40 Jahren einen menschlichen Bewohner zurückkehren sehen, wenn Julio Valdivia am kommenden Sonntag hier schläft. Chacabuco hat das traurige Privileg, bereits wiedereröffnet worden zu sein – als Konzentrationslager für politische Gefangene nach dem Staatsstreich von 1973. Einige seiner Mauern krönt noch immer Stacheldraht, es gibt noch immer Hinweisschilder, die Besucher vor den Landminen warnen, die das Militär überall in der Umgebung vergraben hatte, um die Gefangenen von einer Flucht abzuschrecken. Die Wachtürme wurden geschleift, und die kleinen Häuser, in denen die Gefangenen eingesperrt waren, sind auf den ersten Blick nicht zu unterscheiden von den anderen Gebäuden der Stadt, die nicht solch grässlichen Zwecken dienten, aber sobald man Chacabuco betritt, lässt sich seine doppelt gepeinigte Geschichte nicht mehr ignorieren, das Leiden der Nitratarbeiter vermischt sich und wird überragt von der Qual der Hunderte von Männern, die aus ganz Chile hierher gebracht wurden, um bestraft zu werden für die Sünde der Unterstützung einer demokratisch gewählten Regierung, die nicht wollte, dass ihre Bürger je wieder so behandelt werden, wie die Nitratarbeiter behandelt wurden.

Wenn in naher Zukunft Besucher nach Humberstone oder Santa Laura kommen, werden sie begrüßt von jemandem, der sein ganzes Leben in den *salitreras* gearbeitet hat, von Julio Valdivia, der einst in ebendieser Stadt schlief. Doch als wir in Chacabuco ankamen, öffnete uns ein Mann namens Roberto Saldívar das Tor, der in dem Ort, den er jetzt zu bewachen hatte, auf eine ganz andere Art geschlafen hatte: während der drei Monate seiner Gefangenschaft nach seiner Verhaftung und Folterung in Antofagasta 1974. Seine Mutter Estela hatte vielleicht schon als Kind in Chacabuco gearbeitet, und er selbst hatte vielleicht als junger Mann die *oficina* aus Neugier ein paar Mal besucht, aber es war nicht in erster Linie die Geschichte des *salitre*, die er im Gedächtnis eines jeden Besuchers brennend lebendig erhalten wollte, sondern die Erfahrung des Konzentrationslagers – genau deswegen nahm er Sergio Bitars Angebot an, sich hier in

Chacabuco niederzulassen und sein Wächter zu werden, und zu dieser Erfahrung kehrte er immer wieder zurück, als er Angélica und mich durch den Ort führte. *Hier wurden wir gleich nach unserer Ankunft verhört. Hier wurde Waldo Suárez, Allendes Erziehungsminister, der Mann, der 1971 nach Chacabuco gekommen war, um zu sehen, wie eine Restaurierung finanziert werden könnte, von den Soldaten nackt ausgezogen und gedemütigt. Hier mussten wir uns jeden Morgen vor Sonnenaufgang aufstellen und uns vom Commandante anschreien lassen. Und hier nutzten wir unsere Zeit mit Unterricht in Geschichte und Fremdsprachen und Literatur, den die Intellektuellen unter den Gefangenen uns gaben.*

Ohne je in Chacabuco gewesen zu sein, hatte ich mir doch das Leben dort oft vorgestellt, hatte dem Bild in den Jahren des Exils eine Geschichte hier und eine Anekdote dort hinzugefügt, da so viele meiner Freunde, die in dieser ehemaligen *oficina* eingesperrt waren und dann freigelassen und verbannt wurden, mir erzählten, wie sie das brutale Klima und die noch brutalere Militärhaft überstanden hatten. Ich wusste, dass mein Freund Oscar Castro Bühnenstücke für die Gefangenen und ihre Bewacher inszeniert hatte und dass der großartige Folksänger Angel Parra eine Kantate komponiert hatte, die noch immer auf der ganzen Welt gespielt wird, und ich wusste Bescheid von den Ärzten, die eine Krankenstation aufgebaut hatten, und von den jungen Militanten, die angefangen hatten, Gedichte zu schreiben, und dem kleinen verkohlten Baum, aus dem Orlando Valdés eine Christusfigur geschnitzt hatte.

Und da war er nun, dieser Baum, den ich mir in den Nächten meiner Verbannung vorgestellt hatte, dort auf der *plaza* im Zentrum von Chacabuco, die Äste ausgestreckt wie die Arme des gekreuzigten Jesus, seine Wurzeln Anklagen gegen die Männer, die den Bildhauer gegen seinen Willen festgehalten haben – und er veränderte völlig meine Beziehung, und vermutlich auch die jedes anderen, zu dem Pavillon, der daneben steht und der uns nicht wie die *glorieta* in Santa Laura an die Kapelle erinnert, die einen Walzer spielte, zu dem jemand wie Julio Valdivia tanzen könnte.

Die Erinnerungen an das Leiden der Gefangenen in Chacabuco überdecken alle anderen Erinnerungen und hindern die älteren Geister der Nitratvergangenheit an ihrem Auftritt.

Doch hier in Humberstone sind sie gegenwärtig, wie Senén Duran mir während unseres Spaziergangs durch seine Straßen erklärt.

»Vergessen Sie nicht«, sagt er, »dass dies bei der Erbauung 1934 als Modellstadt gedacht war, als Ausdruck all der Rechte, für die die Arbeiter über ein halbes Jahrhundert gekämpft hatten. Gesetze für jeden Arbeiter im Land, nicht nur für die, die das Nitrat schürften. Dies hier war also die Wiege der Arbeiterrechte und der Arbeiterorganisationen für das ganze Land. In La Palma, also genau hier, wenn wir zurückkehren könnten in die Zeit, bevor es als Humberstone wiedereröffnet wurde. *No había escuela, hospital no había*, es gab keine Schule, kein Krankenhaus, keine Kirche, nichts, absolut nichts, keine medizinische Versorgung, keine Gewerkschaften, keine Sportvereine, nichts, *nada*, keine Sonntagsruhe, keinen Urlaub, keine Sozialversicherung, keine privaten Versicherungen, keinen Strom und kein Wasser in den Häusern, es wurde kein chilenisches Geld akzeptiert, nur Gutscheine, sonst nichts.«

»Die Verwalter«, wirft Julio Valdivia erregt dazwischen, »kamen sich vor wie Götter und konnten tun, was sie wollten. In Humberstone ging es den Arbeitern besser.«

Dennoch führt Senén mich zum *patio de los solteros*, einer mit Tor und Vorhängeschloss versperrten Sackgasse mit Hütten zu beiden Seiten, in denen die unverheirateten Männer unter Ausgangssperre wohnten. Ganz am Ende dieser Gasse sind zehn Duschen, zehn Toiletten, zehn Waschbecken, zehn Exemplare von allem. Senén liest die Liste mit Vorschriften an der Wand ab: Es ist verboten zu kochen, verboten, Nahrungsmittel aufzubewahren, in den Zimmern Besuch zu empfangen, verboten, verboten, verboten.

Ein freundlicheres Gesicht Humberstones erwartet uns auf dem Hauptplatz. Direkt neben der Kirche befand sich der erste Kindergarten der Tarapacá-Region, geleitet von den Padres Oblatos, einem katholischen Orden aus Kanada, der in der *pampa* großen Einfluss hatte. Und hier ist die *pulpería* – ein hübsches, weißes Gebäude mit einer elegant überdachten Veranda –, wo Julio Valdivia bis zum Tag der Schließung im Jahr 1960 arbeitete. Es war, sagt Julio voller Stolz, der wichtigste Firmenladen im ganzen Norte Grande, weil er eine Kühlkammer hatte und so der einzige Ort in der Wüste war, wo man Fisch aus Iquique lagern konnte, bevor er per Flugzeug nach Bolivien und Argentinien transportiert wurde.

Nun zeigt man mir eine Reihe von Läden, die zwei Seiten des Platzes säumen, Beweise für einen Reichtum, den ich in einer Firmenstadt nie erwartet hätte und der mir bei meinem jüngsten Besuch in María Elena nicht aufgefallen war. Senén erklärt, und Julio erinnert sich, und ihre Stimmen vermengen sich zu einem leisen Plätschern aufgehäufter Erinnerungen. Hier war die Buchhandlung von Armando Duarte, wo Magazine und Zeitungen eintrafen, bevor sie Iquique oder irgendein anderes *poblado* in der Umgebung erreichten. So wie die Post, erst hier, dann woanders. Denn diese Stadt war das Zentrum, und die *pampa* war ökonomisch wichtiger als die Küste. Und hier war das Friseurgeschäft von Manuel Erisdaki, einem japanischen Friseur – nur für Männer, denn die Frauen ließen sich zu Hause die Haare machen. Und hier wurde Eiskrem verkauft – nicht in Waffeltüten, sondern in Tassen, zusammen mit anderen Desserts. Und hier war die Schneiderin, die immer die neueste Mode hatte, »diese Mannequins habe ich immer sehr gern gesehen«, murmelt Julio Valdivia. Und schauen Sie, hier, Baldassanos Hutgeschäft. Und der Gemüseladen von Juan Chang, der nie eine Waage brauchte, sondern alles in der Hand wog und nie bei einem Fehler ertappt wurde.

Und jetzt das Teatro – dieselben vier Stufen führen zum Eingang, ähnlich wie in Santa Laura, aber die hier führen in ein echtes, vollständig restauriertes Theater, wo wie vor fünfzig Jahren Stücke aufgeführt werden können. »Ich muss Ihnen allerdings eines sagen«, vertraut Julio mir an, »mir ist das Theater in Chacabuco lieber. Dort habe ich meinen ersten Film gesehen, *El Día que me Quieras* mit Carlos Gardel, dem größten Tangosänger aller Zeiten.«

Aber ich habe kaum Zeit, das zu verdauen – die Sonne senkt sich bereits, und es gibt noch so viel zu sehen, und wir gehen zu einem umzäunten Sportplatz mit einem großen Basketballfeld unter freiem Himmel. Die Korbpfosten an beiden Enden sind vor kurzem umgefallen, haben sich zur Erde geneigt, als hätte das hohe Alter sie niedergedrückt ... Wie durch ein Wunder wurden sie noch nicht gestohlen, denn ein Dieb könnte problemlos die niedrige Mauer überklettern, die Humberstone umgibt. Während Senén und Julio sich notieren, dass sie einen Weg finden müssen, die Pfosten entweder abzustützen oder an einem sicheren Ort zu verstauen, fällt mir ein, was mir ein Freund, Miguel Sayago, ein preisgekrönter Fotograf, erzählt hatte, dass er sich nämlich eines Abends, nachdem alle regulären Besucher schon gegangen waren, nach Humberstone hineingeschlichen hatte. »Wenn ich Sie nicht reingehen sehe«, hatte der Wachmann am Tor gesagt, nachdem Miguel ihm etwas Geld gegeben hatte, »dann sind Sie auch nicht drin, oder?« Miguel schwor, er habe dort, auf der Kreuzung zweier einsamer Straßen, im Halbdunkel eine nackte, junge Frau gesehen, die weinte. Der Beweis dafür war ein mysteriöses Foto, das er geschossen und mir gezeigt hatte – mehr wollte er über diesen Vorfall allerdings nicht verraten, nicht, was mit der Frau passiert war, wer sie war, in welchem dunklen Winkel sie verschwand. Ich ziehe es vor, Julio und Senén nichts von diesem illegalen Eindringling zu erzählen, und was die nackte Frau angeht – wer weiß, wie sie darauf reagieren würden.

Und nun gehen wir eine andere Straße hinunter, bis wir zur Tür des Hotels von Humberstone kommen, und drinnen an der Bar entlang, wo Frauen Cinzano serviert bekamen, und vorbei an dem Billardzimmer, wo noch immer die Abdrücke von vier Beinen auf dem Boden zu sehen sind. Julio Valdivia konzentriert sich auf das, was seine Lieblingserinnerung zu sein scheint: der Tanzboden. Wir können sehen, wie die Holzdielen von Abertausenden dahingleitenden Schuhen abgeschabt und poliert worden sind. Sechsundzwanzig Jahre lang Tango und Foxtrott und Bolero. Das Orchester im hinteren Teil, während Valdivia und so viele andere sich drehten und wirbelten und mit dem Schnulzensänger mitsangen. Julios altes Gesicht erhellt sich bei den Erinnerungen an schöne Zeiten, leuchtet auf, wann immer das Thema Musik zur Sprache kommt. Wie sie sich damals in Schale warfen, sagt er, die *pampinos* – und ich erinnere mich an die Beschreibung, die der Dichter Alberto Carrizo mir geliefert hatte, als wir uns vor ein paar Tagen in Iquique trafen, diese Männer, die sechs Tage lang unter der sengenden Sonne und bedroht vom Sand und vom Wind und von Schlägen des Vorarbeiters Steine geklopft hatte, diese Männer standen nun hier im eleganten schwarzen Anzug, mit roter Fliege und weißem Hemd, eine Uhr samt Kette in der Westentasche, einen schwarzen Hut kokett auf den pomadisierten Haaren, einige mit glänzenden Lackschuhen, weißen Socken und dem unvermeidlichen weißen Taschentuch. Und jeder Mann hatte ostentativ drei oder vier Füllhalter in der Brusttasche stecken, um zu zeigen, dass er schreiben konnte in einem Land, in dem die Mehrheit der Arbeiter Analphabeten und stumm waren. Sie kamen, hatte Alberto gesagt, um sich Stücke anzusehen und sich Musik anzuhören, Mazurkas auf dem *pianola*, aber auch Mozart von der Filarmónica Obrera.

»Und um zu tanzen«, sagte Julio Valdivia, als ich ihm von Carrizos Beschreibung berichte, »wir haben immer getanzt, in Iquique und hier.«

In diesem Augenblick stürmt eine Gruppe Schülerinnen – offensichtlich sind sie aus dem Reisebus ausgestiegen, den wir vor den Toren Humberstones gesehen hatten – plappernd und lachend in den Tanzsaal. Anfangs erschrecken sie, als sie uns sehen, drei Männer, die sich im Dämmerlicht unterhalten, aber gleich darauf fragt uns eines der Mädchen, ob wir wissen, wo das Haus von Mr. Flack ist? Senén antwortet, sie würden es in Pozo Almonte finden, denn dorthin sei es gebracht worden. Sie schauen ihn verwundert an, als wüsste er nicht, was er sagt, und verabschieden sich dann.

»Mr. Flack?«, frage ich, während ihre Stimmen in der Entfernung verklingen.

Es stellt sich heraus, dass Mr. Flack eine Figur aus einer *telenovela* ist, einer TV-Seifenoper mit dem Titel »Pampa Ilusión«, die 2000 hier gedreht wurde und in Chile der große Renner war. Ein falsches Bild vom Leben in den *salitreras*, schnaubt Senén. Diese Produktion hat mehr geschadet als genutzt.

Aber es dürfte doch wenigstens ein bisschen Geld hereingekommen sein, bemerke ich, das man für den Erhalt von Humberstone verwenden kann.

Ganz und gar nicht. Als die Produktionsfirma sich wieder davonmachte, hinterließ sie nichts als zwei riesige Container voll Müll, ein paar aufgemotzte Häuser (in einigen sind noch fröhliche Vorhänge in den Fenstern zu sehen) und Mr. Flacks Haus – das auf Bitten der *pampinos* schließlich doch abtransportiert wurde. Schließlich war es nur eine Fassade – eine Täuschung so wie die Versprechungen der Produktionsfirma, zum Erhalt Humberstones beizutragen. Wie so viele Besucher in der Wüste waren diese Fernsehmenschen gekommen, hatten ein Loch gegraben, die Ressourcen ausgebeutet und waren dann wieder verschwunden, ohne zu helfen.

Diese Erfahrung machte Julio und Senén wütend und verbittert. Jetzt kamen immer mehr Leute nach Humberstone, aber sie hatten kein Interesse an der wahren Geschichte, die sich hier abgespielt hatte, sondern nur an der Fiktion, die das Fernsehen in jeden chilenischen Haushalt ausstrahlte. Einige kommen in diese Stadt, um Oregon-Kiefern zu stehlen, und andere, die Traumhändler, kommen, um Bilder und Erinnerungen zu stehlen. Was ein Vorhaben der *corporación* noch eiliger machte. Da von der Regierung keine große Unterstützung zu erwarten ist und es nicht genügend private Zuwendungen gibt, setzt Julio Valdivia seine Hoffnung auf eine Anfrage bei der UNESCO mit dem Ziel, diese *salitreras* zum Weltkulturerbe zu erklären. Sergio Bitar und er waren extra nach Paris gereist, um die dazugehörige umfangreiche Dokumentation zu präsentieren.

Im Augenblick mussten sie sich jedoch noch mit ihren eigenen knappen Mitteln begnügen. Und wie um zu beweisen, dass es ihm ernst ist, deutet er auf ein Holzpaneel, das irgendjemand erfolglos aus der Wand des Tanzsaals zu reißen versucht hat. Er sagt zu Senén, dass sie mit ein paar Arbeitern zurückkommen und es wieder festnageln müssen. »Jeden Tag«, sagt er, »jeden Tag stehlen Besucher etwas. Jeden Tag.« Und er schließt ein Hotelfenster, das jemand offen gelassen hat ...

Wir schlendern durch die Abenddämmerung zu unserem letzten Ziel, das ich gesehen haben muss, bevor ich Humberstone verlasse: das riesige Schwimmbecken, das die große Freude der *pampinos* war. Irgendwo hatte ich gelesen, dass das Becken aus dem leeren Rumpf eines großen Schiffes gebaut worden sei, das man quer durch die Wüste hierher geschleppt hatte, um es mit Wasser zu füllen. Damals bereitete mir der Gedanke Vergnügen, dass die eiserne Hülle eines Schiffes, die eigentlich das Wasser draußen halten sollte, nun benutzt wurde, um das Wasser drinnen zu halten. Das Bild von jemandem, der die gigantische Schale eines Dampfers die steilen Klippen hinter Iquique hochhievt und dann quer durch die Ödnis zerrt, verband die *pampa* in meiner Vorstellung mit so vielen anderen lateinamerikanischen Unternehmungen, bei denen auf Teufel komm raus versucht wurde, die Natur mit Objekten fortschrittlicher Zivilisation zu durchdringen, vielleicht am besten dargestellt in dem Film von Werner Herzog, in dem der verrückte Protagonist ein ganzes Opernhaus über Berge und durch den Dschungel zum Amazonas transportiert. Aber leider stimmt die Geschichte nicht, sagt zumindest Senén – das einzig Maritime dieses Beckens sind die Schiffsbautechniken, die bei seiner Konstruktion angewendet wurden. Das Wasser wurde konstant gefiltert und aus einem 44 Meter tiefen Brunnen hochgepumpt, so dass es immer relativ kühl war, ein köstliches Badeerlebnis in einer so aggressiven und trockenen Umgebung. Die Pumpe und der Motor sind noch da, sie stehen seitlich der Tribüne, auf der die Zuschauer standen und die Schwimmer anfeuerten. »Danach gingen wir zum Getränkestand, *el bar lácteo*«, sagt Julio Valdivia, »wo man *bidú* und *bilz* kaufen konnte« – und unvermittelt tauche ich ein in wehmütige Erinnerungen an meine eigene Vergangenheit, ich spüre wieder den Geschmack dieser Limonaden, dieser colaähnlichen Getränke, die in Chile selbst hergestellt wurden und die ich nach meiner Ankunft in diesem Land Mitte der Fünfziger in mich hineinkippte.

Sie haben fest vor, dieses Schwimmbecken wieder in Betrieb zu nehmen und die Gärten wieder aufblühen zu lassen, damit die Bäume »einen grünen und frischen Schatten« (Senéns Worte) werfen, wie sie es in der Vergangenheit getan haben. Die alte Pumpe wollen sie behalten, wie in einem Freilichtmuseum, und zwei neue, kleinere Pumpen für den Betrieb des Beckens installieren. Die Restauration wird, wie alles in dieser Wüste, Altes neben Neues stellen, alte Maschinen und neue Technologie.

»Was ist mit diesen Bäumen?« Ich zeige auf einige majestätische, knorrige *tamarugos*.

»Wir werden sie ausgraben und als Feuerholz verwenden und dann frische Schösslinge setzen.

Ich werfe ein, dass sie doch sehr schön sind, warum sie also nicht behalten?

»Wir wollen Schatten. Wir wollen, dass alles sich mit neuem Leben erfüllt.«

»Und macht es euch nicht traurig, diese Bäume zu fällen, die euch haben baden und spielen sehen?«

»Nein«, kommt Julios Antwort, fast ein wenig zu schnell. »Ich will alles *verdecito* sehen, grün, grün. Und Kinder, die auf dem Rasen spielen.«

Durán fügt hinzu: »Wir müssen sagen: Humberstone, *despierta*. Wach auf. Das müssen wir dieser Stadt zurufen.«

Genau hier am Schwimmbecken durchtanzte Julio Valdivia, damals noch ein kraftstrotzender Dreiunddreißigjähriger, Humberstones letzte Nacht, die Nacht des 31. Dezember 1960. Es war eine ausgelassene Abschiedsparty, zu der alle kamen, die noch in der *salitrera*-Stadt geblieben waren. Sie tanzten bis neun Uhr am nächsten Morgen: das Personal der *pulpería*, einige Wachleute und wer sonst noch hier war, einige Arbeiter, die geblieben waren, bis sie ihren Lohn erhielten. Niemand war allzu sehr betrunken gewesen, sagt zumindest Julio – keiner von ihnen war in das Becken gesprungen, das zu dem Zeitpunkt noch voll war. Alles sehr unschuldig, sagt er zu mir, in dieser letzten Nacht.

Diese Unschuld ist nicht seiner Fantasie entsprungen. Der Nachtwächter, der in dieser Nacht einige Mal vorbeikam, schrieb in sein Logbuch, was er gesehen hatte: »Um vier Uhr morgens ging ich am Schwimmbecken vorbei, und sie tanzten ›Mandandirún‹.« Sie tanzten also zu einem Kinderlied, das in Chile und Lateinamerika und Spanien sehr populär ist, ein bisschen wie »London Bridge« oder »Here We Go Round The Mulberry Bush« in der Englisch sprechenden Welt – ein Lied, bei dem die eine Hälfte der Tänzer auf die andere zugeht und sie um ihre Töchter oder Söhne bittet und sie mitnimmt, um sie zu Ärzten, Bäckern, Näherinnen oder Anwälten ausbilden zu lassen.

Ich versuche, mir diese Szene vorzustellen, diese erwachsenen Männer und Frauen der *pampa*, die sich in ihrer Fantasie ein anderes Schicksal für sich selbst ausmalen, die sich mit Kinderreimen wegzaubern aus den Schatten, die über ihrem Leben hängen.

Und weil kein Einziger von ihnen schon jetzt Abschied nehmen wollte, weil sie sich alle wenigstens für ein paar Stunden noch der Illusion hingeben wollten, dass Humberstone noch am Leben sei, hatte die ganz Bande beschlossen – nachdem die Sonne aufgegangen war und auf sie herunterbrannte –, in den Tanzsaal des Hotels zu gehen, wo das Fest schließlich um ein Uhr mittags zu Ende ging.

Und was hatte Julio dann getan?

Er war in die *pulpería* gegangen. In den letzten Tagen hatte er nichts anderes mehr getan, als frühmorgens Brot zu backen, jeden Tag ein bisschen weniger, da Humberstone den Betrieb einstellte und die Leute die Stadt verließen, jeden Tag weniger von dem Brot, das er mit dreizehn zu backen gelernt hatte. Also ging er einfach mit seinem Schlüssel in die *pulpería* und schloss den Laden ab, in dem nichts mehr war, nicht einmal mehr genug Mehl für einen einzigen Laib.

»Das muss man sich mal überlegen«, sagt Julio Valdivia, »es gab Zeiten, da bekamen wir pro Tag 32 *quintales* (Doppelzentner) Mehl angeliefert, und dann plötzlich gar nichts mehr.«

»Und dann sind Sie gegangen?«

»Ja«, sagt er.

Und lächelt.

Ich frage nicht, ob er versprochen hatte, eines Tages zurückzukehren, ich brauche ihn nicht zu fragen, ob er den Schlüssel aufbewahrt hat.

Familiengeheimnisse

Freitag, 24. Mai 2002. Iquique

Wir stehen vor einem Folianten, breit und dick und schwer, auf dem dunkelgrünen Einband sind die Daten 1885–1891 eingeprägt, wir sind dabei, dieses mächtige Buch hier in den Räumen des *registro civil* in Iquique zu öffnen, weil wir hoffen, dass es Antworten auf die Fragen nach Angélicas Abstammung enthält, hinter denen wir seit fünf Tagen ergebnislos her sind.

Angélica und ich wollten nicht hier landen, in diesem Gebäude, das die Papiere birgt, in denen die Geburten und Todesfälle und Eheschließungen der letzten 117 Jahre verzeichnet sind, wir haben viele unsere besten Stunden in Iquique mit dem Versuch zugebracht, diese Art von Plackerei zu vermeiden, die uns heute Vormittag erwartet, dieses Durchsehen von endlosen Seiten mit ihren Abertausenden von Familiennamen und Mädchennamen und Vornamen auf der Suche nach einigen wenigen Nuggets trockener Information. Wir wollten, dass Angélicas weit zurückliegende Vergangenheit sich erhellte im Donnerschlag einer spektakulären Enthüllung, mit einer Geschichte von jemandem, der die toten Protagonisten noch persönlich kannte, mit einem Foto, das wir mit nach Hause nehmen können, einem Brief, der eine von einem Jahrhundert der Ausflüchte verdeckte Wahrheit entschleiert, einem Grabstein, der stumm das eine Geheimnis, das wir suchen, herausschreit, einem Glückstreffer eben, den alle Suchenden auch noch in der sterilsten Wüste zu landen hoffen, den Erzgang, der zur Hauptader führt. Papiere, Dokumente, Register, Bücher, der muffigstaubige Geruch der Archive – nichts davon ist romantisch genug, nichts springt einen an mit Geschichten des Verrats, des Verlusts, der Bezauberung durch das Meer, durch Sex, Tod und Geld. Es stimmt, dass Iquique uns einen Hinweis auf dieses große Drama geliefert hat, als wir die Stadt nach Spuren durchkämmten. Sie war von vorneherein als der Ort geplant, dem wir die meiste Zeit widmen wollten, der echte Höhepunkt unserer Reise, der Ort, wo die vielen Speichen unserer Suche zusammenliefen. Hier waren Angélicas Vorfahren auf der Suche nach Glück und Geld eingetroffen, hier erreichte der Nitratboom seinen Höhepunkt und verwandelte eine verschlafene Kolonialstadt in das pulsierende Zentrum eines Wohlstands, der ein Magnet für diese Immigrantenvorfahren war, hier hatte Freddy Taberna gelebt, hier war er aufgewachsen und verhaftet worden, hier wussten die meisten Leute, die wir neugierig wegen eines Themas befragten, auch etwas über die anderen. Und doch, nachdem wir Friedhöfe durchstöbert und mehrere Möchtegern-Verwandte getroffen und an Türen von alten Villen geklopft haben, nachdem wir Anwälte um Hilfe gebeten haben, die ein Gespräch mit uns verweigerten, und diese Hilfe stattdessen von Kroaten erhalten haben, die wir völlig zufällig trafen, zeigt sich, dass all diese fiebrige Aktivität uns nicht die Antworten gebracht hat, nach denen wir suchten, sondern stattdessen eine Reihe verwirrender neuer Fragen aufgeworfen hat. Und das ist der Grund, warum wir uns, an unserem letzten Vormittag in Iquique, widerstrebend in dieser düsteren Halle eingefunden haben, in der Frauen ihre Babys registrieren lassen und traurige Männer mittleren Alters den Tod ihrer Mutter beurkunden lassen und eine Dame verzweifelt nach einem Nachweis der Geburt ihres Bruders vor sechzig Jahren sucht und zwei Schwestern eine Kopie der Geburtsurkunde ihres kränklichen Vater brauchen, damit ein Grundstück verkauft werden kann, bevor er stirbt ... Alle haben ihre eigenen kleinen Probleme, ihre eigenen Rätsel, die sie lösen müssen, Namen werden zuvorkommenden jungen Damen buchstabiert, die an ihren Computerterminals klappern und Informationen und Bescheinigungen und Dokumente ausgeben.

Auch wir suchen nach Namen, und wir wissen, dass sie nicht in diesen Computern sind, sondern, wenn wir Glück haben, vergraben in diesem Folianten, den wir vorsichtig in unseren Händen halten, oder vielleicht in einem der vielen anderen, die noch auf uns warten, eine Unzahl möglicher Namen, Brüder und Töchter und Gattinnen, die uns helfen könnten, die Geschichte der beiden Männer zu klären, nach denen wir wirklich suchen, ein Malinarich und ein Müller, die irgendwann im späten neunzehnten Jahrhundert aus Übersee nach Iquique kamen und die sich, soweit wir das wissen, nie begegnet sind.

Ihre Kinder waren es, die sich irgendwann 1915 trafen, ein Malinarich-Sohn namens Angel und eine Müller-Tochter namens Mercedes, die ein Jahr älter war als Angel, zwei junge Leute, beide noch unter zwanzig, aber so leidenschaftlich und fruchtbar, dass am 8. August 1916 in Santiago Humberto Malinarich Müller geboren wurde. Dieser kleine Junge, der Angélicas Vater werden sollte und der Vater ihrer beiden Schwestern, Ana María und Nathalie, und der ihres einzigen Bruders Iván Patricio Frano, sollte kein Einzelkind bleiben. Gut ein Jahr später war Mercedes Müller, Angélicas Großmutter, wieder guter Hoffnung – und sie hatte sich etwas einfallen lassen, was zu der Zeit als brillante Idee erschienen sein musste: ihre Schwester Rosa zu bitten, von Iquique nach Santiago zu kommen und ihr während der Schwangerschaft und der Entbindung zur Hand zu gehen. Oder vielleicht war der Vorschlag auch von Angel Malinarich gekommen, vielleicht freute er sich auf Rosas Besuch sogar mehr als seine Frau, denn es gab Gerüchte in der Familie, dass er zuerst Rosas Liebhaber gewesen wäre und Mercedes ihn der jüngeren – und hübscheren –, hellhäutigen und blonden Schwester weggenommen hätte, vielleicht hatte Mercedes sich schwängern lassen, um eine Heirat zu erzwingen, die Angel eigentlich gar nicht anstrebte. Wir können über die Toten spekulieren, soviel wir wollen – sicher ist nur, dass schon vor der Geburt des Babys Angel Malinarich sich mit seiner Schwägerin Rosa Müller nach Argentinien davonmachte, wahrscheinlich irgendwann 1917 oder 1918. Er starb in Buenos Aires – wieder haben wir einander widersprechende Angaben darüber, wann genau das passierte – und kehrte nie nach Chile zurück, auch wenn Rosa etwa zwanzig Jahre später (auch dieses Datum wollen wir herausfinden) die Kordilleren noch einmal überquerte und zurück nach Santiago kam, begleitet von einem Sohn, offensichtlich mit dem Namen Rodolfo, einem Jungen, der einige Jahr später an Tuberkulose sterben sollte. Als wäre das nicht schon dramatisch und emotional genug, hatte Mercedes ihre Schwester tränenreich wieder aufgenommen, sie für unschuldig erklärt und ihrem flatterhaften Ehemann die Verführung angelastet.

Wer aus dieser noblen Geste der Wiederversöhnung schließen möchte, dass Mercedes Müller das Trauma des doppelten Verrats überwunden hatte, der irrt sich leider. Es stimmt, bei der Bewältigung der Konsequenzen ihres Ruins hatte sie erstaunliche Würde bewiesen, jede Hilfe von der extrem wohlhabenden Familie ihres Gatten hatte sie abgelehnt und die beiden vaterlosen Jungen Humberto und Mario allein aufgezogen, indem sie viele Jahrzehnte lang als Sekretärin bei der staatlichen Eisenbahngesellschaft arbeitete. Aber es war auch Verbitterung, die sie immer wieder antrieb, die masochistische Befriedigung, sich selbst als ewiges Opfer zu fühlen, ein Mittel, um dafür zu sorgen, dass ihre vom schlechten Gewissen geplagten Söhne immer in ihrer Schuld stehen würden, für immer gefesselt von ihrer Selbstaufopferung und absolut blind dafür, was sie alles anstellte, um jede Frau zu vernichten, die es wagte, ihnen nahe zu kommen. Als ich Großmutter Mercedes Anfang der Sechziger kennen lernte, hatte sie Humbertos Ehe mit Angélicas Mutter Elba Saa bereits zerstört und war jetzt auf dem besten Weg, die Liebe zwischen Angélica und ihrem Vater zu vergiften. Erst allmählich merkten wir, dass dies von ihr nicht nur nackte Böswilligkeit war, sondern dass die alte Frau – eigentlich war sie noch gar nicht so alt, sondern sah nur grau aus und schlurfte müde und mit gebeugtem Rücken – allmählich der Schizophrenie verfiel, ein Zustand, der sich im Lauf der Jahre noch verschlimmern sollte, da sie immer verwirrter und perverser wurde.

Dass Angélica und ich jetzt in Iquique vor diesen Folianten stehen, die vielleicht die Schlüssel zu ihrer Genealogie enthalten, liegt daran, dass ihre verrückte Großmutter Mercedes es schließlich sehr erfolgreich schaffte, Angélica ihrem Vater und seinen Vorfahren zu entfremden. An einem Kreuzungspunkt im Leben meiner Frau – der mit dem Augenblick zusammenfiel, als unsere eigene Beziehung ernst und sie in meiner, sehr liebevollen Familie willkommen geheißen wurde – war Angélica zu dem Entschluss gelangt, dass sie seelisch nur überleben konnte, wenn sie diesen Teil ihrer Vergangenheit verleugnete und so tat, als würden ihre Verbindungen zu ihr sie überhaupt nicht interessieren.

Das war vielleicht einer der Gründe, warum Angélica und ich bisher noch nie in den Norte Grande gereist waren, auch wenn Angélica immer wieder sagte, dass sie Iquique eines Tages wirklich einmal besuchen müsste. Aber immer wenn wir einen Urlaub planten, fuhren wir in den Süden zu den Wäldern und Seen oder nach Westen zu den wunderbaren Wellen des Pazifiks oder nach Argentinien, woher meine Eltern stammen und wo – wer weiß – dieser verschwundene Großvater Angel Malinarich vielleicht noch lebte und sich über einen Besuch freuen könnte. Aber nein, Angélica hatte keinen

Kontakt mit ihm aufnehmen oder überhaupt herausfinden wollen, ob er noch am Leben war. Das letzte Mal, dass ein Mitglied der Familie den Schürzen jagenden Großvater gesehen hatte, war irgendwann Anfang der Fünfziger gewesen – so zumindest Angélicas Mutter –, als Humberto, damals schon ein bekannter Journalist, seinen Vater während einer Geschäftsreise nach Buenos Aires aufgespürt und sich mit ihm getroffen hatte. Was über diese Begegnung bekannt wurde, war so mysteriös wie das Verschwinden dieses Vaters aus Chile vierzig Jahre zuvor: Der ältere Malinarich wirkte sehr jung und fit und glich seinem Sohn bis aufs Haar. Er habe, sagte er, nicht wieder geheiratet und keine Kinder mehr gezeugt, und Humberto hatte ihn einigen Kollegen in seinem Hotel als »einen Freund«, *un amigo*, vorgestellt. Doch ein wichtiges Detail ihrer Unterhaltung fand Eingang in die Familienlegende. Irgendwann – ich weiß nicht, warum, aber ich stellte mir dabei immer Kaffee und Zigarren vor, ein Dessert vielleicht, ein üppiges argentinisches Essen, das Vater und Sohn bei ihrer einzigen Begegnung in der Stadt, wo ich geboren wurde, teilten – sagte Angel Malinarich zu Humberto: »*Hijo*, mein Sohn, du solltest nach Iquique gehen und das Vermögen zurückfordern, das ich dort hinterlassen haben. Es gehört dir. Du musst nur hingehen und dich zeigen.«

Angélicas Mutter zufolge hatte Humberto auf dieses Angebot mit einer Ablehnung reagiert. Vielleicht weil er, wie seine Mutter Mercedes, diesem Mann, der ihn als Baby verlassen hatte, nichts anderes als seine Gene zu verdanken haben wollte; aber auch, das vermute ich zumindest, wegen der Herkunft eines Vermögens, das aus der Ausbeutung der Nitratarbeiter stammte. Besudeltes Geld für jemanden wie Humberto, der damals noch immer ein Mitglied – das Treffen musste also vor dem XX. Parteitag in der Sowjetunion stattgefunden haben, auf dem die massenmörderischen Verbrechen Stalins öffentlich angeprangert wurden – ebenjener Kommunistischen Partei Chiles war, die im Norden des Landes aus genau diesem Kampf gegen die Räuberbarone der *salitreras* entstanden war.

Angélica hatte, weitere vierzig Jahre später, natürlich auch nicht die Absicht, dieses üppige Erbe einzufordern, das ihr Vater ausgeschlagen hatte – aber mit Sicherheit stachelte es ihre Neugier an, würzte unsere Suche mit ein wenig detektivischer Spannung. Hatte das Geld je existiert? Und wenn ja, wer hatte es all die Jahre gehabt?

Im wabernden Zentrum der familiären Vermutungen über diesen gigantischen, verlorenen Reichtum stand der Vater von Angel Malinarich, dessen Geschichte, oder zumindest eine Annäherung daran, wir hatten zusammensetzen können aus den vielen Versionen, mit denen Mercedes jedem Familienmitglied in den Ohren gelegen hatte, das ein gewisses Mitgefühl für ihre Notlage aufbringen konnte – Angélicas Mutter, Angélica selbst, Angélicas Bruder Patricio, alle, bevor es zum endgültigen Bruch mit ihr gekommen war. Da ich selbst dies alles nur in Fragmenten erfahren hatte, hatte ich vor der Fahrt in den Norden beschlossen, Julio Saa in Santiago zu besuchen, einen Cousin zweiten Grades von Angélica, der mir einen ordentlichen Bericht über die Herkunft und die Wechselfälle des Malinarich-Vermögens liefern konnte, weil seine eigene Großmutter Mercedes' beste Freundin in diesem ewig währenden Winter ihres Verzichts gewesen war und alle Details kannte. Wie Angels Vater, dessen Namen vielleicht Frano gewesen war – den unbekannten Namen seiner Mutter hofften wir in einem der Dokumente zu finden, die in den Archiven des *registro civil* Staub ansammeln –, irgendwann in den 1890ern nach Santiago gekommen war, wo er sich in Carmen Pinto Benavides verliebt, die Tochter eines reichen Landbesitzers. Diese hinreißende, dunkeläugige, aristokratische Schönheit glaubt, dass der schneidige Fremde – niemand konnte uns sein Alter nennen, und wir haben auch kein Foto – Erbe der Nitratfelder, *estacas salitreras*, und der ähnlich profitablen *pulperías* ist, die den Malinariches von Iquique gehören. Die Heirat folgt schnell. Erst als Carmela, wie man sie nannte, in Iquique ankommt, erkennt sie, dass Frano nichts mehr ist als ein Angestellter seiner beiden Onkel, der eigentlichen Besitzer der Gesellschaft, ein armer Mann, der einen Großteil seiner Zeit im Inferno der Nitratstädte zubringen und sich um die Angelegenheiten seiner Onkel kümmern muss. An einem Tag, dessen Datum wir vielleicht heute bestimmen können, wenn wir irgendwo in diesem Gebäude die Geburtsurkunde finden, wird Angel Malinarich Pinto geboren. Er wird seinen Vater schließlich an eine der beiden allgegenwärtigen Krankheiten verlieren – Silikose oder Tuberkulose –, die alle Männer plagt, die im Umfeld der Nitratgewinnung arbeiten, aber erst nachdem Frano tatsächlich die immensen Reichtümer seiner verstorbenen Onkel erbt (und deren Totenscheine würden wir in einem dieser Folianten wirklich sehr gerne finden). Auf seinem Sterbebett erzählt er Carmela – die noch immer jung und daran gewöhnt ist, das Geld mit vollen Händen auszugeben –, dass er ihr so viel Geld hinterlässt, wie sie in ihrem ganzen Leben nicht wird ausgeben können. »Wenn ich dir alles hinterlasse«, soll er laut Julio Saa gesagt haben, »wirst du verrückt. Also bekommst du siebzig Prozent, und der Rest geht an die Arbeiter, mit denen ich in den letzten Jahren gelebt habe und deren elende und ausgebeutete Existenz ich ein wenig verbessern möchte.«

Was die Witwe von der Großherzigkeit ihres Gatten hielt, ist nicht überliefert (sofern es diesen Akt der Freigiebigkeit überhaupt je gab), aber sie kehrt Anfang des 20. Jahrhunderts mit genug Geld nach Santiago zurück, um mit ihrem kleinen Jungen in Prunk und Luxus zu leben und Einkaufstouren in das Warenhaus Gath y Chaves zu machen, von denen sie mit gigantischen Wagenladungen importierter Güter zurückkehrt, gezogen von Muligespannen, wie es damals noch üblich war. Carmela ist herrisch, von feurigem Temperament und einem Eigensinn, der keine Grenzen kennt. Sie hat viele Liebhaber, und es heißt, sie hätte jeden abgelegten mit einem geschenkten Haus getröstet. Angel landet unterdessen als Internatsschüler in der Schule von San Pedro Nolasco, aus der er, sobald er vierzehn ist, jede Nacht flieht, um herumzuhuren, und wohin er sich jeden Morgen betrunken und delirierend zurückschleicht, bereit, dem Nachtwächter noch eine deftige Summe zu bezahlen, damit der ihn am selben Abend wieder hinauslässt. Das ist der Junge, der mit etwa fünfzehn aufbricht, um seine Geburtsstadt zu besuchen, Iquique, das der Ursprung all seines Reichtums ist und wo sein Weg den der Müller-

Schwestern kreuzt, Iquique, das wir nun schon fast eine Woche erkunden und uns fragen, in welchem Winkel dieser wunderbaren Stadt am Meer er Rosa oder Mercedes zum ersten Mal sah und sich damit auf das Abenteuer einließ, das ihn schließlich ins Exil nach Argentinien führen sollte, nicht ohne einen kleinen Sohn zu hinterlassen, der viele Jahre später seinerseits Angélica das Leben schenken sollte.

Und Carmela Pinto? Als sie erkannte, dass ihre Schwiegertochter nicht mit ihr reden wollte und ihr Sohn nie mehr zurückkehren würde, nahm sie so viele Pesos und Goldmünzen, wie in ihre Handtasche passten, und folgte ihrem Angelito auf die andere Seite der Kordilleren, um die letzten Jahre ihres Lebens wie ihr Sohn in Buenos Aires zu verbringen, wo sie beide starben – wenige Jahre nach dem merkwürdigen Treffen zwischen Humberto und seinem Vater in den Fünfzigern in diesem argentinischen Hotel.

Wie viel davon ist war? Und wer waren diese Onkel? Und wie lautet der richtige Name von Angels Vater? Und woher stammte er ursprünglich? Und was ist mit dem Geld passiert, falls es je existierte?

Das haben wir herauszufinden versucht, seit wir vor fünf Tagen, am Sonntag, den 19. Mai, spätabends hier in Iquique eintrafen.

Begrüßt wurden wir von einem günstigen Vorzeichen. Das Erste, was Angélica in dieser Stadt tat, in die seit neunzig Jahren kein Mitglied ihres Zweigs der Malinariches zurückgekehrt war, bestand darin, die Fenster unseres Hotelzimmers aufzureißen und hinauszuschauen auf die *plaza*, auf der einst ihre Vorväter und Vormütter unter dem wachsamen Schatten der nahen weißen Klippen gelustwandelt waren. Angélica atmete tief ein, und in diesem Augenblick blieb ihre Uhr stehen. Natürlich nichts als ein statistischer Zufall. Die Batterie musste zwangsweise irgendwann einmal leer sein, aber wir Menschen entdecken Muster in zufälligen Ereignissen, und genau das ist es, was es uns erlaubte, als Spezies zu überleben und Kunst und Religion und vielleicht sogar die Wissenschaft hervorzubringen. Also gaben Angélica und ich dem Vorfall die Bedeutung, die wir uns wünschten: Waren wir denn nicht hier in der Hoffnung, die Zeit würde stehen bleiben, und die Männer und Frauen, die Angélica gemacht hatten und deren Blut durch die Adern unserer Kinder und unserer Enkelin floss, wären eingefroren in einer Vergangenheit, die nicht geschmolzen war, und würden auf unseren Besuch warten, darauf warten, dass sie, Angélica, zurückkehrt?

Zum Glück hatten wir noch andere Spuren, die ein wenig greifbarer waren. Eine mögliche Kontaktperson, Doña Carmen Malinarich Calderón, ist die Mutter eines Studenten, der dieselbe Universität in Santiago besucht wie unsere Nichte Matilde – aber am anderen Ende meldet sich nur ein Anrufbeantworter, und wir erhalten nie einen Rückruf. Ein zweiter Kontakt erwies sich als produktiver, auch wenn wir anfangs großen Argwohn spürten bei Vinko Malinarich, einem fünfunddreißigjährigen Immobilienmakler, dessen Vater Antonio seine Geburtsstadt Iquique vor etwa sechzig Jahren verlassen hatte, um nach Santiago zu ziehen. Wieder das Nitrat, immer das Nitrat, das das Leben der Menschen bestimmt – das Fieber des Booms, das die Menschen herlockt, das Fieber des

Iquique: Plaza Arturo Prat

Niedergangs, der sie davontreibt. Von den sieben Kindern Antonios war Vinko der Einzige, der, mit zwanzig Jahren, an den Geburtsort seines Vaters zurückgekehrt war, wo die Familie offensichtlich in Oficina Brac, dem späteren Viktoria, ihr Geld gemacht hatte – genau in jener Stadt also, deren Schließung Julio Valdivias Leben so verändert hatte.

Julio Valdivias Geschichte brachte ich allerdings nicht zur Sprache. Vinko war bei meinem Anruf bereits argwöhnisch genug. Sein Misstrauen verflüchtigte sich erst, als er hörte, dass wir seine private Telefonnummer – und auch seine Handynummer – von einer Schwester in Santiago erhalten hatten. Angélicas Bruder Patricio, der Verwaltungsdirektor im Hospital de Tórax, hatte sich besonders um Vinkos Vater gekümmert, als der zur Behandlung eingeliefert wurde, und hatte sich in den letzten Lebensmonaten des alten Mannes als noch hilfsbereiter erwiesen. Und so versprach uns Vinko, der seine Dankbarkeit beweisen wollte, in drei Tagen in unserem Hotel vorbeizuschauen, am Mittwochmittag, und uns zu einem intimen Familienessen in sein Haus zu fahren. Bevor er auflegte, fügte er noch hinzu, dass er selbst zwar nur sehr wenig über die Vergangenheit wisse, dass es aber einen Cousin zweiten Grades gebe, zufällig ebenfalls mit dem Namen Vinko Malinarich und Leiter einer Schule für behinderte Kinder, der Experte für die Familiengeschichte sei und einen detaillierten und umfassenden Stammbaum gezeichnet habe, der weit zurückreiche, und vielleicht sei dieser andere Vinko bereit, uns die Ergebnisse seiner erschöpfenden Vergangenheitsrecherche zu zeigen.

Aufgeregt angesichts der Aussicht, dass all diese Informationen unsere neugierigen Augen erwarteten, dass ein anderer die Arbeit bereits für uns getan hatte, debattierten Angélica und ich, ob wir diesen zweiten Vinko von uns aus anrufen sollten, anstatt fast drei Tage zu warten, entschieden uns dann aber fürs Abwarten – was sich als kluge Entscheidung erweisen sollte.

Denn was entdeckten wir gleich am nächsten Morgen, am Montag, den 20. Mai, genau auf der anderen Seite der großzügigen, offenen *plaza* von Iquique, wenn nicht den Club Croata, eine Mischung aus Arbeiterverein und Restaurant, geführt von Nachfahren der kroatischen Immigranten, die während des Nitratbooms zu Tausenden in den Norte Grande gekommen waren auf der Flucht vor dem österreichisch-ungarischen Reich, das ihr Vaterland mit eisernen Faust umklammert hielt und junge Männer zu einem Militärdienst zwangsverpflichtete, dem sie entgehen wollten? Gab es für sie einen besseren Ort als die reichen *pampas* von Chile?

An diesem Montag, den 20., unserem ersten Tag in Iquique, aßen wir dort zu Mittag, an einem Tisch auf der *plaza* unter einem wunderbaren Himmel und mit einer frischen Meeresbrise vom nahen Strand. Und Angélica konnte dort einen dicken Hochglanzband mit dem Titel *The Croats, Nitrate und Tarapacá* erstehen, Ergebnis einer fünfjährigen Studie über jeden Aspekt kroatischen Lebens in Iquique und den *salitreras*. Die Autorin, Vjera Zlatar, war sogar an die dalmatinische Küste im ehemaligen Jugoslawien gereist, um die Herkunft all dieser Männer zu recherchieren, die, wie die Malinariches, um die halbe Welt gereist waren, um in der Wüste des Norte Grande zu arbeiten, reich zu werden und zu sterben. Professor Zlatar hatte uns viel Recherchearbeit abgenommen – sie hatte die Friedhöfe durchstöbert, hatte sich durch die Unterlagen der Freiwilligen Feuerwehren und der Arbeitervereine gearbeitet, hatte Hunderte von Briefen und Tagebüchern geplündert und jede Zeitung aus dieser Ära gelesen. In diesen dreihundert Seiten mussten doch Spuren von Angélicas Familiengeschichte versteckt sein!

Angélica war besonders begeistert über die Gelegenheit, in eine kroatische Vergangenheit einzutauchen, die sie fast ihr ganzes Leben lang ignoriert hatte. Und in den nächsten Tagen fand sie in diesem Buch Zlatars eine Spur von Hinweisen, die auf den so schwer fassbaren Vater von

Angel Malinarich Pinto und seine damaligen Onkel hindeuteten. Am beeindruckendsten war die Reproduktion eines Werbeplakats von 1908 für importiertes Olivenöl und kroatischen Champagner, die in einem Laden im Besitz der Malinarich Hermanos, der Brüder Malinarich, verkauft wurden. Und etwas später erwähnte das Buch zwei Brüder, Frano und Pasko, geboren in Kraljevica, die 1873 oder 1874 bereits in Iquique lebten und dort einen Gemischtwarenladen und eine *salitrera* besaßen. Vielleicht holten diese kinderlosen Brüder einen Malinarich-Neffen aus Kroatien, damit er ihnen zur Hand ging, vielleicht war das derjenige, der Carmela Pinto geheiratet hatte.

Doch es gab keine Fotos, keine Namen, nicht einmal ein Gerücht über den Mann, den wir für Angélicas Urgroßvater halten.

Es gebe jedoch eine Möglichkeit, dies alles aufzuklären, erfuhren wir tags darauf, am Dienstag, den 21. Mai, beim Mittagessen von Sergio González, einem Soziologen, der mehrere großartige Bücher über das Alltagsleben in der *pampa salitrera* geschrieben hat. Die Friedhöfe, erklärte uns Sergio, seien die Orte, wo die Informationen, ziemlich buchstäblich, unter unseren Fingerspitzen lägen. Und da er schon am nächsten Tag nach Santiago aufbrechen müsse, könne er uns doch gleich jetzt den Hügel hoch zum schönsten Friedhof Iquiques fahren, dem ersten und ältesten der Stadt, wo wir mit Sicherheit Namen und Daten und Verbindungen aufspüren würden. Vielleicht würden wir dort auch etwas über die Müllers herausfinden, Mercedes' Familie, die wir ja ebenfalls im Sinn hatten.

Angélica nahm diesen Vorschlag Sergios freudig an. Es gab nur ein Mitglied des Müller-Clans, mit dem sie nach dem Bruch mit ihrer Großmutter noch Kontakt gehabt hatte: Laura Müller, Mercedes' Nichte, eine prominente Juristin (mit einer Dienstzeit als Richterin am Appellationsgericht von Iquique), hatte Angélica in der turbulenten Zeit von Humbertos und Elbas Scheidung in ihrer Wohnung in Santiago aufgenommen. Im Exil hatten wir gehört, dass Lauras einziger Sohn Fernando, ein Allende-Unterstützer, zwei Jahre nach dem Putsch von 1973 ermordet worden war und dass seine Mutter mit gebrochenem Herzen in ihre Geburtsstadt Iquique zurückgekehrt war, um dort die letzten Jahre ihres Lebens zu verbringen. Laura war, im Gegensatz zum volatilen Frano, allen Iquiqueños sehr gut bekannt. Lautaro Núñez hatte in San Pedro de Atacama mit großer Begeisterung vom Müller-Haushalt gesprochen und uns detailliert beschrieben, wie das Haus zu finden sei – wie so ziemlich jeder, mit dem wir sprachen, nur freundliche Worte für sie übrig hatte. Allerdings schien niemand zu wissen, wann Angélicas *tía* Laura gestorben war oder wo sie begraben lag. Deshalb versprach der Besuch im *Cementerio Número Uno* von Iquique, sowohl den verwickelten Faden des Malinarich-Geschlechts aufdröseln zu helfen, als auch Angélica die Gelegenheit zu geben, Blumen auf das Grab ihrer Tante Laura zu legen.

Doch wir schafften es an diesem Tag nicht zum Friedhof.

Auf dem Weg dorthin, auf der Fahrt die Klippe hinauf, die in jeder Hafenstadt im Norte Grande allgegenwärtig ist, denn jede Stadt an der Küste ist umschlossen von Bergen, deren erstickende Barriere die majestätische Weite des Ozeans nur umso willkommener macht, schlug Sergio González einen Zwischenstopp vor. Das sei das Haus eines Freundes von ihm, erklärte er, von Ivor Oistoijic, einem Ingenieur, der das beträchtliche Geld, das er im Maschinenbau verdient hatte, dazu verwendet, Projekte zum besseren Verständnis der Nitratvergangenheit zu finanzieren, vor allem der Rolle der Kroaten, und der zum Beispiel auch das Buch Zlatars gefördert habe, das uns so viele Einsichten in das Leben des Malinarich-Stammes geliefert hatte. Falls er und seine Frau Mariana zufällig zu Hause seien ...

Sie empfingen uns wie lange verloren geglaubte Brüder. Beide waren sie fröhlich und wohlbeleibt, und sie hießen uns willkommen in einem geräumigen Wohnzimmer, das von Büchern überquoll – Leute wie wir also. Aber wir konnten nicht lange bleiben; wir erklärten, wir seien unterwegs, um Laura Müllers Grab zu finden.

»Laurita Müller?«

Angélica ließ durchblicken, dass sie selbst eine Müller sei, eine Verwandte von Laura.

»Dann setzen Sie sich auf diesen Stuhl«, sagte Ivor und deutete auf einen Satz sehr eleganter Stühle im angrenzenden Esszimmer.

Angélica war zwar verwirrt, tat aber, wie ihr geheißen.

Sie sitze, sagte Ivor ihr nun, auf dem Stuhl ihrer Tante Laura. Seine Mutter habe die Stühle und den Esstisch als Geschenk für sie gekauft, als Laura vor einigen Jahren starb.

Selbstverständlich blieben wir einige Stunden länger in Ivors und Marianas Haus und redeten über Dalmatien

Iquique: Angélica auf *tía* Lauras Stuhl

und das Leben in den *salitreras* und den Mord an Freddy Taberna, den sie ebenfalls sehr gut gekannt hatten, und als wir dann aufbrachen – mit einer Einladung zum Abendessen am Mittwoch, und wer könnte es ablehnen, auf diesen Stühlen zu sitzen, auf denen Laura und ihre Freunde gesessen und geplaudert hatten? –, war es zu spät für den Friedhofsbesuch. Aber das war ja nicht weiter schlimm. Genau so würde unsere Suche in Iquique verlaufen, da waren wir uns ganz sicher, mit wie durch Zauberhand arrangierten Begegnungen, dank deren Hilfe wir uns zurechtfinden konnten in einer Stadt, die uns an jeder Ecke zu begrüßen, wo alles miteinander verbunden zu sein schien.

Vielleicht war das ein Zeichen dafür, dass auch unsere Recherche der Geschichte der Müllers bald Früchte tragen würde.

Die Legende dieser Seite von Angélicas Familie war zugleich grandioser und, soweit möglich, auch noch geheimnisvoller als die des Malinarich-Zweigs.

Als ich Anfang der Sechziger anfing, meiner zukünftigen Frau den Hof zu machen, drehte sich eine der faszinierendsten Geschichten aus ihrer Familie um jemanden, den man ziemlich salopp *el pirata* nannte, obwohl er überhaupt kein Pirat gewesen war. Dieser Müller – einmal war er der Vater von Mercedes, ein andermal ihr Großvater – kam irgendwann in der Mitte oder der zweiten Hälfte des neunzehnten Jahrhunderts nach Peru, und zwar, so hieß es, mit einer Schiffsladung chinesischer Sklaven. *Inverosimile*, unwahrscheinlich, hatte ich mir damals gedacht. Denn die Sklaverei war zu jener Zeit längst abgeschafft, und wie war er überhaupt nach China gekommen, da Mercedes doch behauptete, er stammte trotz seines deutschen Namens aus dem Mittelmeerraum. Er sei, sagte sie, nach Südamerika gekommen auf der Flucht aus Griechenland, wo er sowohl der Arzt der königlichen Familie als auch der Liebhaber der Königin war und sich nach einer Palastrevolte nur retten konnte, indem er sich als Frau verkleidete, in Gewändern, die anscheinend Ihre dankbare Majestät ihm zur Verfügung gestellt hatte. (Falls an dieser zweifelhaften Geschichte etwas Wahres ist, dann konnte diese Eskapade nur im Jahr 1843 stattgefunden haben, als nämlich die Griechen gegen eine von Bayern dominierte Monarchie revoltierten.) Dieser Mann, so die Familienlegende, hatte sich in Peru ein Vermögen geschaffen, wahrscheinlich in den *guaneras* (wo die wie auch immer verpflichteten Chinesen schufteten) oder auf den Zuckerplantagen, ein Vermögen, das verloren ging, als die *montoneras* seine Hazienda überfielen und seinen vergrabenen Schatz raubten. Vielleicht hatte er ihn aber auch vergraben und dann vergessen, wo. Wichtig ist, dass diese Banditen/Guerilleros Peru in der gesetzlosen Periode durchstreiften, die der völligen Vernichtung der peruanischen Armee 1884 durch die Chilenen im *Guerra de la Pacífico* folgte. Irgendwann heiratete dieser Müller – es hätte aber auch sein Sohn sein können – eine Frau namens Manuela Bustamante, deren Familie zu den Patriziern Perus gehörte, prahlerische Präsidenten und Unabhängigkeitshelden und natürlich Großgrundbesitzer. Dieser Verbindung entsprangen im Lauf der Jahrzehnte mehrere Kinder, und die jüngsten waren Mercedes Müller Bustamante und ihre Schwester Rosa. Irgendwann zu Beginn des zwanzigsten Jahrhunderts war der älteste Bruder Demetrio mit der Familie nach Iquique gezogen. Angélica erinnert sich an Demetrio Müller, der bei seinem einzigen Besuch in Santiago in den Fünfzigern als hundertprozentiger *caballero* in einem makellosen dunklen Anzug aufgetreten war und sich darüber beklagte, dass der Verkehr in dieser teuflischen Hauptstadt ihm, einem der angesehensten Bürger Iquiques, keinen Respekt erweise und keiner anhalte, wenn er die Straße überqueren wolle.

Auch die Geschichte der Müllers war nicht völlig frei von dem Sturm und Drang, der den Malinarich-Clan heimsuchte. Eine gewisse Julia Müller, eine preisgekrönte Schwimmerin, die vielleicht eine Nichte von Mercedes war, vielleicht auch eine Cousine, ging eines Tages an den Strand und verschwand seelenruhig in Brandung und Wellen, da sie es vorzog, sich umzubringen, anstatt ohne den jungen Mann zu leben, den sie liebte, den aber ihre Eltern aus dem Haus verbannt hatten. Eine Geschichte, die so ziemlich von allen bestätigt wird, mit denen wir in Iquique gesprochen haben und die noch eine Erinnerung an Julias tragischen Abgang bewahrt haben, etwas, worüber ihre Tanten oder Mütter oder Großväter sich unterhalten haben, wie diese wunderschöne junge Leiche an den Strand gespült wurde, diese heillose Vergeudung.

Obwohl auch unser immer hilfsbereiter Informant Lautaro Núñez sich vage an eine Julia und ihren Geliebten und ein Ertrinken erinnerte, waren andere Informationen, die er uns mitgab, merklich präziser gewesen. Er erklärte uns ziemlich detailliert, wie das Haus zu finden und zu erkennen sei, das den Müllers gehört hatte, das Haus, in dem Angélicas Großvater um die Hand ihrer

Großmutter angehalten hatte und das vielleicht immer noch Hinweise darauf enthielt, was aus der Familie geworden war. Jeder kennt in Iquique jeden, sagte er.

Wohl wahr. Am ersten Abend in der Stadt hatte uns der Architekt Patricio Advis besucht, einer von Lautaros Freunden, der einen Großteil seiner Lebens der Aufgabe gewidmet hatte, die Stadt vor den böswilligen Göttern der Umweltverschmutzung und des Wildwuchses zu bewahren, die den Fortschritt begleiten, und der sich deshalb der vielen Prachtstraßen ihrer Vergangenheit schmerzlich bewusst war. Wenn wir alles über die beiden Zweige von Angélicas Familie herausfinden wollten, dann kenne er genau die richtige Person dafür: eine gewisse Mrs. Bolton, eine kränkliche alte Frau, die in ebender Baquedano-Straße wohnte, in der auch Don Demetrio Hof gehalten hatte. Wobei Advis sich nicht besonders optimistisch gab. *Keiner erinnert sich noch, keinem liegt etwas daran*, seufzte er. *Diese Welt ist untergegangen – mit meinem Vater, mit meiner Mutter.*

Nicht ganz untergegangen. Die Baquedano-Straße war liebevoll restauriert worden, ein viktorianisches Haus um das andere, und auf dieser Straße machten wir unseren ersten Spaziergang in Iquique an unserem ersten Vormittag in der Stadt, in die Frano Angel Malinarich vor über einem Jahrhundert seine Braut Carmela Pinto gebracht hatte, wir gingen die Baquedano entlang, bis sie sich fünf Blocks später mit der Bulnes kreuzte, so wie es dieser Urgroßvater getan haben musste.

»Das ist es«, sagte ich zu Angélica, und da stand es, genau so, wie Lautaro es beschrieben hatte, das einstöckige Eckhaus, in dem die Müllers gewohnt hatten. Wir waren

Was von der Müller-Residenz noch übrig ist, jetzt eine Schule

aufgeregt. Es wirkte nicht verlassen, auch wenn bei einigen Fenstern entweder die Läden geschlossen oder die Vorhänge zugezogen waren. Wir klopften an alle drei Türen (an beiden Straßen, so wie Lautaro es in Erinnerung hatte) und versuchten es auch an den Fenstern. Niemand kam. Eine halbe Stunde später, auf dem Rückweg vom sechs Blocks entfernten Strand, betraten wir einen kleinen Laden direkt neben dem Müller'schen Haus. Das Mädchen, das hinter der Ladentheke Eiskrem und Limonaden verkaufte, war freundlich, wie die meisten Leute in Iquique, und sehr schnell bereit, ihre uralte und im Haus versteckte Großmutter zu befragen. Jetzt ist es so weit, flüsterte ich Angélica zu, jetzt haben wir das große Los gezogen. Doch die Stimme, die bald darauf hinter einigen Vorhängen hervor zu hören war, krächzte, dass die alte Frau, die nebenan gewohnt hatte, erst vor einem

Monat gestorben sei und dass das Haus geschlossen sei, bis die Familie entschieden habe, was sie damit tun wolle. Uns beschlich das niederschmetternde Gefühl, dass wir die letzte Verbindung zur Vergangenheit ganz knapp verpasst hatten – war diese Frau vielleicht die letzte Müller gewesen, unsere letzte Chance, um herauszufinden, ob der griechische Vorfahr je existiert hatte, ob Cousine Julia wirklich ins Meer gegangen war? Aber nach einer weiteren Beratung mit der versteckten Oma erfuhren wir von dem Mädchen, dass die jüngst verstorbene Nachbarin eine gewisse May Nichols gewesen sei – so klang es zumindest für uns –, eine Engländerin, die neunzig Jahre in diesem Haus gewohnt hätte ... Nein, keine Müllers, hörten wir die Großmutter sagen, nicht in diesem Haus. Dieser Zug war also für uns abgefahren, wahrscheinlich gab es diesen Zug gar nicht, vielleicht hatte Lautaro etwas durcheinander gebracht.

Als wir Patricio Advis ein paar Stunden später von unserer kleinen Detektivarbeit erzählten, wurde er traurig. »Ach du meine Güte«, sagte er. »*Se nos murió la Tía Grace*, unsere Tante Grace ist von uns gegangen.«

Er sprach von ebenjener Frau, die er am vergangenen Abend erwähnt hatte, der einzigen Überlebenden aus der Nitratzeit, die uns etwas über die Vergangenheit hätte erzählen können, der Schwester von Lily Bolton, deren Ehename Grace Maine-Nichols war. So wurden Angélica und ich nicht zu Detektiven der Toten, sondern vielmehr zu ihren Botschaftern, die Advis die traurige Nachricht überbrachten, die er noch gar nicht gehört hatte.

Und Lautaro irrt sich, sagte Patricio. Das Haus hatte nie den Müllers gehört; es gehörte seit hundert Jahren der Familie Nichols. Die Müller leben in einem anderen Teil der Stadt – und er zeichnete uns eine Karte: »Sehen Sie, Sie gehen die Covadonga-Straße entlang, und da ist es.« Er war sich dessen sicher, da er Laura Müller ziemlich nahe gestanden hatte, vor allem in den Jahren nach dem Putsch, als sie nach Iquique zurückgekehrt war. Er war nie auf den Gedanken gekommen, sie nach der Familie auszufragen, aus der sie stammte – und während der Diktatur hörten die Leute sowieso auf, miteinander zu reden. Kein Mensch wusste mehr, wer wer war. Die Identität von Iquique veränderte sich – die Leute hatten Angst, über sich selbst zu reden. Sie verbarrikadierten sich, sagte er, in ihren eigenen Gedanken.

Patricio selbst wirkte nun plötzlich gedankenverloren, grüblerisch. Laura, sagte er, sei Teil der Landschaft gewesen. Wie das Universum, wie ein Stern, er dachte, sie würde immer da sein. Wie *tía* Grace. *Y ahora se nos fue de Iquique*. Und jetzt hat sie Iquique verlassen.

Lauritas Vater Demetrio hatte er genau so in Erinnerung, wie Angélica ihn beschrieben hatte: schlank, die Haut eher dunkel, sehr elegant, immer nur in feinstes englisches Kaschmir gekleidet. Und die Diener trugen alle weiße Handschuhe, wenn sie das Abendessen servierten. Demetrio hatte sein Geld im Import/Export-Geschäft gemacht und seine Kinder auf die besten Schulen und Universitäten geschickt. Vielleicht war er derjenige gewesen, der seiner Schwester Mercedes half, als sie von ihrem Gatten verlassen wurde, doch Patricio wusste nichts von diesem Angel Malinarich, den wir suchten.

An diesem Abend konnten wir das Rätsel des wandernden Müller-Hauses lösen. Oscar Varela, Freddy Tabernas bester Freund in Iquique, erzählte uns, bei einem dieser nie endenden *onces-comidas*, dass Demetrio ursprünglich tatsächlich an der Kreuzung von Baquenado und Bulnes gewohnt hatte – dem Haus der Maine-Nichols schräg gegenüber –, dass aber die Müller-Villa schon vor vielen Jahren von der Stadt enteignet worden war, um eine Knabenschule zu erweitern. Die Umrisse des alten Stadthauses seien unter der neuen Konstruktion noch erkennbar. Danach war Demetrio in die Covadonga gezogen – in ein Haus nur wenige Meter von Oscars entfernt, und in diesem Haus war Laura gestorben. Oscar Varelas Mutter, die mit Laura eng befreundet gewesen war, hätte all unsere Zweifel ausräumen können, doch sie war vor einigen Jahren gestorben, und so ... Und das war es auch schon mit Patricio und Oscar und Ivor und mit el Pelao Gavilán, einem Kinesiologen, dem El Galpón gehört, ein hervorragendes Restaurant in Iquique. Noch einer von Lautaros Kumpeln, noch einer von Freddy Tabernas Freunden, schier übersprudelnd vor Informationen über den Norte Grande und vor Rezepten für die fantasievollsten Gerichte, in denen er ausgezeichnete einheimische Gerichte mit den vielen fremdländischen Küchen mischt, die in dieser Region Einzug gehalten haben, köstliche Mahlzeiten, die er uns an vier der fünf Abende kochte, die wir in Iquique verbrachten, und doch war auch dieser Gavilán, so wie die anderen, nicht in der Lage, die Rätsel von Angélicas Vergangenheit zu lösen. »So ist das Leben«, hatte Gavilán am Dienstagabend gesagt. »Wenn man endlich alt genug ist, um etwas über die eigene Herkunft herausfinden zu wollen, ist es zu spät; die Alten mit dem Wissen sind alle schon gestorben.«

Und die einzige Person, die wir aufspüren konnten und die alt genug war, um sich an alles aus der Müller-Vergangenheit zu erinnern, ein neunzigjähriger Anwalt namens Raúl Arancibia, der am Appellationsgericht von Iquique ein Kollege Lauras gewesen war, hatte uns ein Gespräch verweigert – vielleicht weil er als Pinochetista mit einem Allendista wie mir nichts zu tun haben wollte.

So richteten wir unsere Hoffnungen wieder auf die Malinarich-Bande und auf das bevorstehende Mittagessen mit Cousin Vinko, dem Immobilienmakler. Als er am Mittwoch, den 22. Mai, durch die Tür unseres Hotels trat, fiel mir sofort sein Familiengestus auf, eine gewisse Ähnlichkeit mit Angélicas Bruder Patricio, doch Angélica ist sich da nicht so sicher – einen unmissverständlichen Malinarich-Zug allerdings hat er, die hohe Stirn mit dem zurückweichenden Haaransatz an den Schläfen, und bereits das ist eine lebendige Lektion über das Weiterbestehen der Vergangenheit, auch wenn Vinko, wie er bereits am Telefon gestanden hatte, so gut wie nichts über die Familiengeschichte wusste. Im Verlauf unseres Meeresfrüchte-Lunches, zu dem er uns in der Nähe ebenjener Docks einlud, wo seine und Angélicas Vorfahren vor über einem Jahrhundert an Land gegangen waren, wurde er immer lebhafter und freundlicher. Vielleicht hatte er begriffen, dass wir legitime Verwandte waren, die keine tiefer liegenden Motive für die Kontaktaufnahme mit ihm hatten. Hatte er sich vielleicht Sorgen gemacht, dass wir hier waren, um das verlorene Vermögen einzufordern? Hatte es je ein verlorenes Vermögen gegeben, um das man sich Sorgen machen müsste? Er brachte das Thema nicht zur Sprache, und auch wir schnitten es nicht an.

Später lud Vinko uns ein zu einer Malinarich-Tour durch die Stadt, mit anderen Worten, zu einem Blick auf ein Iquique, das überquoll von den Nachkommen der vier Malinarich-Brüder, die gegen Ende des neunzehnten Jahrhunderts aus Dalmatien hierher gekommen waren und von denen keiner mit dem Angel Malinarich, den wir suchten, näher verwandt war. Es war ziemlich schwierig, den Überblick zu behalten. Das Orthopädiegeschäft von Carmen Malinarich prägte sich ein (eine andere Carmen als diejenige, die unsere telefonischen Anfragen nicht beantwortet hatte) und Larry Malinarich, ein Künstler, der das Wandgemälde im Club Croata gemalt hatte, und Yerko Malinarich, ein Polizeioffizier, und vor allem der andere Vinko Malinarich, der selbsternannte Experte der Familiengenealogie, an dessen Schule uns der erste Vinko absetzte, bevor er in seinem Jeep davonbrauste, um den Verkauf eines Gewerbeanwesens unter Dach und Fach zu bringen.

Vinko der Professor machte ein entsetztes Gesicht – wer würde das nicht – angesichts unseres unvermuteten Auftauchens. War es, weil diese so genannten Cousins ohne Vorwarnung in sein Büro platzten genau in dem Augenblick, als er gerade Krisensituationen bei behinderten oder zurückgebliebenen Kindern in seiner Schule zu bewältigen versuchte? Oder lauerte da ein tieferes Misstrauen in seinem Blick? Jedenfalls schlug er vor, wir sollten uns am nächsten Tag in unserem Hotel wiedertreffen, sagen wir um elf, und dann würde er alle relevanten Unterlagen mitbringen.

Der nächste Tag war Donnerstag, der 23. Mai, und unsere Zeit in Iquique neigte sich dem Ende zu, aber wer sonst bot uns eine genealogische Karte der Familie an und wer weiß was sonst noch für Schätze? Also warteten wir am nächsten Vormittag auf ihn. Elf Uhr, und nichts passierte. 11:15. 11:20. Hatte er vielleicht beschlossen, doch nicht zu kommen, oder es überhaupt nie vorgehabt? Konnte es sein, dass sein Vater oder Großvater oder sonst jemand aus seiner Familie Angel Malinarich Pinto um sein Vermögen gebracht hatte, und war dieser Vinko und seine Geschwister – war denn nicht die Carmen, die auf unsere dringenden Telefonnachrichten nicht reagiert hatte, eine Schwester dieses Vinko – gewarnt worden, dass eines Tages Fremde aus Santiago mit demselben Familiennamen kommen würden, um ihr Erbe zurückzufordern?

Unsere Fantasie lief auf Hochtouren. Um 11:25 erschien Schullehrer Vinko mit seiner typischen Malinarich-Stirn und einem gütigen Lächeln brav und mit einer Entschuldigung auf den Lippen im Hotelfoyer und zog sofort einen Stapel Papiere aus seiner Aktentasche. Zuoberst lagen drei überlange Bögen, voll geschrieben mit so vielen Malinariches, vielen Generationen von ihnen, dass wir sie uns auch in mehreren Sitzungen nicht hätten einprägen können, Söhne und Töchter und Frauen und Brüder, alles Nachkommen von vier Brüdern, Frano und Anton und Mateo und Milen, die offensichtlich 1890 nach Iquique gekommen waren. Und Familienfotos und die Kopie eines österreichisch-ungarischen Passes von 1893.

Die Haltung unseres neu entdeckten Verwandten war eine merkwürdige Mischung aus Freundlichkeit und ausweichender Unverbindlichkeit. Er erzählte uns wortreich alles, was er wusste, und hatte sogar Kopien seiner Unterlagen gemacht und schien an unserem eigenen, ziemlich dürren und unvollständigen Stammbaum aufrichtig interessiert zu sein. Aber irgendetwas passte dennoch nicht ganz. Als ich ihn darauf hinwies, dass gewisse Daten in Bezug auf die Ankunft seiner Familie in Iquique nicht mit den Fakten aus dem Buch über die Kroaten, das Angelica und ich so eifrig gelesen hatten, in Einklang zu bringen waren, reagierte er ziemlich abfällig, sowohl was das Buch betraf als auch die kroatische Gemeinde im Allgemeinen, und legte Wert auf die Feststellung, dass seine Familie Interviews für das Buch abgelehnt habe und lieber anonym bleiben und mit den Nachfahren dieser anderen Immigranten nichts zu tun haben wolle. Dennoch war er während unserer Unterhaltung ausgesprochen liebenswürdig und würzte sie mit einer Unmenge von Anekdoten aus seinem Zweig der Familie, er erklärte uns, wie schwierig es sei, heutzutage Mittel für sonderpädagogische Projekte zu bekommen, und am Ende schlug er sogar vor, wir sollten in Zukunft in Kontakt bleiben und Informationen austauschen.

Nachdem er gegangen war, schaute ich zuerst Angélica an und dann auf meine Uhr. Es war unser letzter Nachmittag in Iquique, und ich musste in zwei Stunden mit Julio Valdivia und Senén Durán nach Santa Laura und Humberstone aufbrechen, aber wenn wir uns beeilten, konnten wir es noch auf den Friedhof schaffen. Vielleicht konnten die Gräber uns etwas verraten, das die Lebenden uns nicht hatten sagen können oder wollen.

Wir fanden tatsächlich Laura Müllers Grab – eine kleine Nische, die zumindest ein Informationsbruchstück, das wir suchten, enthielt: Ihr Todesjahr, 1981. Aber es gab keinen Hinweis auf ein anderes Familienmitglied – nicht auf ihren Vater Demetrio Müller Bustamante, nicht auf seine Brüder und Schwestern, nicht einmal ein Raunen über die selbstmörderische Julia und vor allem keine Spur von dem noch namenlosen Großvater, der vermutlich zuerst nach Peru und dann nach Chile gekommen war.

Also schossen wir unser Foto und wanderten weiter über diesen Friedhof, diesen stummen Mahner an die Vielzahl von Nationalitäten und Sprachen, die während der Nitratzeit Iquique überschwemmt hatten, ein Konzentrat der gesamten Geschichte des Norte Grande, die ultimative Geisterstadt. Und überall der Einfluss des Wüstenlebens. Die älteren Gräber waren noch immer geschmückt mit Blumen aus Papier oder vielfarbigem Lametta, eine Möglichkeit, die Toten zu ehren an einem Ort, wo es weder Wasser noch frische Blumen gibt. Und die Wege, die von Norden nach Süden verlaufen, tragen die Namen von *oficinas salitreras* – Brac, zum Beispiel, oder Esmeralda oder Alemania – und diejenigen von Osten nach Westen die Namen der Hafenstädte, in die das Nitrat geschickt wurde, *caletas* wie etwa Pisagua oder Junín, so dass auch hier das Meer und die Wüste sich treffen, sich im Tod kreuzen, so wie sie es im Leben taten, so viele Jahrzehnte später noch immer um die Vorherrschaft kämpfend.

Und dann noch einige Malinarich-Grabsteine – Familia Malinarich Alecchi am Weg Salitrera Buen Retiro und Guillermo Malinarich (1886–1962) genau in der Mitte von Caleta Buena, und keiner von ihnen, keine einzige Inschrift, kein Flüstern einer Steingravur, weist auf die

Namen oder Überreste hin, nach denen wir suchten. Unheimlich und bedeutungsschwer und ernüchternd, aber auch stumm, dieser *Cementerio Número Uno*, der älteste in Iquique.

Und das ist der Grund, warum wir an unserem letzten Vormittag, an diesem Freitag, in diesem muffigen Folianten blättern, der nichts enthält als die handgeschriebenen Namen der Menschen, die von 1885 an in Iquique geboren wurden, blättern auf der verzweifelten Suche nach etwas, nach irgendetwas, das uns für unsere Pilgerreise belohnt. In diesem beschwerlichen ersten Band entdecken wir zwei Babys, Ernestina Malinarich Gonzalez, geboren 1888, und Georgina Luise Müller Díaz, geboren 1889 – und in den folgenden Bänden kommen immer mehr Malinariches und Müllers zum Vorschein, aber nichts, was wir nicht schon wissen, hier sind all die Kinder, die letztendlich den Friedhof füllten, den wir gestern besucht haben, wir wissen bereits, wie ihre Geschichte endet, in Gräbern, die uns nichts zu sagen haben, und in diesem Register, das uns ebenfalls zu verspotten scheint.

Dennoch liefern die staubigen Archive, als wären sie *caliche*-Brocken, die wir zermahlen, allmählich kleine Gemmen an Informationen, von denen einige bestätigen, was Großmutter Mercedes erzählt hat: die Geburtsurkunde der Cousine Julia, die ins Meer ging, die peruanischen Ursprünge der Müllers; die Tatsache, dass Mercedes und Angel tatsächlich noch Jugendliche waren, als sie sich kennen lernten, als Rosa zusehen musste, wie ihre Schwester ihr den Mann stahl, den sie liebte.

Doch als des *registro civil* schließt – und wir können nicht zurückkommen, wir müssen Versprechen einhalten;

Pisagua, in dem Freddy Taberna ermordet wurde, erwartet uns noch heute Abend weiter im Norden –, dämmert uns, dass wir Iquique verlassen, ohne auch nur eines der Rätsel, die wir mitbrachten, wirklich gelöst zu haben. Keine Hinweise auf den ersten Müller, der ein turbulentes Meer überquerte, kein Grab und kein Totenschein des Urgroßvaters der Malinariches, der vermutlich der Härte der Wüste erlag und seinen Erben ein verlorenes Vermögen hinterließ. Diese Männer, deren Namen Angélica trägt, deren Blut in den Adern meiner Kinder fließt, sind vom Antlitz dieser Erde verschwunden, als hätten sie nie existiert. Ein Schicksal, das viel schlimmer ist als die Ruinen der traurigsten *salitrera*.

Und doch fühlen wir uns fast beschwingt, als wir Iquique verlassen, die steile Klippe hochfahren, Lebwohl sagen zu den geschäftigen Straßen unter uns, am Drachenhügel vorbeikommen, der diesen Hafen bewacht, an diesem Hügel, den noch immer Kinder hinunterrollen, wie sie es wohl schon getan haben zu der Zeit, als Angélicas Vorväter und Vormütter diesen Streifen Land am prächtigen Meer bewohnten.

Wir brechen auf mit neuer Energie. Viel von dem, was über Generationen als Familienlegenden weitergegeben wurde, hat sich als zutreffend erwiesen, und wir können deshalb diese in mündlicher Tradition überlieferten Gemmen benutzen – um unsere Suche fortzusetzen. Santiago erwartet uns: Dort enthalten die Totenscheine von Mercedes und Rosa vielleicht noch ein paar Überraschungen, und dort bewahren andere Müllers vielleicht noch eine Erinnerung, einen Brief. Und Buenos Aires erwartet uns: Vielleicht können wir jemanden aufspüren, der den alten

Angel Malinarich kannte, vielleicht hat die in ihrer Jugend so extravagante Carmela Pinto irgendeine flammende Erinnerung an ihre Anwesenheit in dieser Stadt hinterlassen. Und Kraljevica erwartet uns: Wenn ich das nächste Mal zur Premiere eines Stückes nach Kroatien eingeladen werde, dann werde ich nicht, wie in der Vergangenheit, ablehnen, sondern die Einladung annehmen und die Gelegenheit nutzen, um mit Angélica die Stadt an der Adria zu besuchen, aus der einst all diese Malinarich-Brüder und -Cousins und -Neffen nach Südamerika aufbrachen und in der es noch Aufzeichnungen über Verwandtschaftsverhältnisse, Taufen und Todesfälle geben muss.

Doch vor allem erwartet uns Iquique.

Wir haben uns in diese Stadt verliebt, die auch Angélicas Vorfahren verführt haben muss. Meine Frau und ich haben uns im letzten Jahrzehnt über Chile geärgert – soll heißen über Santiago mit seinem Smog und den neidischen Eliten und den verstümmelten demokratischen Reformen und der allgegenwärtigen Amnesie und dem lächerlichen rhetorischen Schwulst. Santiago zwingt uns mit jeder grauen Ecke seiner verstopften und hektischen Straßen zu einer Rückbesinnung auf den Traum, den wir einst für unser Land hatten, die Stadt ist eine dumpfe Mahnung daran, dass die Zeit und die Geschichte uns diese Träume versagt haben. Iquique ist eine offene, großzügige Stadt, die uns einen fantastischen Empfang bereitet hat, in der wir neue Freunde gefunden haben und die wir mit Einladungen zum Wiederkommen verlassen, und vor allem Angélica hat dort eine Herzlichkeit erfahren, die wir bei so manch anderer Rückkehr aus einem Exil vermisst hatten. Aber zu dieser Liebesaffäre mit Iquique gehört mehr als nur die Freundlichkeit seiner Besucher oder der Lebensrhythmus oder die himmlischen Strände oder die perfekte Temperatur. Ein bitterer Abgrund, der Angélica von ihrer Vergangenheit trennte, wurde überbrückt, die Barriere überwunden, die sie davon abhielt, ihre Herkunft zu erforschen und zu akzeptieren. Diese Anerkennung Iquiques als Stadt, die nun Teil von ihr ist, wie sie Teil der Männer und Frauen war, die sie gemacht haben, ist viel wichtiger als die Namen dieser Vorfahren oder ihr Geburtsort oder ihre Begräbnisstätte. Die Vergangenheit wird immer unvollständig sein – es ist sogar heilsam, dass ein Teil davon immer geheimnisvoll und entrückt bleibt, so wie es angemessen ist, dass Geisterstädte Geisterstädte bleiben und nicht auch noch ihr kleinstes Geheimnis erforscht wird und so getan wird, als könnte man etwas völlig verstehen, das immerhin tot und verschwunden ist. Letztendlich sind wir dazu verurteilt, viele der dunklen Flecken der Vergangenheit, die uns geformt hat, unerhellt und den Schutt unseres eigenen Lebens hinter uns zu lassen. Aber wir sind es denjenigen, die vor uns kamen, und denjenigen, die nach uns kommen, schuldig, es wenigstens zu versuchen.

Das letzte Mal, dass ein Malinarich diese Klippe hoch in die Wüste fuhr, war vor neunzig Jahren, als Angel Malinarich Pinto seine Braut Mercedes Müller Bustamante mitnahm auf eine Reise durch die Wüste nach Santiago, von der beide nie mehr zurückkehren sollten.

Ich bin mir nicht sicher, ob mein Liebling Angélica Malinarich je nach Iquique zurückkehren wird, wie sie es versprochen hat, aber ich weiß, dass sie, in mehr als einer Hinsicht, nach Hause gekommen ist.

Die Suche nach Freddy

Sonntag, 25. Mai 2002. Pisagua

Ich stehe vor der Zelle, in der Freddy Taberna seine letzte Nacht auf dieser Erde verbrachte, ich bin hier in diesem Gefängnis in Pisagua, dessen Militärkommandant meinen Freund Freddy davon in Kenntnis setzte, dass er am nächsten Morgen von einem Erschießungskommando exekutiert werde, ich erinnere mich an Freddy in diesem Gefängnis, das so viele Jahre nach seinem Tod in Pisaguas einziges Hotel umgewandelt wurde.

Ein Hotel, erbaut auf dem Gelände des alten Gefängnisses, ein Hotel, in dem nach dem Staatsstreich von 1973 Hunderte von Gefangenen eingekerkert waren. Das Hotel, in dem Angélica und ich die letzte Nacht schliefen.

Pisagua hatte für mich immer einen boshaften Klang als verderbter Ort, als ein von der Geschichte verfluchter Hafen. Wie Arica seit Jahrtausenden vor der Ankunft der Spanier von den Chango-Indianern bewohnt und im Nitratboom so wohlhabend wie Iquique wurde, besucht von berühmten Wissenschaftlern wie Darwin und berüchtigten Piraten wie Drake, wurde Pisagua nach dem Niedergang der *salitreras* nur deshalb nicht ebenfalls zur Geisterstadt, weil es das einzige Produkt vermarkten konnte, das es in größerem Überfluss besaß als jede andere Stadt im bereits gottverlassenen Norte Grande: seine extreme, beinahe schon hoffnungslose Isolation. Ende der 1920er hatte die Regierung dort eine kleine Haftanstalt gebaut, deren dicke Mauern die Gefangenen viel weniger am Ausbrechen hinderten als die steilen Klippen, die sie umgaben, und die riesenhaft sich ausdehnende Wüste vor den Toren, so dass die ganze Stadt quasi als Gefängnis betrachtet werden konnte, was bedeutete, dass sie sich ebenfalls als praktischer Abladeplatz für die politisch Verdächtigen eignete. Diese Verwendung der einst blühenden Hafenstadt, die von 1973 an in der Einkerkerung von Tausenden von Allende-Anhängern gipfelte, hatte recht zaghaft mit ein paar Dutzend Deutschland- und Nazisympathisanten begonnen, die dort während des Zweiten Weltkriegs eingesperrt wurden.

Aber in den späten Vierzigern, zu Beginn des Kalten Kriegs, wurde die Sache deutlich ernster, als Präsident Gabriel Gonzáles Videla die Errichtung eines Konzentrationslagers für riesige Kontingente von Kommunisten anordnete. Was die Sache besonders unerfreulich machte, war nicht nur, dass der Befehlshaber dieses Lagers kein anderer war als Augusto Pinochet, damals ein Hauptmann der Armee (der hier für seine zukünftige Rolle als Diktator Chiles trainierte), sondern dass González Videla in Pisagua genau die Männer einsperrte, die seine Wahl unterstützt und in den ersten Jahren seiner Regierung wichtige Ämter bekleidet hatten, dass er tatsächlich seine eigenen ehemaligen Freunde und Verbündeten verfolgte. Das war einer der vielen Gründe, warum Angélica Bedenken hatte, mich auf diesen Teil der Reise zu begleiten. Ihr eigener, politisch sehr aktiver Vater hatte eine Verschleppung nach Pisagua nur verhindern können, weil ihm wie durch ein Wunder die Flucht gelungen war, als Zivilbeamte ihn mitten in der Nacht abholen wollten. Ihn abholen wollten, obwohl Gonzáles Videla Humbertos Patenonkel war und kostenlos im Haus von Großmutter Carmela Pinto hatte wohnen dürfen, als er 1916, im Jahr der Geburt von Angélicas Vater, nach Santiago kam, um Jura zu studieren.

Angélicas Widerwillen gegen diese Fahrt nach Pisagua lässt sich auch zurückführen auf andere, unmittelbarere Gründe. Sie hatte gehört, dass die Fahrt hinunter in diese Stadt entlang einer sehr steilen Klippenflanke extrem gefährlich sei – und es gibt nichts, was meine Frau mehr fürchtet als kurvenreiche und gefährliche Straßen. Ich konnte sie überzeugen, dass es keinen Grund zur Besorgnis gab, noch während ich sie auf eine schwierige Fahrt vorbereitete. Doch was ich nicht erwartet und auf dieser Reise, die nur so wimmelte von öden Landschaften, auch noch nicht gesehen hatte, war so verdorrtes Terrain wie dieses. Nachdem wir von der Hauptstraße von Iquique nach Arica abgebogen waren, hatte es für die nächsten dreißig Meilen keinen Hinweis auf eine menschliche Behausung gegeben bis auf die entfernten Ruinen eines Dorfes, weit weg von der mit Schlaglöchern übersäten Straße. Eine Straße? Da bin ich wohl etwas zu großzügig. Eine Ansammlung von Rissen, die von dem Versuch einer Asphaltdecke kaum zusammengehalten wurden.

Und doch – um mich selbst und Angélica mit irgendetwas zu trösten – eine wertvolle Erfahrung: Wie anders ist zu begreifen, wie entsetzlich die Wüste sein kann, als dass man die Hauptstraße verlässt, wie sonst soll man auch nur eine schwache Ahnung davon erhalten, wie sie auf diese ersten Abenteurer gewirkt haben musste, die sich einen Weg nach Pisagua suchten. Und nachdem wir durch diese Dünen und Kiesfelder gezockelt waren, die Windschutzscheibe staubverschmiert und die Sicht noch verschlechtert durch eine schnell untergehende orangefarbene Sonne, ging es hinunter, hinunter, dass wir dachten, das Auto würde auseinander fallen, hinunter über einen Furcht erregenden Abhang, der uns nicht, wie wir gehofft hatten, zum Meer führte, sondern auf eine fast senkrecht abfallende Klippe – und tief dort unten, nach fast einer Meile Steilabbruch, lag ein zauderndes Straßenpaar mit zwei Reihen von etwa fünfzig Häusern, die sich an die Küste klammerten, als wüssten die Bewohner nicht, was schlimmer ist, der abscheuliche Berg oder die wüste See. Aber das war unser zweifelhafter Zufluchtsort, und wir sollten uns besser beeilen: Denn vom Süden und vom Ozean her sahen wir eine rollende, weiße Wolkenbank herandrängen und sich über Bucht und Stadt legen, ein dicker, dichter Fluch eines Nebels, der nach unten kroch, ein Nebelfall, wenn es so etwas gibt, der wie Wasser fiel, ein Nebelrutsch, der nach unten sackte wie die dunkle Pranke Gottes, der drohte, die schmale, sparsam aus dem Fels gehauene und eng sich windende Serpentinenstraße zu verschlucken und uns und unser Auto einzuhüllen, bevor wir es überhaupt bis zur fragwürdigen Sicherheit der Esplanade schafften. So sah unser Empfang in Pisagua aus: ein Nebel, der dieses Scheinbild einer Stadt fünf Minuten nach unserer Ankunft überrannte und uns kaum Zeit ließ, die fremdartige Schönheit dieser Hafenstadt von einhundertundfünfzig Seelen zu erkennen, einst Stolz und Freude der Nitratindustrie, wo Opernensembles aus Mailand auftraten und Sarah Bernhardt Racine deklamierte, dieses Stück Land, das noch von Zeiten träumt, als seine Gebäude nicht verfallen waren und britische Gentlemen Ladies in weißer Spitze und mit Sonnenschirmen unter den großartigen tropischen Palmen und den riesigen knorrigen Bäumen, die noch heute die Küste säumen, spazieren führten.

Doch uns erwartete ein noch viel grässlicherer Empfang.

Nachdem wir uns durch diesen tristen Dunst getastet hatten und ein paar Mal Pisaguas einziges Hotel verfehlt hatten, schafften wir es schließlich, unser Auto vor der Fassade eines ehemals prächtigen, sehr hohen, zweistöckigen viktorianischen Hauses abzustellen, das an seiner Rückseite überragt wurde von einer Masse dunklen Betons, die an die Architektur der hässlichsten Sozialbauprojekte erinnerte. Es brannte kein einziges Licht, nichts deutete auch nur im Entferntesten auf Bewohntheit hin. Ich klopfte an die riesige Tür, während Angélica mir vorwurfsvoll vom Auto aus zusah. Niemand antwortete.

»Bist du sicher, dass jemand da ist?«, rief Angélica. Sie hatte mich bereits vorgewarnt, in diesem Nebel und dieser Dunkelheit werde sie diese Klippe nicht wieder hochfahren.

Ich erwiderte nichts. Ich konnte nicht absolut sicher sein, dass uns jemand empfangen würde. Man hatte mir gesagt, dass das Hotel oft geschlossen sei – was nicht

Pisagua

verwundert, da oft Wochen vergehen, ohne dass irgendjemand hierher kommt –, aber unsere Zimmer waren von Natalia Varela reserviert worden, der mächtigen Leiterin des Tourismusbüros für diese Region und einer von Sergio Bitars vielen Bekannten, die uns bei der Planung unseres Aufenthalts in Iquique geholfen und uns auch versichert hatte, dass die Besitzer des Hotels es extra für uns öffnen wollten. Aber was, wenn es ein Versehen gegeben hatte, vielleicht eine Verwechslung beim Datum, irgendein Problem in letzter Minute? Vielleicht mussten wir, anstatt in dem Gefängnis zu schlafen, in dem Freddy

Taberna und sein Bruder und Oscar Varela und so viele andere geschmachtet hatten, draußen auf den Felsen, zwischen den Ruinen campieren. Und wer wusste schon, ob das nicht eine bessere Lösung wäre, ein bisschen weniger bedrohlich und morbid, eine angemessenere Hommage an meinen ermordeten Freund?

Ich klopfte noch einmal.

Von drinnen Geräusche. Ein schwaches Licht sprang flackernd im Foyer an, und die Tür ging einen Spalt auf. Und in dem Spalt stand ein kleiner Lümmel mit Bürstenschnitt, der nicht mehr als fünf oder sechs Jahre alt war. Er schaute mich unverschämt an und sagte keinen Ton.

»Ist deine Mutter da?«

Der Junge schrie »*Mamáááá*«, und von drinnen antwortete eine weibliche Stimme, deren Besitzerin auch bald darauf erschien, eine junge, blonde, gut aussehende Frau Mitte zwanzig, die uns sagte, dass sie uns bereits erwarte, und uns riet, in die Seitenstraße zu fahren und dort zu parken, weil das Auto dort sicher sei.

Angélica, die sich inzwischen zu mir gesellt hatte, versuchte so zu tun, als sei es ein völlig normaler Besuch und dies ein ganz gewöhnliches Hotel, und stellte dem Jungen die Frage, die man jedem Kind stellt, um das Eis zu brechen.

»*Y tú, cómo te llamas?*«

Wie heißt du?

Und die Antwort, bevor er wieder in den höhlenartigen Tiefen des Hotels verschwand:

»Augusto.«

Wir schauten einander mit größerer Beklommenheit an, als wenn er Dracula gesagt hätte. Jeder, der in Chile seinen Sohn auf den Namen unseres früheren Tyrannen tauft, muss ein echter Fanatiker sein, ein Mensch also, dem wir eher aus dem Weg gehen würden – und vor allem hier, wo vor fast dreißig Jahren einer unserer Freunde zum Tode verurteilt wurde von einem Militärtribunal, das auf Befehl des Mannes handelte, dessen Namen dieses Kind so stolz trägt.

Und während wir argwöhnisch das Hotel betraten, als könnten noch die Schatten uns angreifen, bereiteten wir uns auf einen Abend vor, der unbezweifelbar ein entsetzlicher werden würde.

Ganz und gar nicht. Das liebevoll restaurierte Hotel befindet sich in dem alten Verwaltungsgebäude neben der Strafkolonie, und in den Zimmern im Erdgeschoss befindet sich noch immer ein Großteil des Inventars aus der Zeit, als das Haus gebaut und eingerichtet wurde, die Kammer, in der ein Richter residierte, das Büro, das in besseren Zeiten als *registro civil* von Pisagua diente, der Aufenthaltsraum für die Wachmänner und Beamten, in dem sich der kleine Augusto Stunde um Stunde von kriegerischen Cartoons verzaubern lässt. Charmanter ist ein Innenhof mit Bougainvilleen und subtropischen Pflanzen und Blumen, gesäumt von einer umlaufenden Galerie, wo wir unseren heiß ersehnten *pico-sour* trinken und einen Blick werfen auf ein Gewirr von Erinnerungsstücken. Flaschen aus alten Apotheken und alle möglichen Schlösser und vertrocknete Krebse. Grammophone und antike Kameras und kaputte Schreibmaschinen und Uhren – das Hotel ist voll von uralten Uhren, die alle zu unterschiedlichen Tageszeiten stehen geblieben sind. Und einige linke Poster, von Neruda und Violeta Parra und

Victor Jara, als wollten die Dekorateure den Besuchern zu verstehen geben, dass sie nicht verantwortlich sind für die Gräuel, die in dem hinter dem Hotel lauernden Gefängnis passiert sind. Und überall verstreut: Souvenirs aus den *salitreras*, wie ich sie in der *casa de administración* in Santa Laura gesehen habe, Gutscheine, Werkzeuge, Fotos, Wollsocken, mit denen sich die Arbeiter vor dem kochenden Wasser in den Kesseln schützten. Unsere Wirtin war gastfreundlich und wirkte höchst naiv, denn sie behauptete, dies sei keine schlechte Art, seinen Lebensunterhalt zu verdienen, an einem Ort, der, wie sie meinte, gesund sei für ihren Jungen und wo ihr Ehemann – Gott sei Dank geschäftlich unterwegs – nach Herzenslust tauchen könne. Sie hatte uns ein ausgezeichnetes und preisgünstiges Abendessen serviert, bevor sie uns nach oben zu unserem Zimmer führte, und zwar über eine Treppe, die – ich erfinde das wirklich nicht – nach einem toten Tier stank, einer Ratte, die unter den Bodendielen verweste, einer Leiche, einer Leiche, und plötzlich stieg Panik in mir hoch, all die Erinnerungen, die dieser Ort verbirgt, stürzten auf mich ein; doch ansonsten ist das Hotel sauber und ruhig, bis auf das gelegentliche Kreischen eines weißen Papageis, der im Innenhof in einem gigantischen Vogelkäfig auf und ab hüpft. Und unser Zimmer mit seinen hohen Wänden und der antiken Kommode und dem quietschenden Bett erinnerte Angélica an das Zimmer auf dem Land, wo sie fast ihre ganze Kindheit und einen Großteil ihrer Jugend verträumt hatte. So dauerte es nicht lange, bis sie eingeschlafen war, erschöpft von einem Tag, der im *registro civil* von Iquique angefangen hatte und nun, nach langen Stunden der

Wüstendurchquerung und schließlich der gefährlichen Fahrt hinunter ins Inferno von Pisagua, in diesem Zimmer zu Ende ging.

Doch ich hatte noch Dinge zu tun, bevor ich diesen Tag beendete, bevor ich die Augen schloss.

Ich ging zum nur wenige Meter entfernten Meer hinunter und machte meine Yoga-Übungen, und während ich entspannt aus- und einatmete, versuchte ich ganz bewusst, mich auf Freddy zu konzentrieren. Seine Zelle war direkt hinter und leicht über mir in dem nächtlichen Dunst, der in den Bäumen hing, der von den Blättern der Bäume tropfte. Genau das hatte er wohl gehört in seiner letzten Nacht, und ich war mir ganz sicher, dass er keine Minute geschlafen hatte, dass er diesen Geräuschen gelauscht hatte, den Wellen und dem rhythmischen Rieseln der Kiesel, der Pi-pi-pi-Klage der Seevögel, dem eintönigen Bellen der Hunde, dem Flehen des Windes. Ich saugte den Wahnsinn des Hierseins tief in mich ein, dass ich am Leben und er tot war, das Neben- und Gegeneinander von Schönheit und Grauen, von Normalität und Perversion, das mich betrübt und erstaunt und fasziniert, wie konnten wir das Abendessen genießen und zugleich spüren, wie am Rand unserer Wahrnehmung jener Betonblock lauert, der so viele verzweifelte Männer so viele verzweifelte Stunden lang umschlossen hatte.

Wie hatte Freddy hier enden können, in dieser Zelle, wo er ebendiesem Meer lauschte in seinen letzten Stunden auf diesem Planeten, den wir mit so viel Freude und so viel Hoffnung geteilt hatten?

In den letzten Wochen hatte ich mich Freddy immer stärker angenähert, hatte die Schritte rekonstruiert, die ihn hierher gebracht hatten, und ihn so im Tod noch besser kennen gelernt, als ich ihn im Leben kannte. Angefangen mit einer dreistündigen Unterhaltung mit seiner Witwe Jinny in Santiago, dann die langen Reminiszenzen von Lautaro in San Pedro de Atacama und Oscar Varela und seiner Frau Leyla in Iquique und schließlich die Informationsfetzen, die fast jede zufällige Begegnung mir lieferte, die Gespräche mit Senator Ricardo Núñez und Ivor Ostoijic und Sergio Bitar und Senén Durán und Sergio González und Guillermo Ross-Murray Lay-Kim, jeder, den wir trafen, schien eine Freddy-Taberna-Geschichte zu haben, doch den wichtigsten Bericht von allen hörte ich inmitten des Klackens von Roulettkugeln im Casino von Iquique am Abend vor unserer Abfahrt, dem Abend, als ich endlich Pichón Taberna begegnete, Freddys Halbbruder, der letzte Mensch, der mit Freddy vor dessen Tod sprach.

Schon von dem Augenblick an, da Freddy und ich uns trafen, hatte ich gewusst, dass er ein ganz außergewöhnlicher Mensch war, aber erst jetzt, da ich von Santiago nach Pisagua gereist bin auf der Suche nach dem Ort und den Umständen seiner Hinrichtung, beginnt das wahre Bild seines Lebens sich herauszuschälen, und das ist noch viel außergewöhnlicher, als ich es in unserer gemeinsamen Jugend vermutet hatte.

Freddy war ein uneheliches Kind gewesen, das vorwiegend von seiner peruanischen Großmutter Justina und seinen Onkeln – beide Fischer – aufgezogen wurde, und wie den meisten der armen Kinder um ihn herum in den Straßen von Iquique wäre es ihm wohl beschieden gewesen, ein Leben lang *mariscos* aus dem Meer zu holen,

Iquique: Oscar Valera und seine Frau Leyla mit einem Foto von Freddy und Jinny aus der Zeit, als die beiden in Iquique wohnten

hätte er nicht schon in sehr jungen Jahren den Drang verspürt, jedes Buch zu lesen, das er in die Finger bekam. Dies waren die beiden Welten, die er immer mit sich herumtragen würde, einerseits das derbe Getümmel der Straßenkämpfe und Obszönitäten und des Nicht-Wissens, woher man das nächste Abendessen nehmen sollte, und andererseits das vergeistigte Reich des Intellekts und der Revolution. Zwei Welten, die Freddy von Anfang an problemlos miteinander vereinbaren oder zumindest nebeneinander stellen konnte. Es gibt da einen Felsen, von dem Jinny mir erzählt hat, vor einer von Iquiques Buchten, einen großen, rissigen, schwärzlichen Brocken, auf dem ich vor ein paar Tagen gestanden bin und auf dem Freddy jeden Morgen bei Sonnenaufgang seine

Hausaufgaben machte. Es war sein Schreibtisch im Freien. Er benutzte ihn aber auch, um die Schalentiere aufzubrechen, die er nach seinen Schulaufgaben in derselben Bucht fing und die oft seine einzige Mahlzeit des Tages waren. Er hatte nie zu verbergen versucht, wer er war oder woher er kam, nie versucht, à la Eliza Doolittle, aus sich etwas zu machen, das er nicht war. Ich selber habe ihn, in den Tagen unserer erfolgreichen Studentenkampagnen, erlebt, wie er Gegner mit einem Schwall vulgärster Flüche angriff und unvermittelt zu den raffiniertesten marxistischen Argumenten wechselte. Dieses mühelose Pendeln zwischen dem Verfassen hochkomplexer Essays über die Aymara-Indianer und ihren Einfluss auf den Norte Grande und dem tiefen Verständnis für das verarmte und analphabetische Leben, das die meisten Chilenen führten, kam ihm bei unserer gemeinsamen Arbeit in den Elendsquartieren Santiagos gut zustatten, aber ich hatte nicht erwartet – und tatsächlich auch gar nicht gewusst –, wie sehr es auch sein Bild in seiner Geburtsstadt Iquique prägte. Als erstes Arbeiterkind aus dem Viertel, das es je auf die Universität geschafft hatte, war er zu Hause zu einer Legende geworden, und wenn er jeden Sommer zurückkehrte – um in niederen Jobs zu arbeiten und sich weiter sein Essen aus dem Meer zu holen –, wurde sein Zug immer von einer Horde junger Männer empfangen, die ihm überallhin folgten, als wäre er ein Boxchampion. Es war dieses Charisma, das es ihm eines Sommers ermöglichte, so zumindest Senén Durán, alle Experten für das Wort *iquique* zusammenzurufen, sie in einem Raum einzuschließen und ihnen so lange Nahrung – allerdings nicht Getränke – zu verweigern, bis sie zu der einstimmigen Entscheidung kamen, dass das Wort sich aus dem Aymara-Begriff für einen Schlafplatz der Seevögel herleitete.

So war also Freddy: beliebt und klug, humorvoll und analytisch, energisch und mutig, ungezwungen im Umgang mit Menschen und vertraut mit wissenschaftlicher Forschung, bereit, mit den Fäusten, und bereit, mit dem Mund zu kämpfen. Beinahe zweisprachig, denn er wechselte mühelos vom Slang der Straßenkinder zur Sprache des akademischen Genies. Ich weiß durchaus um die Gefahr der Überidealisierung eines Menschen aus der Distanz des Todes. Natürlich hatte ich damals Differenzen mit ihm und hätte sie wohl auch jetzt, wenn wir uns hinsetzen und so hitzig debattieren würden wie in unseren Studententagen. Mir war es immer so vorgekommen, als wäre er, trotz seiner echten Verehrung für die Demokratie und vor allem für Allende, besessen von der letztendlichen Notwendigkeit des bewaffneten Kampfes, sollten die Armen ihr Schicksal je wirklich ändern wollen, und das trotz unserer chilenischen Revolution, die sich einen friedlichen Weg zum Sozialismus auf ihre Fahnen geschrieben hatte. Ein revolutionärer Prozess, der meinem Freund Raum geben sollte, um zu reifen und zu wachsen und seine Talente als geborener Führer zu beweisen. Er war nicht gänzlich eine Anomalie, dieser Freddy, in einem Land, in dem die gesamte Arbeiterklasse, aus der er stammte, sich aus Armut und Machtlosigkeit erhoben und 1970 angefangen hatte, mit Allende zu regieren, dem ersten Präsidenten Chiles, der je einen Textilarbeiter zum Arbeitsminister und einen Bauern zum Agrarminister ernannte. Und der Freddy Taberna mit siebenundzwanzig Jahren – und zu der Zeit bereits wieder zurück in seiner Heimatstadt Iquique – zu einem der mächtigsten Männer im Norte Grande machte – dem Mann, der die sozialistische Partei in dieser Region führte und außerdem verantwortlich war für Odeplan, so etwas wie ein regionales Wirtschaftsministerium.

Und tatsächlich war es dieser Posten, der ihn mit einer Herausforderung konfrontierte, die mehr als alles andere seine menschliche Größe beweist. »Eines Tages«, erzählte Jinny mir in Santiago, »es muss 1972 gewesen sein, klingelte es bei uns an der Haustür, und ich öffne die Tür, und vor mir steht Freddys Vater.« Sie hatte ihn erkannt, weil Freddy ihr einige Monate nach ihrer Ankunft in Iquique eines Tages auf der Straße einen Mann gezeigt hatte – *siehst du den Kerl da drüben, das ist mein Vater*. Sie war erstaunt. *Du kennst ihn also?*, hatte sie ihn gefragt. *Habe ihn nie getroffen*, war Freddys Antwort. Jinny meinte, Freddy solle doch zu dem Mann hingehen, der seine Mutter verlassen und sich nie um ihn gekümmert hatte, dem Vater, dem einige Lastwagen gehörten, der seinem Sohn aber nie auch nur die geringste Hilfe angeboten hatte. Freddy weigerte sich, ihn auch nur zu begrüßen, und zuckte nur die Achseln. *Mir ist das ziemlich egal. Hab' noch nie mit ihm geredet, muss auch jetzt nicht mit ihm reden.*

»Und jetzt«, erzählte Jinny weiter, »stand er da. Und der Vater fragt: ›Ist el Señor Taberna zufällig zu Hause?‹ Ich sagte ihm, er solle warten, ging zu Freddy und sagte: ›Es ist dein Vater. Er ist an der Tür.‹ *Was will er denn?* ›Er hat nach *el Señor Taberna* gefragt.‹ Er nannte ihn also beim Namen seines Stiefvaters, dem Namen, den Freddy von seinem Stiefvater übernommen hatte.

Was kann ich für dich tun? Freddy bat ihn herein, bot ihm einen Platz an und fragte, wie er ihm helfen könne. Das war typisch für Freddy – andere zu verstehen, was sie vielleicht durchmachten, seinem Vater die Befangenheit zu nehmen, ihn nicht verurteilen. Sein Vater meinte, er habe *el Señor Taberna* wirklich nicht belästigen wollen, und brachte nur sehr schüchtern vor, dass er ein paar Probleme habe.«

Es war die Zeit, als der amerikanische Wirtschaftsboykott gegen Allendes Regierung und interne Sabotage zu einer ernsthaften Verknappung von Ersatzteilen für Maschinen und Fahrzeuge geführt hatten – und es war Odeplan, dem Freddy vorstand, der über die Verteilung dieser wertvollen Ersatzteile bestimmte. Jinny sah ihnen von einem Winkel des Zimmers aus zu, und ihr fiel auf, dass zwischen beiden absolut nichts Spezielles vor sich ging, sie redeten wie zwei beliebige Erwachsene, die sich noch nie getroffen hatten, zwei Fremde, die nichts verband, nicht einmal die geringste Anspielung darauf, dass der Vater den Sohn unzählige Male Fischerboote reinigen, Fußböden wachsen und Fenster wischen gesehen hatte, ohne ihm auch nur zuzunicken. »Nachdem sein Vater gegangen war«, fuhr Jinny fort, »sagte ich Freddy, er solle ihn doch zu *la punta del cerro* schicken (dem Äquivalent von zur Hölle schicken). *Auf keinen Fall,* sagte Freddy. *Ich helfe ihm, wie ich jedem anderen helfen würde.*«

Der selbstlose und großzügige Freddy.

Das sollte aber nicht mit Weichheit verwechselt werden, vor allem nicht in der Hinsicht, dass er sich etwa den Feinden der Revolution gegenüber flexibel und unbeschwert gezeigt hätte. In diesen angespannten, von heftigen Auseinandersetzungen geprägten Zeiten, als der Militärputsch näher rückte, hatte Freddy sich viele Feinde gemacht und wurde von der Gegenseite als einer der gefährlichsten Mitglieder der Regionalregierung ins Auge gefasst. So hatte ein Freund aus Antofagasta – Eugenio Ruiz Tagle, der nach dem Putsch selbst entsetzlich gefoltert und verstümmelt werden sollte – Freddy gewarnt, die Armee habe im Fall ihrer Machtübernahme vor, ihn zu töten; Eugenio hatte mitgehört, wie General Forestier, der Regionalkommandant, Freddy Taberna als einen der Ersten nannte, die sie würden eliminieren müssen.

Als ich diese Gesichte hörte, zuerst von Jinny und dann von Lautaro Núñez, überlegte ich mir, ob nicht Pinochet hinter dieser Entscheidung gesteckt haben könnte, und ich fragte sie, ob sie keine Beweise für die Mitwirkung des Diktators an Freddys Hinrichtung hätten oder zumindest Gerüchte darüber, und sowohl Jinny wie Lautaro antworteten, dass sie nichts hätten außer einem Verdacht.

Aber Pinochet hatte wirklich den Befehl zur Ermordung Freddys gegeben, wie Angélica und ich während dieser Reise durch Zufall herausfanden. Und die Informantin war, so bizarr das auch erscheinen mag, Angélicas Tante Laura Müller gewesen. Sie hatte der Familie Pinochet nahe gestanden, hatte sie in den frühen Sechzigern, als *el General* das örtliche Regiment in Iquique befehligte und Laura Richterin am Appellationsgericht war, oft besucht und mit seiner Frau, Lucía Hiriart, Bridge gespielt. Und als Mitte der Siebziger Pinochet, nun der starke Mann Chiles, Iquique – seine liebste Stadt auf der Welt! – besuchte, trafen sich Laura und der Diktator und unterhielten sich in herzlichem Einvernehmen miteinander, so zumindest unser neuer Freund Ivor, der an dem Abend, als wir in seinem Haus aßen, Lauras Version dieser Unterhaltung wiedergab.

Auch wenn Ivor Laura nicht verletzen wollte, indem er die schmerzhafte Vergangenheit zur Sprache brachte, konnte er doch nicht anders, als sie zu fragen, wie sie sich mit dem Diktator Chiles an einen Tisch hatte setzen und ein Glas mit ihm trinken können, obwohl doch ihr eigener Sohn Fernando unter *condiciones extrañas* – Ivor benutzte den Begriff »merkwürdige Umstände«, ein taktvoller Euphemismus für Fernandos Ermordung – ums Leben gekommen war.

An Lauras Antwort erkannte Ivor, dass sie dies alles verdrängte, dass sie sich weigerte, dem Militär die Schuld für den Tod ihres fast blinden Sohnes Fernando wenige Jahre nach dem Putsch zu geben. Denn Laura wechselte einfach das Thema. »Ich habe die Gelegenheit genutzt, um Pinochet etwas anderes zu fragen«, sagte sie. »Ich habe ihn gefragt: ›Warum hast du Freddy Taberna getötet?‹«

Ivor erklärte, dass Laura Freddy von Kindesbeinen an gekannt hatte, dass sie immer ein Auge auf ihn gehabt und ihn sehr gemocht hatte. Vielleicht hatte sie aber eigentlich etwas über ihren Sohn erfahren wollen, hatte nach Fernando fragen wollen und stattdessen nach Freddy gefragt.

Pinochet jedenfalls war kein Mann für Feinheiten der Interpretation und hatte geantwortet: »Was zum Teufel hätte ich denn deiner Meinung nach tun sollen, Laurita? Darauf warten, dass er sich zum Kommandanten des Widerstands aufschwingt, dass er zu den Waffen greift und die Revolte gegen mich anführt? Du weißt doch, was für ein Führer er hätte werden können. *Tuve que matarlo.* Ich musste ihn töten.«

Doch ganz so einfach sollte es dann doch nicht sein.

Am Tag des Putsches, am 11. September 1973, war Freddy in den Untergrund gegangen – er war von Haus zu Haus geschlüpft und hatte versucht, seine beeindruckende körperliche Erscheinung so gut wie möglich zu verstecken. Freddy war groß, außerordentlich agil und muskulös, mit auffälligen Gesichtszügen, die ich immer als vorwiegend einheimisch betrachtet hatte, wobei ich jedoch auf dieser Reise entdeckte, dass er seinem kroatischen Großvater mütterlicherseits viel mehr verdankte – auf jeden Fall war Freddy unverkennbar, auch nachdem er seinen struppigen Bart abrasiert und die zerzausten Haare abgeschnitten hatte. Dass das Militär trotz unaufhörlicher Razzien nicht fähig war, ihn aufzuspüren, lag vor allem daran, dass ihm die Patres Oblatos schließlich Zuflucht gewährt hatten, Mitglieder ebenjenes Priesterordens, der in den 1930ern in Humberstone den ersten Kindergarten der *pampa* gegründet hatte – und dessen Abt, ein kanadischer Staatsbürger, teuer dafür bezahlen sollte, dass er Freddy aufnahm. Die Armee verhaftete ihn, fuhr ihn zur peruanischen Grenze und warf ihn aus dem Land. Im peruanischen Tacna beweinte der Priester den Verlust des Landes, das er inzwischen als seine Heimat betrachtete.

Freddys Schicksal sollte natürlich viel schlimmer sein als das Exil. Er war gezwungen, sich zu stellen, als die Armee sechs Tage nach dem Putsch Jinny verhaftete und das falsche Gerücht streute, sie werde im örtlichen Regiment von Soldaten reihenweise vergewaltigt, während ihre beiden Kinder, Nacho (drei Jahre) und Daniela (ein Jahr) in absoluter Einsamkeit und Verwahrlosung lebten (was ebenfalls nicht stimmte, denn zunächst kümmerten sich Oscar Varela und seine Frau um sie und dann Jinnys Mutter und ihre Schwester, die aus ihrer Heimatstadt La Serena nach Iquique gekommen waren, um zu helfen).

Man ließ Jinny gehen, als Freddy festgenommen war, aber sie sollte schon bald wieder verhaftet werden. Doch zuvor gelang es ihr, einen Anwalt zu finden, der bereit war, ihren Gatten zu verteidigen – eine schwierige Aufgabe, da Freddy in Isolationshaft in einer Art Container gehalten wurde, wo er unter der heißen Sonne Iquiques schmachtete und viele Tage lang gefoltert wurde. Bevor das Militär sie wieder abholte, hatte sie Freddy noch ein letztes Mal gesehen. Aus der Ferne. Sie hatte vor dem Militärhauptquartier gewartet, wohin man Freddy zum täglichen Verhör brachte, und ihre Geduld zahlte sich aus, denn eines Tages erhaschte sie einen kurzen Blick auf ihn. Jinny rief, und Freddy drehte sich um und lächelte und machte mit der Hand eine Geste, als wollte er sagen, mir geht es gut, pass auf dich auf.

Dabei war er derjenige, der auf sich aufpassen musste.

Er war derjenige, der einen Monat später hier in Pisagua landete und sich vor einem Militärtribunal den Anklagen der Volksverhetzung und des Vaterlandsverrats stellen musste. Um die Sache noch schlimmer zu machen, war der Staatsanwalt (*fiscal militar*) kein anderer als Mario Acuña, ein Mann, den Freddy nur wenige Wochen vor dem Putsch öffentlich einen Kriminellen genannt hatte, ein allseits bekannter Drogendealer, der sich in diesen ökonomisch turbulenten Tagen auch als Schmuggler und Schwarzmarkhändler versucht hatte. Acuña hatte bereits angefangen, offene Rechnungen zu begleichen. Oscar Varela – ein apolitischer Fischereiexperte, der ebenfalls verhaftet und nach Pisagua geschafft worden war, nur weil er Freddys Freund war – hatte die Erlaubnis, mit einem Sergeanten jeden Morgen an die Spitze der Bucht zu gehen und nach Schalentieren zu tauchen – eine von den Offizieren sehr geschätzte Delikatesse –, und von dort aus wurde er Zeuge der Exekution von vier von Acuñas Drogenhändlerkomplizen am anderen Ende des Hafens.

Und jetzt war Freddy Taberna diesem Acuña auf Gedeih und Verderb ausgeliefert.

Und nun, fast dreißig Jahre später, stand ich hier und besuchte den Ort, wo Freddys Urteil gesprochen wurde, wo er sich von seinem Bruder verabschiedet und sich auf das ihm Bevorstehende vorbereitet hatte.

Ich hatte mir Gedanken gemacht über diese meine eigene Nacht hier in Pisagua, seit ich den Beschluss gefasst hatte, in den Norte Grande zu gehen, um dieses Buch zu schreiben, ich hatte mir gedacht, dass ich die Stunden bis zum Morgengrauen vielleicht in einer Nachtwache verbringen würde, entweder vor dem Gefängnis oder im Hotel, nur wenige Meter von Freddys Gefängnis entfernt, getrennt nur durch eine Balustrade, ich hatte mich auf eine Art Trauerzeremonie vorbereitet, doch als ich jetzt die Stufen zu unserem Zimmer hochstieg – wieder überfiel mich dieser faulige Geruch –, hatte ich eine Vision von Freddy, der mich auslachte und sagte *no seái huevón*, sei doch kein Narr, du brauchst deine Kraft für morgen,

Pisagua-Hotel: Die Hotelbesitzerin vor ihrer Küche im ehemaligen Gefängnishof

Ariel, und ich lächelte ihn an und fiel in einen traumlosen Schlaf, aus dem ich heute Morgen aufwachte. Diesen Tag, den Samstag, will ich nutzen, um mir zunächst das Gefängnis selbst anzusehen und dann ans andere Ende der schräg abfallenden Bucht zu dem Friedhof zu fahren, wo Freddy sich dem Erschießungskommando gegenübersah.

Dies hier ist also der zentrale Innenhof, auf dem, am Abend des 29. Oktober 1973 genau um zehn Uhr, Lt. Col. Ramón Larraín zu den Gefangenen gesprochen und ihre Aufmerksamkeit verlangt hatte. »Wir waren in unseren Zellen im oberen Stock eingeschlossen«, hatte Oscar Varela uns in seinem Haus in Iquique erzählt, »deshalb konnten wir den Offizier nicht sehen, egal, wie fest wir uns auch an die Gitterstangen pressten. Und Freddy und die anderen konnten wir auch nicht sehen.«

Angélica und ich steigen die Holztreppe in den zweiten Stock des Gefängnisses hoch und sehen, was Oscar meinte. Die überfüllten Zellen – fünfhundert politische Gefangene in einer für sechzig Strafgefangene gebauten Anstalt – sind einen halben Meter zurückgesetzt von den Laufgängen und den Geländern, die das Innere des Gefängnisses säumen und in den Leerraum des Innenhofs hineinragen, auf dem Larraín sich daranmachte, die vom Militärtribunal diktierten Urteile zu verkünden. Ich recke den Hals, versuche zu sehen, was diese Männer vielleicht gesehen haben: unpassenderweise nur das Hotel mit den prächtig blühenden Bougainvilleen. Diese fünfhundert Männer waren also gezwungen zuzuhören, wie Larraín die Namen der zehn Geiseln verlas, die am nächsten Tag bei Morgendämmerung hingerichtet werden sollten, sie wurden sehr still, weil sie hören wollten, wie die Verurteilten, die unten zusammengetrieben wurden, reagierten, aber kein Laut drang durch die Leere zu ihnen hoch. »Wenn ich es mir recht überlege«, hatte Oscar gesagt, »vielleicht war Freddy zu dem Zeitpunkt noch in seiner Zelle.« Und als Larraín dann eine Stunde später zurückkehrte und verkündete, dass es ihm gelungen sei, sechs der zehn Urteile in Lebenslänglich umwandeln zu lassen, da keimte wieder Hoffung auf, dass Freddy und seine drei *compañeros* letztendlich ebenfalls verschont werden würden.

Doch wenige Minuten später fingen Soldaten an, Kreuze aus Streifen weißer Plastikgaze an die Wand neben jeder Zelle zu kleben, wobei jeder Rekrut versuchte, den Gefangenen möglichst nicht in die Augen zu sehen, und dann erhob sich, vom Ende der Treppe, aus dem Innenhof, in dem Larraín die Urteile verkündet hatte, die Stimme des Kaplans, der an diesem Morgen hereingeflogen worden war und der jetzt eine Messe für die vier Männer las, die in Kürze sterben sollten und die selbst, in ihren winzigen Verschlägen, in denen sie in Einzelhaft gehalten wurden, diese Gebete hörten.

Dort hinunter steigen Angélica und ich als Nächstes, ins Erdgeschoss, und wieder bleiben wir vor der großen Tür in der einen Wand des Innenhofs stehen, hinter der, laut Pichón, Freddy eingesperrt gewesen war. Die Tür war in dieser Nacht fest verschlossen gewesen, aber jetzt öffnet sie sich geräuschlos, und ich betrete diese ordentliche, strahlend frisch gestrichene Kammer, schließe die Tür hinter mir und sehe, wie das Licht durch die senkrechten Gitterstangen über dieser Tür hereinströmt. Viel zu hoch, als dass Freddy hätte hinaussehen können. Er hätte sich auch nicht hochziehen können, um durch das große Fenster in der Rückwand zu schauen, durch das jetzt die Geräusche des Meeres hereinwehen – vielleicht hatte es in dieser Nacht eine Brise gegeben wie jetzt.

Hier also hatte Freddy angefangen, Lieder zu singen; Oscar Varela hatte uns erzählt, dass sie Freddy die ganze Nacht lang singen hören konnten. Die drei anderen Verurteilten waren stiller gewesen. Larraín hatte ihnen Stift und Papier gegeben, damit sie ihren Lieben Briefe schreiben konnten. Aber Freddy hatte dieses Angebot seines Gefängniswärters ausgeschlagen. Laut Jinny wollte er nicht, dass sie den Rest ihres Lebens damit zubrachte, immer wieder den letzten Brief zu lesen, den er je geschrieben hatte. Er hatte ihr eine Nachricht geschickt, »damit ich wusste, dass er mich liebte«, und als Jinny mir das in Santiago erzählte, war ihre Stimme so ruhig und fest wie damals, als wir im Toronto unseres gemeinsamen Exils zum ersten Mal miteinander gesprochen hatten, »und er wisse, wie sehr ich unter seinem Tod leiden werde, was mit mir passieren werde. Aber auch, dass ich eine starke Frau sei und einen besseren *compañero* finden werde, um das Leben mit ihm zu teilen. *Que me recordará los dos juntos, así como habíamos vivido*. Um ihn in Erinnerung zu behalten zusammen mit mir, wir beide zusammen, so wie wir einmal gelebt hatten.«

Wir wissen, dass das Freddys letzte Worte an seine Frau waren, denn kurz vor Mitternacht an diesem 29. Oktober wurde sein Halbbruder Pichón von einem Soldaten vor seiner Zelle gerufen: »Taberna, Héctor Taberna.«

»*Presente!*«

Pisagua-Hotel: Freddy Tabernas Zelle

»Ihr Bruder will mit Ihnen sprechen.«

Vor zwei Tagen, am Donnerstag, den 23. Mai, unserem letzten Abend in Iquique, erzählte mir Pichón von diesem Abschiedsgespräch mit Freddy. Es war ziemlich schwierig, ein Treffen mit ihm zu vereinbaren, denn Héctor Taberna schläft den ganzen Tag und arbeitet nachts bis Sonnenaufgang im Casino als Aufseher – eine Arbeit, die er erst nach der Rückkehr der Demokratie angeboten bekam, weil er, wegen seiner Blutsbande mit Freddy, wie er sagte, in den siebzehn Jahren der Diktatur von den Behörden systematisch von jeder Arbeit ausgeschlossen worden war. Also trafen wir uns schließlich im Casino, nur Pichón und ich, weil Angélica darauf bestanden hatte, dass ich allein gehen sollte, dass Pichón dann gesprächiger sein würde. Wie immer sollte sie Recht behalten – gleich zu Anfang erzählte Pichón mir, dass er mit Freddys Bild gesprochen habe, bevor er an diesem Abend zur Arbeit ging. »Ich werde heute deinen alten Freund Ariel Dorfman sehen«, hatte er gesagt. Das war ein Ritual, das er sich im Lauf der Jahre angewöhnt hatte, mit Freddy zu sprechen, immer wenn er das Haus verließ, in der Hoffnung, dass es ihm Glück bringe. Er hatte immer große Hochachtung vor diesem sechs Jahre älteren Bruder gehabt, der erreicht hatte, was niemand in Iquique sich auch nur zu erträumen gewagt hätte: ein armer Fischerjunge, der einen Universitätsabschluss hatte und einer der Geographen gewesen war, die bei einem Konflikt mit Argentinien den Grenzverlauf neu bestimmt hatten, und der ein Stipendium für die Vereinigten Staaten erhalten hatte und der der Führer der Studentenschaft und von Odeplan gewesen war und ...

Pichón hatte etwas Unheimliches, fast Schockierendes an sich, die Art, wie er seinem Bruder glich, die Hakennase, die langen Haare, die große, schlanke Gestalt. Ich hatte Freddy seit beinahe vierzig Jahren nicht mehr gesehen, nicht einmal eine Abbildung, und das Bild, das ich in meinem Geist gespeichert und geformt und weichgezeichnet hatte, war ganz anders als der Freddy auf den Fotos, die Jinny und Oscar und Leyla und Lautaro und andere Freunde mir in diesen letzten Wochen gezeigt hatten. Dabei war Pichón nicht unbedingt Freddys Ebenbild. Er war weniger attraktiv, die Mandelaugen waren wässerig-rot, die Haare hatten weiße Strähnen, und die Nase war flacher, wie mir auffiel, als ich jetzt genauer hinsah, aber er brachte mir unvermittelt das Fleisch und Blut, die Wärme und Farbe des Freddy, den ich gekannt und geliebt hatte, zurück, viel mehr als die alten Fotos, die mich eher von meinem Freund entfernten und nicht zu meinen Erinnerungen passten. Es war, als würde eine leicht veränderte Kopie von Freddy in mein Leben zurückkehren, genau in dem Augenblick, da ich ihn am meisten brauchte, kurz bevor ich die Geschichte seiner letzten Begegnung mit der Familie hörte, sie von seinem jüngeren Bruder hörte.

»Ich war eben die Treppe heruntergerannt, und sie öffnen die Zelle, und ich sehe Freddy, und ich werfe mich in seine Arme und drück ihn so fest, so fest ...«, und Pichón schlang die Arme um seinen Oberkörper, als wäre er Freddy, als wäre Freddy gleich neben den Stühlen, auf denen wir im Casino von Iquique saßen, nur ein paar Schritte entfernt von den Roulettetischen mit ihren klappernden Kugeln und den Blackjack-Gebern, die ihre Asse und Sieben und Könige austeilten, »und er beruhigt mich, er fängt an, mir über die Haare zu streichen, die so lang waren wie jetzt, bis es mir wieder besser geht, *beruhige dich, beruhige dich*, und jetzt kann ich mich von ihm lösen, und ich sehe sein Gesicht, ich sehe die Spuren der Folterungen, und er ist so ganz, so voller Würde, *tan íntegro*, und er sagt, dass alles gut ist und dass der Kampf weitergeht, dass ich fünf Jahre warten soll, dass ich mich fünf Jahre lang bedeckt halten soll und dann aber wiederkommen und neu anfangen soll zu kämpfen, und ich kann's gar nicht glauben, dass er es ist, der mir Mut macht, und er trägt mir auf, dass ich den anderen *compañeros* sagen soll, sie dürfen nicht traurig sein und keine Angst haben. Und dann hat er mir seine Uhr geschenkt.«

»Und dann?«

»Wir haben die ganze Nacht nicht geschlafen. Wir konnten Freddy singen hören, und dann kurz vor Sonnenaufgang haben sie ihn herausgeholt, und wir konnten ihn sehen, als er weggebracht wurde, und er hatte die Faust erhoben.«

»Hat er Ihnen sonst noch etwas gesagt?«

»Nur dass die Anschuldigungen gegen ihn alle falsch sind und dass der Prozess illegal war und auch ...«

»Und auch?«

»*Ojalá que no me duela*. Ich hoffe, es tut nicht weh.«

Ich musste schlucken, als ich das hörte. Es war einfacher, mit einem heroischen Freddy umzugehen, einem Super-Freddy, als mit dem durchschnittlichen, gewöhnlichen Freddy, der sich, wie jeder auf diesem Planeten, vor dem entsetzlichen Tod fürchtete, der ihn erwartete. Ein Freddy, der sich gestattete, wenn auch nur für einen

Augenblick, Angst zu zeigen. Das brachte mich ihm sehr nahe, diese Angst vor dem Schmerz, die sicher ihren Ursprung hatte in dem, was man ihm Tag für Tag und Nacht für Nacht angetan hatte in den verschiedenen Verliesen, in denen man ihn gehalten hatte. Und ich war überwältigt von der Realität dessen, was er gedacht und durchlebt haben musste, ich hatte plötzlich die unwiderstehliche Sehnsucht, umarmt zu werden, Freddy zu umarmen, Pichón, irgendjemanden.

In diesem Augenblick stieg etwas in mir hoch, das Jinny mir in Santiago erzählt und das ich zu vergessen versucht hatte, womit ich mich zumindest zu der Zeit nicht zu intensiv hatte beschäftigen wollen. Das Jahr nach Freddys Tod hatte Jinny, so berichtete sie, in einem Nebel zugebracht. Was sie über diese Zeitspanne weiß, kommt von ihrer Mutter, ihrer Schwester, ihren Freunden, sie persönlich erinnert sich jedoch an keinen einzigen Augenblick. Dass sie langsam aus dem Irrsinn und der Depression, in die Freddys Hinrichtung sie gestoßen hatte, wieder herausklettern konnte, lag daran, dass sie anfing, anderen Frauen zu helfen, deren Ehemänner ermordet worden oder verschwunden waren, und vor allem daran, dass sie sich nun auch um die Kinder kümmern musste. Psychologen hatten ihr den, wie sie jetzt glaubt, schlechten Rat gegeben, ihrem ältesten Sohn und der jüngeren Tochter nichts vom Schicksal ihres Vaters zu erzählen. So erzählte sie Nacho – der als Erster fragte, der als Erster begriff, dass er, im Gegensatz zu den meisten anderen Kindern in seiner Umgebung, keinen Vater hatte –, dass Freddy auf Reisen oder dass er im Ausland sei und eines Tages zurückkehren werde, sie log also, um ihrem Sohn Kummer zu ersparen, und vielleicht belog sie sich auch selbst. Bis sie einige Jahre nach Freddys Ermordung in Santiago mitten auf der Tobalaba, einer breiten, von Laubbäumen gesäumten Avenue, die an einem großen Kanal mit grünem Wasser entlangführt, beschloss, dem Kind die Wahrheit zu sagen.

Nachito, weißt du, dass dein Vater tot ist?

Wie ist er gestorben?

Das Militär hat ihn umgebracht.

Wie haben sie ihn umgebracht?

Sie haben ihn erschossen.

Ins Herz?

Ja.

Und hat es ihm wehgetan?

Jinny antwortete nicht, und Nacho stellte die Frage nie wieder.

Da ist es doch viel angenehmer, an Freddy zu denken, wie er sang, während sie ihre Gewehre anlegten, und so viel schwieriger, sich auf den Augenblick zu konzentrieren, als die Kugeln seinen Körper trafen. Denn Jinny hatte mir außerdem erzählt, dass die Soldaten des Erschießungskommandos gewöhnliche Wehrpflichtige gewesen waren, keine sehr guten Schützen, und als sie ihren Auftrag vermasselten, war es Espinoza Davies, ein Hauptmann, der später als Kommandant von einem von Pinochets Folterzentren traurige Berühmtheit erlangen sollte, der zu Freddys von Kugeln zersiebtem Körper gegangen war und ihn aus kürzester Entfernung mit einer Armeepistole erschoss.

All dieser Schmerz kam jetzt wieder zu mir zurück, überflutete mich aufs Neue, im Casino in Iquique, all das, was ich eigentlich aus meinem Gedächtnis hatte löschen wollen, was aber Pichóns Worte jetzt wieder an die Oberfläche meines Bewusstseins hoben.

Unsere Unterhaltung näherte sich dem Ende.

Jemand hatte uns unterbrochen und Pichón informiert, dass er an einem der Tische gebraucht werde. Pichón schaute mich traurig an. »Wissen Sie, seitdem trage ich ihn immer bei mir. Wie einen Rucksack trage ich ihn. Und lebe so, dass er stolz auf mich wäre.«

Er hatte so viel Traurigkeit in sich, wirkte so verletzlich, dass ich plötzlich verstand, warum er schon als Kind den Spitznamen Pichón erhalten hatte, vielleicht sogar von Freddy selbst. *Pichón* ist die Bezeichnung für einen jungen Vogel, der eben erst geschlüpft ist und Schutz braucht. Der sich noch immer nach seinem toten und mythischen Bruder sehnt, der von dessen Tod verwüstet wurde und unfähig ist, die Scherben seines eigenen Lebens wieder zusammenzusetzen.

Ich hatte das Gefühl, er erwartete, dass ich etwas sagte.

»Ich bin mir ganz sicher, dass Sie ihn tragen können«, entgegnete ich. »Sie sind jetzt der ältere Bruder, nicht? Er wird immer so bleiben, so alt, wie er war, als er getötet wurde. Aber Sie – Sie müssen weiter wachsen, Sie sind jetzt der Familienvorstand.«

Einige Sekunden lang schwieg er. Dann: »Glauben Sie, dass auch Freddy mir das gesagt hätte?«

»Vielleicht.«

Er nickte. »Ich grüße Freddy, wenn ich morgen früh nach Hause komme, und erzähle ihm, dass ich Sie gesehen habe.« Pichón zögerte kurz, und dann fügte er, wie ein letztes Geschenk, eine Gabe an den Freund seines Bruders, hinzu: »Wissen Sie, Freddy kam immer ins Haus und hob die Deckel der Topfe und Pfannen, um zu riechen, was da kochte. Und an dem Tag, als sie ihn umbrachten – es war der 30. Oktober, und diese letzte Nacht, bevor er ..., Freddy hatte sich daran erinnert, dass es der Geburtstag unserer Mutter war, und mich gebeten, Mom zu sagen, dass er diesen Tag nicht vergessen hatte ... Na ja, an diesem 30. Oktober, ziemlich früh am Morgen, sprangen plötzlich die Deckel von den Töpfen, die überkochten, und ich glaube, dass das Freddy war, der kam, um sich von Mom zu verabschieden, das glaube ich ganz fest.«

Was nun mich an diesem Sonntag in Pisagua angeht, so muss ich jetzt raus aus dieser Gefängniszelle, die Pichón mir mit so peinigender Detailgenauigkeit beschrieben hat. Plötzlich habe ich genug von diesem Gefängnis, genug von diesem Hotel, genug von diesen engen, schmutzig weißen Mauern, und ich will endlich dorthin, wo Freddy umgebracht wurde, und dieser Ort wartet auf der anderen Seite der funkelnd blauen Bucht auf mich.

Noch ein kleiner Umweg.

Zuerst holten wir Rafael Gaete und seine Frau Katerine Saldaña ab, zwei Allendistas, die nach ihrem Exil in Kanada nach Pisagua gezogen waren, um den Versuch zu unternehmen, seine Denkmäler zu restaurieren, und wir spazierten mit ihnen durch die Stadt. Wir mussten sehen, wie erschöpft und stumm und niedergeschlagen ihre Bewohner waren, niemand sprach offen, niemand schaute einem in die Augen, eine Stadt, die sich im neunzehnten Jahrhundert aufgemacht hatte, so offen und vital zu werden wie Iquique, nun aber frustriert und verbittert und argwöhnisch war. Wir brachten unsere Gastgeber dazu, uns das prächtigste *Teatro Municipal* aller besuchten Geisterstädte zu zeigen, denn dieses wurde nicht in der Wüste errichtet, sondern direkt am Meer, und die Wellen krachen ihm in den Rücken, schlagen gegen die äußerste Rückwand des Theaters – aber sogar dieses außerordentliche Schmuckstück, das Juwel Pisaguas, erweist sich als besudelt, sogar dieses architektonische Wunder lebt unter dem Schatten der Schändung. Katerine lädt uns ein, in den ersten Stock der Empfangshalle im angrenzenden Gebäude hochzusteigen, wo die Damen und Herren des vergangenen Nitratbooms an ihren Cocktails nippten, bevor der Vorhang sich zu *La Traviata* hob, und wo, fast ein Jahrhundert später, Hunderte von gefangenen Frauen, politische Gefangene, die man von der männlichen Belegschaft des Gefängnisses getrennt hatte, schliefen und aßen und pinkelten und versuchten, Kassiber hinauszuschmuggeln, uns diese ruinierten Räume anzusehen, in denen die Frauen an gewissen Tagen Schüsse von der anderen Seite der Bucht hörten und wussten, dass wieder eine Exekution stattfand. Ein perfekter Abschluss unseres Besuches in Pisagua. Das historische Pisagua, das boshafte alte Pisagua, das Touristen meiden wie die Pest, für das Katerina aber noch Hoffnungen hat und für die Zukunft zu bewahren sucht. Ebenjenes Pisagua, durch das man Freddy gefahren hatte in einem Lastwagen oder einem Jeep oder was sie eben benutzten, um ihn und seine drei *compañeros* zu transportieren, auf derselben Straße, der wir jetzt folgen und die einige Meilen an der Bucht entlangführt, und ja, jetzt sind wir da, auf diesem Friedhof, der weit entfernt ist von jedem Haus und jedem

Hinweis auf Bewohntheit, dessen Kreuze aus dem Sand und den braun-grauen Steinen herausragen wie böswillige Zahnstocher, hier stehe ich an diesem Ort des Todes, den ich mir vorzustellen versucht habe, seit ich vor fast dreißig Jahren die Nachricht von Freddys Tod erhielt.

Rafael führt uns zu der *fosa*, der langen und tiefen und breiten Grube, in der die Überreste von neunzehn politischen Gefangenen entdeckt wurden. Die Namen sind aufgelistet, Blumen liegen im Sand und zwischen den Steinen verstreut, die ihre klaffende Tiefe säumen, und die unvermeidlichen Verse Nerudas sind in den Stein gehauen. Ich habe überall in Chile Dutzende ähnlicher Stätten gesehen. Eine besuchten wir sogar erst vor weniger als einer Woche, knapp außerhalb von Calama, auf dem Rückweg von San Pedro, ein kahler Hügel, wo ebenfalls Freunde von uns nach dem Putsch hingerichtet wurden, und jener Streifen sonnenverbrannter Wüste war noch einsamer und freudloser als dieser hier, denn hier gibt es wenigstens das Meer, hier wurden wenigstens ein paar Leichen gefunden.

Freddy war nicht dabei. Es gibt viele wie ihn in Chile, die berüchtigten *desaparecidos*, deren Leichen nach der Hinrichtung nicht an die Familien für ein ordentliches Begräbnis zurückgegeben wurden. Die meisten dieser Dissidenten wurden entführt, ihre Verhaftung und ihr Aufenthaltsort wurden von der Geheimpolizei geleugnet und verschwiegen und so die Familien in ein Inferno ewiger Unsicherheit gestürzt. Was Freddy und einige andere von diesen unterscheidet, ist die Tatsache, dass in ihrem Fall das Militär den Mord zugab und so den Familien den absurden Trost des Wissens gewährte, dass ihre Lie-

Der Friedhof von Pisagua

ben wirklich tot waren. Im Gegensatz zu anderen Frauen musste Jinny sich nicht vorstellen, dass ihr Ehemann in irgendeinem feuchten Loch schmachtete, wo er unaufhörlich geschlagen oder ausgehungert wurde, musste nicht den Rest ihres Lebens in der verzweifelten Hoffnung zubringen, dass er vielleicht doch wiederkehren werde, um dann – ach, so langsam – zu erkennen, dass Rückkehr oder Wiederauferstehung unmöglich war. Das ist ihr einziger, trauriger Vorteil: Jinny erfuhr, wie Freddy getötet wurde.

Wie merkwürdig, dass der Mensch, der als Erster die Welt über die Umstände dieses Todes informierte, gerade Lt. Col. Ramón Larraín war, dass ich seine Worte wiederholen muss, um heraufzubeschwören, was hier passiert ist.

Larraín war am Vormittag dieses 30. Oktober 1973 etwa eine Stunde nach der Hinrichtung ins Gefängnis zurück-

Ein Kreuz, das ein Massengrab von *desaparecidos* kennzeichnet

gekehrt und hatte – so übereinstimmend alle, mit denen ich gesprochen habe, Jinny und Oscar und Pichón und Lautaro – noch einmal in diesem Innenhof zu den Gefangenen gesprochen, wieder hatte seine Stimme durch jede Zelle dieses Gefängnisses gehallt. Larraín hatte ihnen gesagt, dass Freddy Taberna der tapferste Mann gewesen sei, den er je getroffen habe, und dass jeder chilenische Soldat so mutig sein sollte. Der Armeeoffizier, der den Befehl zu Freddys Hinrichtung ausgeführt hatte, wurde durch Freddys Heldenmut zum Verkünder der Geschichte seines Todes. Larraíns Version, die uns noch immer verfolgt: Freddy hatte eine Beruhigungsspritze abgelehnt und darum gebeten, dass man ihm die Augenbinde abnehme, und als man ihn vor die Felswand dem Meer gegenüber stellte, hatte er die »Marseillaise« angestimmt. Und dann, kurz bevor die Kugeln ihn trafen, so

Larraín, hatte Freddy gerufen: *No nos acallarán. Venceremos.* Sie werden uns nicht zum Schweigen bringen. Wir werden siegen.«

Und doch war dieser Larraín, der uns das Ende der Geschichte von Freddys Leben überlieferte, auch derjenige, der diese Geschichte offen ließ wie eine klaffende Wunde, denn es war Larraín selbst, der dafür sorgte, dass Freddys Leiche verschwand. Und damit Jinny und ihren Kindern einen Abschluss verweigerte und Pichón die Erleichterung und Erlösung einer Begräbniszeremonie, uns allen, die wir Freddy überlebten, unser Recht auf Trauer nahm. Eine Suche erzwang, die bis zum heutigen Tag fortdauert.

Der Erste, der nach der Hinrichtung nach Pisagua zurückkehrte, genau an diese Stelle, wo ich jetzt stehe, war Oscar Varela, der fünf Jahre später – nach seiner Rückkehr aus dem inneren Exil in Arica, wohin das Militär ihn nach seiner Freilassung aus dem Gefängnis verbannt hatte – mit seiner Frau Leyla hierher kam, um ihr zu zeigen, wo Freddy gestorben war, und um nachzusehen, ob er irgendeinen Hinweis darauf finden könnte, wo Freddys Leiche versteckt war. Aber einige Monate zuvor waren in einer aufgegebenen Mine in Lonquén, dreißig Kilometer von Chiles Hauptstand entfernt, die Leichen von zwanzig *campesinos* aus dem zentralen Tal von Santiago entdeckt worden, und als Folge dieser ersten skandalösen Entdeckung der Überreste von verschwundenen Männern, deren Verhaftung geleugnet worden war, hatte das Militär eine landesweite Operation gestartet, um jede Stätte zu säubern, wo ein Massaker oder eine Hinrichtung stattgefunden hatte. Es war, sagte Oscar, als hätte ein Wind alles weggefegt, als hätten die Soldaten alle Spuren des Verbrechens und sogar des Konzentrationslagers, das die Gefangenen in den Monaten nach Freddys Tod bauen mussten, beseitigt. Ein paar *mariscadores*, junge Männer, die nach Schalentieren tauchten, sagten, sie hätten in einer Höhle am Grund der Bucht menschliche Knochen gesehen, in einer Bai, die ich jetzt, wenn ich den Kopf leicht nach Norden drehe, weiß in der Sonne leuchten sehe. Aber damals konnte nichts unternommen werden. Das Militär war noch immer auf der Hut, sehr wachsam und aufmerksam, und hatte einen Mann namens Choque fast zu Tode geprügelt, einen chilenischen Tiefseetaucher und Olympiamedaillengewinner, der so unklug gewesen war, in einer Bar von Leichen zu erzählen, die er eines Tages in der Tiefe vor einem der Strände Pisaguas entdeckt hatte.

Erst als 1990 die Demokratie zurückkehrte, fühlten einige von Freddys Freunden sich frei genug, um nach der Leiche zu suchen. Nach vielen Fehlstarts und falschen Spuren – eine Weile gruben sie den Kiesstrand hundert Meter unterhalb der Stelle von Freddys Hinrichtung um –, hatten sie schließlich auf dieser Felsterrasse neben dem Friedhof, auf der ich jetzt stehe und die Landschaft betrachte, ein Stück Erde gefunden, das weicher schien als die Umgebung, zusammen mit der in einen Stein geritzten ominösen Jahreszahl 1973. Erst dann hatte man Lautaro Núñez als Experten herbeigerufen, und ein Massengrab wurde geöffnet.

All diese Knochen waren in Säcken fest verschnürt und aufeinander gestapelt. So viele Knochen, aber kein Freddy.

Was war mit ihm passiert?

Wo sollte ich nachsehen?

In mir hausen Stimmen. Jeder, mit dem ich gesprochen habe, hat eine andere Version, ein Echo der Gerüchte, die im Lauf der Jahre die Runde machten, und jede Geschichte führte zu einer anderen Suche oder Ausgrabung, zur neuerlichen Hoffnung, dass man Freddy doch noch finden würde. Ricardo Núñez erinnerte sich an eine schmale Bucht näher an Pisagua, in der Nähe des Docks, wo ich am vergangenen Abend eine Weile spazieren ging. Sergio Bitar erzählte mir von jemandem, der ihn angerufen und ihm gegen Geld einen Tipp angeboten hatte, wo Freddys Überreste zu finden seien. Oscar glaubt, dass das Militär Freddy zuerst vergraben hatte, ihn dann aber wieder aus der Grube holte und verschwinden ließ. Und Pichón ist davon überzeugt, dass die Leiche seines Bruders mit Dynamit gesprengt wurde und man die Überreste bald am Grund einer Schlucht nördlich des Friedhofs finden werde. Und dann ist da noch Jinny, die mir vom Grauen der unzähligen Tage erzählte, als der Sand mit speziellen, von einem ermittelnden Richter angeforderten Ausgrabungsmaschinen umgegraben wurde, Jinny, die sagte, dass dies das Schlimmste gewesen sei, was ihr seit Freddys Tod widerfahren sei, diese ganze große leere Fläche, auf der ich jetzt stehe und die fast aussieht wie das Gewimmel eines ausgebeuteten Nitratfelds voller Spalten und Löcher und der klaffenden Wunde der *fosa* ... Und Rafael, unser Gastgeber heute Morgen in Pisagua, erzählte uns, es gebe das Gerücht in der Stadt, das Militär hätte die Leichen direkt auf dem Friedhof vergraben – welcher Ort wäre besser geeignet, um eine Leiche zu verstecken, welche Lösung könnte perverser sein?

Aber schließlich sind es Lautaros Worte, die mir wieder in den Sinn kommen, als ich an diesem Ort des Gemetzels auf und ab gehe und weiß, dass ich nichts finden werde:

»Wir fingen an, nach einer Stelle zu suchen, wo ein Hubschrauber landen könnte. Und mit der Hilfe eines Maurermeisters, der uns bei den Ermittlungen half, fanden wir zehn Meter von der Stelle entfernt, wo Fasern darauf hindeuteten, dass eine Plane die Leichen bedeckt hatte, Reste von Sand und Zement. Die einzigen Zementreste im Umkreis von fünf Kilometern. Jedem Archäologen kommt da sofort ein Bild: Soldaten, die zehn Meter von der Leiche entfernt Sand und Zement mischen. Wozu? Um die Leiche zu beschweren, um sicherzustellen, dass sie auf den Meeresgrund sinkt, wenn sie aus dem Hubschrauber abgeworfen wird.«

Sie haben ihn ins Meer geworfen.

Jetzt führt Rafael mich zu der Felswand, vor der Freddy und die anderen nebeneinander standen und wo noch die Spuren der Kugeln zu sehen sind.

Ich rühre mich nicht.

Rafael und Angélica lassen mich diskret allein, beschließen, den nahen Friedhof zu erkunden. Sie gibt mir ein Zeichen. Rafael muss nach Pisagua zurückkehren, wo Katerine schon das Mittagessen vorbereitet – und wir müssen zum letzten Abschnitt unserer Reise aufbrechen, noch heute Abend müssen wir in Arica sein.

Ich nickte. Ich brauche nicht lange.

Das also hat Freddy Taberna gesehen, diese wilden Wellen, diese trostlose Bucht, diese tausend Kreuze auf einem zweihundert Jahre alten Friedhof, das ist das Letzte, was Freddy sah, als man ihm die Augenbinde abnahm, seine letzte Landschaft, bevor die Kugeln des Erschießungskommandos ihn trafen.

Hier hörte Freddy Larraín den Befehl zum Feuern geben.

Ich versuche, den Ort zum Sprechen zu bringen. Damit er mir sagt, wo der Hubschrauber landete. Damit diese Felsen mir verraten, was sie gesehen haben, ihre Geheimnisse. Ich kann nicht anders: Worauf mein Blick als Nächstes fällt, etwas näher am Strand, ist eine andere Art von *huella*, der frische Abdruck einer Hundepfote im Sand. Dieser Ort, der mir so viele Male beschrieben wurde, hat etwas sehr Reales und Unmittelbares und doch auch etwas innerlich Trockenes und Hohles, kein Tropfen Wasser und kein Tropfen Erbarmen kann aus diesen gleichgültigen Steinen herausgepresst werden.

Wo ist er? Wo ist Freddy?

Eigenartig, so eigenartig, dass ich Freddy jetzt im Tod vielleicht besser kenne denn zu der Zeit, als wir mit den Gärten und der Luft und den Kämpfen Santiagos kommunizierten. Eigenartig, dass ich, wäre er nicht gestorben, ihn nicht auf diese Art wiederentdeckt hätte. Eigenartig, dass es gerade sein Tod ist, der ihn uns als Herausforderung zurückbringt.

Nein, hier werde ich Freddy nicht finden.

Ich möchte mich lieber an eine Spur erinnern, die er woanders hinterlassen hatte, einen Ort, über den er lächeln würde.

In Iquique gibt es eine Straße, die seinen Namen trägt. Calle Freddy Taberna. Jeden Morgen bei Sonnenaufgang – wenn ich es mir recht überlege, ungefähr um die Uhrzeit, als er hier in Pisagua vor dem Erschießungskommando stand ... so früh also, denn dies ist die Zeit, in der ich gerne meine Morgenspaziergänge mache, ging ich die gut zehn Blocks von unserem Hotel zu den stürmischen Felsen und Wellen des Meeresarms, wo er ins Wasser sprang und mit seiner Mahlzeit des Tages wieder auftauchte, und direkt am Pazifik blieb ich stehen, atmete ein paar Mal tief und machte ein Paar Yoga- und Meditationsübungen und ging dann die Straße entlang. Beim Appellationsgericht, das auf den Ozean hinaussieht, fing ich an und ging dann fünf Blocks nach Osten, auf die Berge zu, bis ich zu einer Schule kam, wo junge Männer und Frauen in dasselbe Gebäude strömten, das auch Freddy besucht hatte. Diese fünf Blocks sind voller Leben, wie ganz Iquique, eine Mischung verschiedener Bauten und Lebensstile, Bruchbuden und prächtige Stadthäuser, aus der Zeit des Nitratbooms und aus der Armut des Nitratniedergangs.

Calle Freddy Taberna 14. Calle Freddy Taberna 45. Calle Freddy Taberna 133.

Mir gefällt der Gedanke, dass von nah und fern Briefe an jene Menschen geschickt werden, die in Freddys Straße leben und lieben und arbeiten, im *barrio* El Morro in Iquique, wo er selbst als Kind spielte und durch die Straßen zog, ohne zu wissen, dass er einst in diesem Meer enden würde, das er so liebte, ohne zu wissen, dass er sich weigern würde, einen letzten Brief zu schreiben. Die Quintessenz Freddys: dass er sein Leben und seine Geschichte nie als etwas Abgeschlossenes, Beendetes, Vergangenes sehen wollte. Dass er immer in Bewegung war, in der Hoffnung auf etwas Besseres für sich selbst und alle um ihn herum. Ja, so will ich ihn erinnert wissen, all diese Leute, die Briefe erhalten, auf deren Umschlag sein Name steht, all diese Männer und Frauen, alt und jung und Kinder, die sich hinsetzen, um selbst Briefe zu schreiben mit diesem Absender auf der Rückseite, Freddy Taberna, *nuestro* Freddy, unser Freddy, eine Straße in Iquique, wo das Leben einfach weitergeht.

EPILOG

Fußspuren im Norden: In Arica und darüber hinaus

Ich sitze an meinem Schreibtisch in Durham, North Carolina, viele Monate nachdem ich die Wüste scheinbar verlassen habe, viele Meilen nördlich dieses Nordens von Chile, ich sitze hier und schließe das Buch ab und frage mich, wohin sie mich geführt hat, diese Reise zu meinen vielfältigen Ursprüngen, hier bin ich und frage mich, was ich letztendlich aus der Wüste mitgebracht habe, ich versuche herauszufinden, was von dieser Reise bleibt.

Enden sollte die Reise in Arica, wo die Wüste selbst endet und wo ein anderer Teil Amerikas seinen Anfang nimmt – und in gewisser Weise ist das auch passiert, unsere physische Reise fand ihren Abschluss wirklich am 27. Mai, als Angélica und ich, einem alten Familienaberglauben huldigend, in verschiedene Maschinen zurück nach Santiago stiegen.

Aber die Wüste hat die Eigenart, bei einem zu bleiben, auch wenn man körperlich längst abgereist ist; die Geschichten der Wüste, die sich in unserer Erinnerung festgesetzt hatten, ließen uns nicht mehr los, würden uns in gewisser Hinsicht nie mehr loslassen.

In den folgenden Monaten hörten wir von vielen der Männer und Frauen, die uns auf unserer Odyssee begleitet hatten. Mario Pino Quivira berichtet mir, dass eine chilenische Stiftung einen Zuschuss zur Erhaltung der Artefakte in Monte Verde genehmigt hat, so dass die *huella*, die dreizehntausend Jahre unbarmherzigen Wetters überlebte, jetzt vor der menschlichen Verwüstung des einundzwanzigsten Jahrhunderts geschützt werden kann. Obwohl das Geld natürlich noch nicht bereitsteht, hat ein Architekt bereits Pläne für das Museum gezeichnet, das diesen Ort zieren soll.

Und aus San Pedro de Atacama lässt Carolina Agüero – die ihren bereits beeindruckenden Referenzen noch einen Master in Anthropologie hinzufügt – mich etwas wissen, das sie zu fragen mir bei unserem Besuch nie eingefallen wäre: Wie sich zeigt, war sie als Studentin vor Ort in Monte Verde, als der Fußabdruck 1983 gefunden wurde, ihre Augen hatten zu den ersten gehört, die seine Ausgrabung sahen, ihre Hände hatten ihn für eine erste Untersuchung nach Santiago gebracht.

Und andere Nachrichten aus San Pedro besagten, dass Lautaro Núñez die höchste Ehrung zuteil wurde, die ein Historiker in Chile erhalten kann, der Nationalpreis für Geschichte, eine verspätete Anerkennung für jemanden, der mitgeholfen hat, den Blickwinkel der Chilenen auf ihre eigene Vergangenheit zu verändern.

Und Miguel Roth schickt mir den neuesten Klatsch aus Las Campanas, über das Universum und die Astronomen und seine eigene Einsamkeit.

Und von unseren Gastgebern in Chuquicamata höre ich, dass die Evakuierung nach Plan verläuft und das Geröll nur darauf wartet, auf die Stadt zu fallen, dass der Friedhof jedoch verschont wird.

Und Julio Valdivia wartet hinter seinem Schreibtisch in Humberstone noch immer darauf, dass die UNESCO die *salitreras* zum Weltkulturerbe erklärt, während er nachts die Plünderer verjagt, die den *pino de oregón* und seine Erinnerungen und seine Träume stehlen wollen.

Und Hernán Rivera Letelier hat einen Roman über das Massaker von Santa María de Iquique veröffentlicht, die Geschichte einer Liebesbeziehung, die es mit schlechtem Gewissen genau in dem Augenblick schafft zu erblühen, als das erste Blut fließt.

Und Eduardo Riquelme verbringt weiterhin seine Wochenenden in den verlassenen *oficinas* in der Wüste und bereitet sich auf den Tag der Toten vor, denn dann wird er wieder das Grab eines Kindes und das Grab eines Erwachsenen besuchen und ihrer mitten in der Wüste gedenken.

Und Rafael Gaete und Katerine Saldaña haben sich eine Grabstelle auf dem Friedhof von Pisagua ausgesucht, dem einzigen Ort in Chile, wo sie für ein Grab nichts bezahlen müssen, und sie hoffen, im Tod so verbunden zu sein, wie sie es im Leben waren.

Und Sergio Bitar wurde zum Bildungsminister ernannt.

All diese Freunde, ob nun alte oder neue, die einfach nicht verschwinden wollen, die uns immer wieder einmal neue Informationen schicken, sie erhalten von uns Antworten mit unseren persönlichen Erlebnissen, unseren eigenen Nachrichten.

Und dann sind da natürlich auch noch die Toten.

Auch sie haben einen Weg gefunden, wieder in unser Leben zu treten.

Angefangen bei Freddy Taberna.

Wenige Tage nach unserer Rückkehr aus dem Norte Grande und kurz bevor wir nach Buenos Aires aufbrachen, hatte ich in Santiago das Glück, Jinny zusammen mit ihrer ganzen Familie zu Hause anzutreffen. Sie hatte mir, taktvoll wie sie ist, verschwiegen, dass sie ihren Geburtstag feierte, doch auf dem Weg zu ihrer Wohnung hatte ich einen Blumenstrauß gekauft – vielleicht hatte ja Freddy mir ins Ohr geflüstert, dass ich ihr ein Geschenk mitbringen sollte. Auf jeden Fall hielt sie einige Überraschungen für mich bereit. Die eine war eine Geschichte über Freddy, die selbst seine Kinder noch nie gehört hatten und die Jinny mir erzählte, als sie hörte, wie verwirrt ich darüber war, dass Freddys Leben zwischen den beiden Extremen der Küste und des Gebirges hin und her gependelt war, dem Meer, an dem er und seine Onkel geboren wurden, und dem Anden-Hochland und seiner eingeborenen Bevölkerung, die er fast seine ganze Jugend lang studiert hatte. Was ich nicht begriff, war die Tatsache, dass die Wüste dazwischen ihn absolut nicht zu interessieren schien; in all den Unterhaltungen, die ich mit vielen seiner Freunde geführt hatte, erwähnte kein Einziger irgendeine Verbindung Freddys zum Nitrat, das doch so wichtig für die Geschichte Iquiques war. Jinny hatte nun eine weitere Leerstelle in dieser verschütteten Geschichte gefüllt und mir gestanden, dass Freddy als acht- oder neunjähriger Junge sich einige Pesos verdient hatte, indem er in die verlassenen Geisterstädte ging und half, die Häuser abzureißen, dass er Seite an Seite mit Männern arbeitete, die ebenjene Orte zerstörten, die früher ihre *caliche*-Träume beherbergt hatten. So hatte Freddy abends ihren Geschichten der Ausbeutung und des Leids und des Kampfes gelauscht, er hatte als Kind Erinnerungen niedergerissen und dann als Erwachsener versucht, sie am Leben zu halten. Auch Freddy war also betroffen, wie jeder andere, dem ich im Norden Chiles begegnet war, von der ungeheuren Tragödie des *salitre*, und vielleicht hatte er sich in diesen langen Nächten in der Wüste geschworen, dass seine Kinder nie ein solches Schicksal würden erleiden müssen.

Und dies war die andere Überraschung, die Freddy für mich bei diesem Besuch bereithielt – diese wunderbaren Kinder, Daniela und Nacho, die ihren Vater kaum gekannt hatten und es dennoch wie durch ein Wunder schafften, ihn mir wieder zurückzubringen. Vor allem Nacho reagierte irgendwann in unserer Unterhaltung auf eine meiner fantastischen Theorien über den Norden mit einer Geste – aber es war mehr als nur eine Geste, es war eine Lebenseinstellung. Nacho verströmte etwas Undefinierbares, eine Art Selbstvertrauen, *desplante*, wie wir es im Spanischen nennen, eine Art, einen direkt anzuschauen, aber nicht sofort zu akzeptieren, was man sagt. Dabei war Nacho nicht misstrauisch oder skeptisch, er schätzte einen nur ein, forderte einen heraus, wie Freddy es immer getan hatte, mit Taten zu bekräftigen, was man mit Worten gesagt hatte. Und diese Geste erinnerte mich mehr an meinen toten Freund als jedes Foto, mehr noch sogar als seine erstaunliche Reinkarnation in Pichón. Dieses Flattern von Nachos Händen hatte ich seit fünfunddreißig Jahren nicht mehr gesehen – genau so hatte Freddy die Arme bewegt, genau so hatte Freddy sein Kinn ein wenig vorgestreckt, das war Freddy vom Scheitel bis zur Sohle, plötzlich stand er leibhaftig wieder vor mir. Also war er, ohne dass es mir bewusst war, diese ganzen Jahrzehnte in mir gewesen, in irgendeinem Versteck der Erinnerung, festgehakt in wer weiß welchen Gonaden oder Neuronen, und hatte nur darauf gewartet, von seinem überlebenden Sohn mit einer beiläufigen Geste wieder sichtbar gemacht zu werden.

So bleibt Vergangenheit lebendig.

Wie die Müllers in Angélica, wie die Malinarich-Linie.

Denn auch sie hatten einen dramatischen Wiederauftritt in unserem Leben, diese Vorväter und Vormütter Angélicas haben sich in ihrer Existenz zurückgemeldet auf eine Art und Weise, wie wir es uns nie hätten träumen lassen, als wir uns in Iquique mit den schwachen Spuren herumschlugen, die sie hinterlassen hatten.

Und zwar in Buenos Aires, der Stadt, wo ich geboren wurde und wo mein fünfundneunzigjähriger Vater und andere Verwandte noch immer leben und wo – am Tag nach unserer Ankunft – uns die Bombe einer dramatischen Entdeckung, auf die wir bei unserer verzweifelten Suche in Iquique so gehofft hatten, quasi in den Schoß fällt.

Wir finden Angélicas Großvater, Angel Malinarich Pinto.

Nun, nicht den Mann persönlich, nicht in Fleisch und Blut. Denn er starb schließlich 1974 in Buenos Aires. Obwohl es nicht stimmt, dass er direkt in die Hauptstadt Argentiniens gegangen war. Die ersten dreißig Jahre weg von zu Hause brachte er gleich auf der anderen Seite der

Anden in Mendoza zu, wo er samt seiner Schwägerin Rosa am 23. Mai 1918 mit dem Zug ankam, wo auch bald seine Mutter Carmela Pinto Benavides zu ihm stieß und wo sein unehelicher Sohn Rodolfo geboren wurde. Und wir haben Fotos von ihm und seiner Mutter, wie sie vor einem Haus stehen. Und sie ist viel dunkler, als wir je gedacht hatten, und er viel heller. Und andere Fotos, einige, auf denen er uns an unseren Sohn Rodrigo erinnert, und andere, auf denen er wie ein völlig Fremder wirkt. Und eine Aufnahme, die er viele Jahre später für seine Mutter machte, auf der er ihr ein Geburtstagslied singt und ein Gedicht vorträgt, das er für sie zum Muttertag geschrieben hatte. Und wir wissen, dass er sein Vermögen mit dubiosen Bergbauprojekten in Mendoza durchbrachte. Und wir haben den Namen seines Vaters herausgefunden, es ist Ruperto Francisco, der Neffe, der aus Kroatien kam und das Vermögen der Malinarich-Brüder erbte, das Vermögen, das es seinem Sohn gestattete, nach Argentinien zu fliehen und in seinem Leben nie mehr arbeiten zu müssen. Und mehr, noch so viel mehr – dass Angel Malinarich charmant und verführerisch und ein kleiner Betrüger gewesen war, dass er sein Fälschergeschick dazu benutzte, seinen bolschewistischen Genossen falsche Dokumente auszustellen, dass er noch mehrere Male heiratete und viele Kinder zeugte, dass er die Pelze verpfändete, die er einer seiner Frauen geschenkt hatte, dass er sein Heimatland nie vergaß und mit berühmten chilenischen Bolerosängern verkehrte und mit ihnen ganze Nächte hindurch sang und tanzte und ... Nachdem wir versucht hatten, Informationen aus der steinharten Wüste des Norte Grande herauszupressen, ist dies nun wie eine Lawine, ein Wolkenbruch, ein Wald von Anekdoten und Daten und Namen, ein solches Füllhorn von Geschichten, dass ich ein anderes Buch bräuchte, um sie zu erzählen, nicht dieses Buch, das langsam zum Ende kommt. Und das alles wissen wir, weil wir etwas viel Wichtigeres gefunden haben als die Geschichte des verlorenen Großvaters. Wir haben seine Familie gefunden. Wir haben das Haus in San Fernando besucht, einer Stadt am Fluss vor den Toren von Buenos Aires, das Haus, in dem er die letzten fünfundzwanzig Jahre seines Lebens verbrachte, in dem zwei seiner vier Kinder leben und in dem uns die letzte Frau, die er in Argentinien ehelichte, ebenfalls begrüßte.

Wir mussten dafür nur den Namen Malinarich im Telefonbuch heraussuchen und ein paar Anrufe erledigen, so einfach ist das, so einfach wäre es gewesen, mit ihm zu sprechen, als Angélica zum ersten Mal mit mir und meinen Eltern im Jahr 1964 Argentinien besuchte. Und er lebte sogar noch, als wir 1973 auf unserem Weg ins Exil hier durchkamen. Vielleicht sind wir auf den Straßen von Buenos Aires wer weiß wie oft an ihm vorbeigegangen, vielleicht hat mein Vater in den frühen Vierzigern mit ihm geredet, als Angel Malinarich Pinto in Buenos Aires noch ein Neuankömmling war.

Stattdessen haben wir nun seine Kinder und deren Kinder kennen gelernt, ein ganzer Stamm von Malinariches, die uns viel näher stehen als die entfernten Cousins, die uns in Iquique zwar bereitwillig, aber auch mit Argwohn empfangen haben.

An diesem Tisch in diesem bescheidenen Haus in San Fernando, im Gespräch mit Angélicas Tanten und Onkeln, mit dem Halbbruder und den Halbschwestern, die ihr Vater Humberto nie kannte und von denen er auch nicht wusste, dass sie existierten, an diesem Tisch, an dem ihr Großvater so viele Male gegessen hatte, an dem ihre Urgroßmutter Carmela in Erinnerungen ans weit entfernte und verbotene Chile schwelgte, an diesem Tisch, während wir Geschichten austauschen und eine Gurde mit gutem argentinischen Mate-Tee herumgehen lassen und Augen und Stirne und Haare und Hauttönung vergleichen und Ähnlichkeiten feiern und Unterschiede kommentieren, hier an diesem Tisch, dachte ich mir, sollte dieses Buch vielleicht enden.

Was für einen besseren Abschluss einer Reise voller zerbrochener Lebensläufe kann es geben als ein letztes Bild des Friedens, eine Zusammenkunft von Biografien, die die Geschichte wüst auseinander gerissen hat, die beiden Seiten von Angel Malinariches Familie, die sich dreißig Jahre nach seinem Tod treffen, das freudvolle Ende einer Geschichte, die so tragisch in der kahlen Wüste begann, in einer der großen Schmelztiegelmetropolen der Welt.

Aber ich habe noch eine andere Schuld zu begleichen.

Es gibt noch andere Männer und Frauen, die Botschaften aus der Wüste und der Vergangenheit schicken, andere Familien und andere Migranten, die über das Land wanderten, das Angélicas Großvater aufgab, es gibt Stimmen, die ich noch nicht habe zu Wort kommen lassen.

Und sie verlangen nun, das letzte Wort zu haben.

Was habe ich aus der Wüste mitgebracht?

Meine Reise hat mich über die Avenuen und durch die Armeen der Toten geführt, und was ich sah, war vor allem

Gewalt, Verlassenheit, Verrat, Städte, die zu Geisterstädten wurden und Geisterstädte, die zu Leere wurden, während ihr Schicksal irgendwo in weiter Ferne besiegelt wurde. Ich sah, was die Wüste mit jenen macht, die versuchen, ihren Felsen auch noch den letzten Schatz abzupressen, und nichts hinterlassen, ich sah Gier und Grausamkeit nackt im grellen Licht, ich sah Hoffnung, die verschluckt wurde wie ein Tropfen Regen vom Sand.

Aber das war nicht alles, was die Wüste mir gezeigt hat. Sie war nicht nur ein Territorium, wo die trockene Senkgrube der Menschheit bloßliegt für das Auge des zukünftigen Betrachters, wo jede Hoffnung auf Erlösung verloren ist. Dasselbe öde, gnadenlose Land, das Männer bis zum Tode um die knappen Ressourcen kämpfen lässt, verlangt auch Solidarität von ihnen, wenn sie überleben wollen, flüstert ihnen zu, eng zusammenzurücken, wenn sie die Sonne und den endlosen Fels besiegen wollen, rät ihnen, einander zu vertrauen oder zu sterben. Der Wüste kann man nur wirklich entkommen, wenn man jemanden an seiner Seite hat. In einer so unbarmherzigen und feindseligen Umgebung wird das Beste wie das Schlechteste in uns Menschen erhöht und vergrößert.

Und von all den Geschichten von Hoffnung und Staunen, die ich in der Wüste mitbekommen habe, war keine so bewegend wie die Geschichte, die mir von den Chinchorro-Mumien in Arica so leise ins Ohr geflüstert wurde.

Eine Botschaft, die mir überbracht wurde von den ältesten Mumien der Welt, überbracht aus einer Zeit vor achttausend Jahren, als die Bewohner der Küste von Arica und der Zwillingstäler, die sich an diesem Meeresufer treffen, anfingen, ihren Toten zu konservieren. Alle

San Miguel de Azapa: Das Lagerhaus der Schädel im Museum

Jäger und Sammler manipulieren den Körper eines Toten. Wenn in der Gemeinschaft etwas so Geheimnisvolles und Angsteinflößendes sich ereignete wie das Ableben eines ihrer Mitglieder, dann konnte derjenige nicht einfach so liegen gelassen werden. Die Körperhaltung wurde verändert und neu arrangiert, die Leiche wurde ausgeweidet, angemalt, verbrannt, gehäutet, gegessen – irgendetwas wurde immer damit gemacht. Das Rätsel des Todes erforderte eine aktive Beziehung. Doch im Fall der Chinchorro-Toten, so zumindest der Archäologe Calogero Santoro und der Historiker Jorge Hidalgo, die mich durch die Ausstellung im Museum von San Miguel de Azapa führten und mir dann eine Kühlkammer zeigten, in der Hunderte von anderen Mumien und Tausende von grimmen Schädeln und Knochen lagerten und studiert wurden, war etwas Anderes und völlig Neues geschehen, etwas, das zu diesem Zeitpunkt noch nirgendwo sonst auf dem Planeten geschah. Die Chinchorros nahmen die manipulierten Leichen und machten sie zu einem Teil der Gemeinschaft der Lebenden.

Man erweist ihnen einen schlechten Dienst, wenn man sie Mumien nennt, diese vor dem Verstreichen der Zeit bewahrten Leichen, angesichts des Grauens und der Hässlichkeit, die dieses Wort heute heraufbeschwört, besudelt, wie es ist, von den Horrorfilmen Hollywoods und den abscheulichen Konnotationen ägyptischer Gräber. Hier herrscht kein Entsetzen, und keine Bandagen oder Verwünschungen umwehen die zerbrechlichen Lehmfiguren der Chinchorros, sondern vielmehr Würde und Schönheit und Friedlichkeit. Aus den Körpern der Toten schnitzten die Überlebenden einen anderen Körper, machten aus jeder Leiche ein bildhauerisches Werk, schufen Kunst aus der Haut und den Knochen und den Augen und den Haaren und zierten jeden ihrer Lieben mit einer Totenmaske.

Die Mumien wurden achttausend Jahre nach ihrem Tod dicht beieinander gefunden – nicht so, wie sie jetzt ausgestellt sind in den Glasvitrinen des Museums, sondern eine auf der anderen, ein Mann, dann ein Kind, dann wieder ein Mann, dann eine Frau, dann vielleicht ein Hund und ein weiteres Kind, ein Mann und hin und wieder ein Fötus, begraben und dann von den Lebenden wieder aus der Erde geholt, wenn es einen neuen Todesfall gab, der zuletzt Verschiedene gesellte sich zu der Gruppe, so wie auch eine lebendige Familie im Lauf der Zeit anwächst, sie tauchten ein in eine kollektive Identität, in der keiner von den anderen abgesondert ist, eine

Hierarchie ist nicht feststellbar, und keine Halskette, kein Lieblingsgegenstand oder andere Habseligkeiten wurden mit ihnen begraben. Das Einzige, was diese entfernten Verwandten von uns mitnahmen auf ihre Reise in die andere Welt, war ihr Körper. Ihren eigenen Körper und einer den anderen.

Das ist die richtige Art, die Toten zu ehren, dachte ich während meiner kurzen Zwiesprache mit den Mumien an dem Tag, an dem meine Reise in die Wüste zu Ende ging. So sollten wir miteinander im Leben und im Tod umgehen. Es war fast so, dachte ich mir, als würden diejenigen, die die Toten begruben, ihnen Liebe entgegenbringen, sich um sie kümmern, sie in einem Brutkasten aufziehen, sie auf die Wiedergeburt vorbereiten, sie beschützen, sie immer und immer wieder besuchen. Als würden sie sich in den Tagen und Nächten, da sie an den bewegungslosen Körpern arbeiteten, sich an deren Leben erinnern, in welchen Beziehungen sie zueinander gestanden hatten, an die Mutter, die Milch gegeben, oder den Großvater, der die ersten Schritte gelehrt hatte. Als würden sie, indem sie ihnen mit ihren Händen und in der Erde einen Zufluchtsort bereiteten, die Vergangenheit neu erschaffen. Vielleicht war dies das Bild, das sich die Chinchorros von der Ewigkeit machen wollten: eine Familie, die weder die Zeit noch der Tod zerreißen kann.

Calogero – der lange mit Lautaro Núñez zusammengearbeitet hatte – erklärte mir, während ich ein dunkel strahlendes Kind betrachtete, das dicht bei den langen Armen von zwei Erwachsenen ruhte, dass es mehrere Tage dauerte, diese Toten in Mumien zu verwandeln, und dass es einen beträchtlichen Aufwand an Zeit und

Ressourcen erforderte. Was bedeutet, dass der Augenblick des Todes als sehr kritisch betrachtet worden sein musste, als Notfall für die ganze Gruppe. Ein Ereignis, bei dem das lange Ritual der Vorbereitung der Toten auf die Konservierung die Prinzipien und Werte bekräftigte, die die Gruppe zusammenhielten. Es gab damals natürlich kein Radio, kein Fernsehen, keine Zeitungen, kein Alphabet, und diese Männer und Frauen waren über dreihundert Kilometer entlang dieser Küste und über die Oasen in der Umgebung verstreut, und doch bewahrten sie über viertausend Jahre hinweg diese Art, die Toten zu ehren, sie zeigten ein ganz außerordentliches Maß an Gruppenzusammenhalt. Das Einzige, was sich im Verlauf dieser Zeitspanne änderte, war, dass der Konservierungsprozess einfacher und immer behutsamer wurde. Der Tod muss also der Augenblick gewesen sein, da alle zusammenkamen, da das Beziehungsgeflecht und die Geschichte der Gruppe immer und immer wieder geträumt und wiederholt wurden, damit nichts vergessen würde. Worte wurden verwoben, die die Gruppe neu konstituierten und, auf eine Art und Weise, die wir uns kaum vorstellen können, wohl auch heilten.

Während Calogero sprach, wurde ich zurückversetzt an den Anfang meiner Reise vor drei Wochen, als Mario Pino aus dem schwachen Gezeitenstrom von dreizehntausend Jahren die Nächte heraufbeschworen hatte, in denen in den *toldos* des Lagers von Monte Verde Wissen von einer Generation an die nächste weitergegeben wurde. Es war fast so, als würden die beiden Extreme meiner Reise in eine Art nachhallenden Dialog eintreten, als würden die Geschichten der Chinchorros, die sie bei ihrem Totendienst erzählten, beantwortet von den Geschichten der Männer und Frauen von Monte Verde, die sie erzählten, um ihren Lebenden zu dienen, und die Verbindung, die ich da knüpfte, erhielt noch zusätzliche Bedeutung durch die Tatsache, dass das Einzige, was Monte Verde der Zukunft nicht preisgegeben hatte, die Antwort auf die Frage war, wie seine Bewohner mit ihren Toten umgingen. Kein einziger menschlicher Knochen, kein Hinweis auf eine mögliche Zeremonie, keine Andeutung darauf, was der Tod für sie bedeutet hatte, waren hinterlassen worden.

Als ich meine Reise plante, wusste ich nichts über den Mangel an Bestattungsbräuchen in dieser ältesten Siedlung in den Amerikas in der Nähe von Puerto Montt. Ich hatte nur die Intuition, dass ich meine Reise in den Norden in dieser am weitesten zurückliegenden Zeit beginnen musste und dass ich die *huella* sehen musste – und wenn nicht sehen, dann wenigstens ihr Gewicht spüren musste. Ich war besessen von dem Gedanken, den Fußabdruck dieses Kindes als sanften Abdruck in meinem Hirn bei mir zu tragen, wenn ich mich in diesen riesigen Friedhof der Wüste hinauswagte. Nachträglich betrachtet, schien dies eine weise Entscheidung gewesen zu sein. Meine Reise hatte angefangen an einem Ort im Süden, wo der Tod noch nicht begriffen worden war, wo keine menschlichen Überreste zu finden waren, und sie endete ganz im anderen Extrem Chiles, im hohen Norden, wo fünftausend Jahre später andere Einheimische sich dem Tod gestellt und ihn besungen und gezähmt und sich vielleicht sogar der Illusion hingegeben hatten, er könne überwunden werden. Ein Tanz, der sich in meinem Kopf verflocht: Das tote Kind, das neben seinen Verwandten im trockenen Sand in der Nähe von Arica begraben worden war, rief hinüber zu dem unsichtbaren Jungen oder Mädchen, der oder das in der Feuchtigkeit neben dem Bach in der Gegend um Puerto Montt einen schwachen Abdruck hinterlassen hatte, dieser erste erhaltene Fußabdruck in der Geschichte der Amerikas, der in Verbindung stand mit all den anderen Füßen, die von der Spitze Alaskas bis zur Magellanstraße über diesen Kontinent gewandert waren.

Fußabdrücke, die ich auch in Arica fand und die noch eine andere Botschaft von den Toten und der Wüste für mich hatten.

Seit Beginn meiner Reise hatte ich gehofft, einen Blick auf die Piktogramme und Felszeichnungen zu erhaschen, die die ersten Bewohner des Norte Grande und des Norte Chico über die Hügel und Berge und *quebradas* verstreut hatten, Figuren auf Stein, die so viele Jahre später noch immer zu Reisenden und Eindringlingen und Möchtegern-Siedlern sprachen. Lamaherden und *condores*-Schwärme, mystische Echsen und langsame Guanakos, Männer, die Autorität verströmten wie die Sonne, und Männer, die drohend Keulen in die Höhe hielten, eine Ansammlung symbolischer Körper, die in die Schluchten und Dünen von La Serena bis Arica geritzt oder mit dunkleren Steinen vor hellerem Hintergrund dargestellt wurden, Tausende von Jahren, in denen Hände dem Gesicht der Wüste raffinierte und komplizierte Muster aufdrückten. Ich hatte mir geschworen, dass ich eine dieser Darstellungen auf dieser Reise unbedingt sehen musste – und doch hatte ich noch keine einzige entdeckt. Auf dem letzten

Abschnitt unserer Reise, an diesem 25. Mai, dem letzten Samstagnachmittag, den wir auf der Straße verbringen würden, hatten wir auf der Fahrt von Pisagua nach Arica vier- oder vielleicht fünfmal angehalten und mit wachsender Enttäuschung die steil aufragenden Flanken der Drachenhügel abgesucht, diese viele Kilometer sich hinziehenden Felswälle, herausgeschnitten aus der Wüstenhochebene von Millionen Jahre alten Flüssen, die es nie bis zum Meer geschafft hatten, wir hatten uns abgemüht, die berühmten Geoglyphen und Petroglyphen zu entdecken. Aber unsere Augen waren nicht wie die Augen der Eingeborenen, die früher diese Routen benutzten, und wir hatten nichts entdeckt, kein einziges Bild, kein Muster. Ich musste erst in Arica sein, erst bereit sein, mich von den Chinchorro-Mumien zu verabschieden, bevor Santoro und Hidalgo mich zu diesen Figuren führten, hineingeschlagen in die dreihundert Meter hohen Felswände, die die beiden grün sich dahinschlängelnden Oasen von Azapa und Lluta flankieren und die auf mich warteten, so dachte ich, seit ich drei Wochen zuvor Monte Verde verlassen hatte.

Es gibt endlose Theorien darüber, warum die ursprünglichen Bewohner dieser Gegend sich die beträchtliche Mühe gemacht hatten, diese trockenen Wände zu erklimmen und ihre gigantischen künstlerischen Spuren darauf zu hinterlassen. Wie meine Freunde mir erklärten, während ich ehrfürchtig und ergriffen in die Höhe starrte – wieder einmal, wie schon auf dem Cerro Las Campanas, in den Himmel schaute, um aus weit zurückliegenden Ursprüngen eine zeitgenössische Bedeutung herauszuziehen –, standen diese Figuren in Verbindung mit den

Routen, auf denen Handel und Verkehr sich abspielten, sie sind die Wächter der Wege, die das Meer mit dem Hochland verbindet, und deshalb Zeichen für die unaufhörliche nomadische Bewegung, die aus der Wüste einen bewohnbaren Ort machte, die zum Beispiel Muschelschalen aus dem Meer in die Anden brachte und Schmelztechniken aus den Bergen an die Küsten des Pazifiks. Diese Figuren sagen den Wanderern, wo sie sind und in welche Richtung sie weitergehen müssen. Sie markieren aber auch Territorium, liegen sie doch genau an der Stelle, wo das Tal sich öffnet und verbreitert, mit Absicht dort platziert, um Fremde davon abzuhalten, in ein Gebiet einzudringen, das bereits einem anderen Stamm gehörte, es sind Schutzgötter, mit denen dieser Stamm sein Streifgebiet verteidigt. *Hier sind wir*, sagen diese Figuren, *leg dich nicht mit uns an, wir sind mächtig, schau, was wir hier auf diesem Berg geschnitzt haben, wenn wir hier oben diese heiligen Bildnisse erschaffen können, dann überlege dir, was wir mit dir dort unten machen können. Wir stehen in Verbindung mit diesen Geistern.*

Ich hörte meinen Führern aufmerksam zu, und ihre Erklärungen klangen sehr, sehr einleuchtend für mich, was mich aber wirklich beschäftigte, waren andere Gedanken, hier, am Ende meiner Reise, an diesem Ort, wo so viele Reisen begonnen und geendet hatten, wo so viele Männer und Tiere auf ihrem Weg nach anderswo durchgekommen waren. Ich schaute hoch zu diesen riesigen *gigantones* mit ihren großen, kantigen Gesichtern und einer Art Kapuze hinter dem Kopf und etwas wie einem Rucksack auf den Rücken und diesen vertikalen, rechteckigen Körpern, bei denen der Rumpf vom Kopf getrennt und die Beine ausgestellt sind, und was mich am meisten beeindruckte, vielleicht weil ich danach suchte, es brauchte, es mir so vorstellen wollte, war die extreme Dynamik dieser Figuren. Es war, als wären sie auf ewig im Gehen begriffen, als wären sie eingefangen mitten in der Wanderschaft, als wollten sie sich gleich bewegen oder tanzen ... Diese Füße, die diese Wüste erkundet hatten, einen Schritt nach dem anderen, die sie in ein Land verwandelt hatten, das Menschen für eine Weile bewohnen konnten und sich dabei einredeten, sie könnten ewig hier bleiben.

Und die uns noch etwas sagen, das wir vergessen haben, das diejenigen, die später kamen, auf der Suche nach Silber und Gold und Guano und Nitrat und Kupfer, nicht hatten verstehen können.

Wir haben die Tradition verloren, aus der heraus die tiefste Bedeutung dieser Figuren dort oben entstand.

Jede Reise ist gefährlich.

Und man bereitet sich mit Gebeten darauf vor, und man beendet sie in Dankbarkeit.

Dies war es also, was sie mir sagten, als meine Reise sich dem Ende zuneigte, als meine Reise andere Reisen versprach, als diese Wüste mir sagte, dass sie mir Lektionen erteilt hatte, die ich besser nicht ignorieren sollte.

So ist dies hier nun mein Gebet, mein Dank für den wohlbehaltenen Abschluss dieser Reise. Mein eigenes Schreiben, meine eigenen Wegweiser, meine ganz eigene Art, den Weg zu markieren, den wir gegangen sind, mein Anerkennen und Darstellen jener Biografien, die uns gegeben wurden, damit wir ihrer gedenken und sie bewahren und weitergeben. Ich will, dass dieses Buch ein kleines Geschenk ist, ein *gracias* dafür, dass wir so behutsam durch die Geistergefilde meines Landes geführt wurden, den Ort, wo Chile und die Familie, in die ich eingeheiratet habe, und die Welt, die ich bewohne, wo alles seinen Ursprung hat.

Was habe ich letztendlich aus der Wüste mitgebracht?

Dankbarkeit.

Danksagungen und eine letzte Geschichte

Ein Buch, das mit dem Eingeständnis der Dankbarkeit endet, kann wohl kaum jene unbedankt lassen, die diese Reise ermöglicht haben, angefangen natürlich mit Angélica, der dieses Buch gewidmet ist und die nicht nur alle meine Hirngespinste und Umwege während der Reise selbst ertragen musste, sondern auch den noch viel schlimmeren Irrsinn des Schreibprozesses.

Es versteht sich von selbst, dass alle jene Männer und Frauen, die auf den vorangegangenen Seiten erwähnt wurden, wesentlich zu unserer Suche beigetragen haben. Aber was würde es bringen, noch einmal namentlich alle und jeden aufzuzählen, wie sie uns in ihre Häuser und Büros und Werkstätten einluden, wie sie uns mit Geschenken und Mahlzeiten und Geschichten überhäuften?

Ich möchte jedoch kurz all jene lobend erwähnen, deren Hilfsbereitschaft weit über das hinausging, was von irgendjemandem erwartet werden konnte. Die Ausgestaltung dieser Reise verdanke ich vorwiegend Sergio Bitar, der viele Stunden am Telefon verbrachte und mir half, Pläne zu schmieden, und es tut mir nur Leid, dass er nicht in der Lage war, uns in Antofagasta zu treffen. Nicht vergessen sollte ich auch die Bemühungen von Natalia Varela, die einen Großteil meines Programms in Iquique, Pisagua und Arica organisierte. Was Lautaro Núñez angeht, so hat er mir nicht nur die Einsichten und die Freundschaft geschenkt, die aus vielen Kapiteln dieses Buches sprechen, er hat mir in Iquique auch viele Türen geöffnet. Auch wäre mir in Arica wohl kaum die wunderbare Führung durch Calogero Santoro zuteil geworden, hätte Lautaro nicht diese spezielle Verbindung hergestellt. Mario Pino war vor, während und nach meinem Aufenthalt in Monte Verde besonders freundlich zu mir; Caroline Agüero hat uns in San Pedro de Atacama mit überwältigender Gastfreundschaft und vielen nützlichen Informationen empfangen; Senén Durán war ausgesprochen großzügig mit seiner Zeit und seinem Wissen; und Ivor Ostoijic und seine Frau gaben sich die allergrößte Mühe, uns in der Stadt, in der Angélicas Vorfahren an Land gegangen waren, ein herzliches Willkommen zu bereiten. Dank auch an Pelao Gavilán für die vielen Mahlzeiten, die er für uns in El Galpón zubereitet hat – vor allem für die letzte. Und natürlich Jinny – ich danke dir, dass du mich in dein und in Freddys Leben eingelassen hast. Und Miguel Roth und Jenny unter den Sternen, und da sind auch noch Hernán Rivera Letelier und seine Frau Mari und ... aber ich bin schon dabei, die ganze Liste abzuarbeiten, ich scheine mein Versprechen zu brechen, dem Leser einen überlangen Namensaufruf zu ersparen.

Ich sollte mein Augenmerk wohl besser auf einige derjenigen richten, die in meinem Buch nicht erwähnt wurden, die aber dennoch wesentlich zum Erfolg dieser Expedition beigetragen haben. Gloria Figueroa und ihre Angestellten im Hotel Orly haben uns die Gastfreundschaft gewährt, die wir inzwischen schon beinahe erwarten, wenn wir in diesem außergewöhnlichen Hotel in Santiago wohnen. Und Jin Auh, meine Freundin, die mich in der Wylie Agency betreut, hat mir unschätzbare Unterstützung geboten, sowohl bei der Planung der Reise wie auch während der Fertigstellung des Buches, zu einer Zeit, die sicher nicht einfach für sie war. Jennifer Prather, meine Assistentin, hat unerschütterlich mein Informationsbedürfnis befriedigt und bereitwillig und freundlich mit Terminplänen wie mit Bibliographien jongliert. Und die Bibliothek der Duke University war wie immer äußerst kompetent bei der Beschaffung der Bücher und Texte, die ich brauchte, um die Ursprünge von so ziemlich allem auf diesem Planeten zu recherchieren. Und ich hatte das Privileg, die Unterstützung und die Begeisterung von Elizabeth Newhouse und Larry Porges von *National Geographic* genießen zu dürfen. Besonders erwähnen möchte ich noch meinen Lektor John Paine, der mein Manuskript sorgfältig las und es mit seinen intelligenten Vorschlägen so viel besser machte.

Aber eine Pilgerreise wie diese sollte nicht enden ohne eine letzte Geschichte, eine Geschichte, die auf ihre Art ebenfalls eine Danksagung ist.

Am letzten Abend meiner Reise, am Sonntagabend, den 26. Mai 2002, machte ich mich, noch kurz bevor ich ins Flugzeug nach Santiago stieg, auf den Weg, Don Fortunato Manzano Manzano in seinem Haus im *barrio* von San José in Arica zu besuchen.

Ich ging zu ihm, weil er ein *yatiri* ist, ein Aymara-Schamane, der im Andenhochland geboren wurde, dicht am Dreiländereck von Chile, Bolivien und Peru, der aber jetzt meist in Arica lebt und sich um die Seelen und die Körper der vielen indianischen Bewohner der Stadt kümmert. Als ich die Reise plante, hatte ich mir vorgestellt, dass es wohl höchst angemessen wäre, am Ende meiner Wanderungen durch die Wüste einen Chilenen zu treffen, der von ihren Ureinwohnern abstammt, jemanden, der noch immer behauptet, ein Mittler zwischen Himmel und Erde zu sein, dem *altiplano* und dem Meer, den Göttern des Oben und den Göttern des Unten. Ein Mann, dessen erste Sprache nicht Spanisch ist (und mit Sicherheit nicht Englisch), sondern das Aymara, das in diesen Landstrichen schon gesprochen wurde, bevor die Spanier kamen, und das alle folgenden Invasionen und Demütigungen überlebt hat. Ich hegte die vage Vorstellung, dass mir in dieser Begegnung vielleicht etwas offenbart würde, wenn ich sie nur ans Ende meiner Reise legte.

Es zeigte sich, dass ich nicht so viel Zeit mit Don Fortunato verbringen konnte, wie ich es gern getan hätte. Ich verirrte mich in dem Labyrinth der Straßen des *barrio*, das fast ausschließlich von Aymara-Indianern bewohnt wird, und so konnte ich mich erst nach mehreren frustrierenden Stunden mit ihm treffen. Während ich durch das Viertel streifte und Nachbarn und Anwohner befragte, stellte sich mir allmählich die Frage, ob seine extrem nebulösen Angaben, wie sein Haus zu finden sei, nicht eine Art Test waren, eine Möglichkeit für ihn, um festzustellen, ob mein Wunsch, ihn zu sehen, stark genug war, um die schwierige Suche durchzuhalten. Aber der eigentliche

Grund, warum ich, nachdem ich ihn endlich gefunden hatte, keine längere Unterhaltung mit ihm führen konnte, lag darin, dass ich mir tags zuvor beim Ausladen unserer Koffer vor dem Hotel in Arica einen Hexenschuss zugezogen hatte. Ich habe seit Jahren Rückenprobleme, und es ist nicht das erste Mal, dass ich am Ende einer langen Reise – in dem Fall hatte ich eben einige tausend Meilen hinter mir –, kaum dass die Muskeln sich etwas entspannen, von Schmerzen gepeinigt werde.

Angélica hatte mich gebeten, all meine Termine in Arica abzusagen und die letzten Tage unserer Reise zu nutzen, um mich mit ihr im verschwenderisch grünenden Luxus des Azapa Inn zu erholen. Hatten wir denn nicht schon genug Staub und Straßen erlebt? Musste ich denn nicht auf meine Gesundheit achten? Aber ich ließ sie dort allein, genau am Beginn dieser Oase, die sich viele Meilen in die Berge erstreckt, ließ sie dort das üppige Grün und die Blumen und das Gezwitscher der Vögel genießen, die es mit jedem Garten Eden irgendwo auf dieser Welt aufnehmen können, und machte mich auf zu den Mumien und den Riesenfiguren, die ich doch so unbedingt sehen wollte. So bewunderte ich die zarte Unbeweglichkeit der Mumien, auch wenn ich selbst mich nicht ausruhen konnte, ich hielt Zwiesprache mit diesen dynamischen Göttern oben auf den Hügeln, die in die Ewigkeit zu schreiten schienen, auch wenn ich selbst humpelte, ich hielt meine Verabredung mit den ersten Migranten ein, die vor zehntausend Jahren in diese Gegend kamen.

Meine Schmerzen und die Lähmungserscheinungen und der Eiertanz meiner Bewegungen machten mich im Verlauf des Tages nur noch fester entschlossen, wenigstens einen Nachfahren dieser Migranten kennen zu lernen, dieser Menschen, die die Wüste zu ihrer Heimat gemacht hatten; ich wollte Don Fortunato Manzano Manzano unbedingt die Hand schütteln, auch wenn es mich umbringen würde.

Unsere Begegnung sollte mich nicht umbringen.

Das Gespräch mit dem *yatiri* dreht sich um viele Sachen, wieder einmal erkunden wir, wie die Kultur der Anden sich mit unserer zeitgenössischen Welt überschneidet und uns Botschaften schickt, die wir besser beachten sollten ... und ich würde liebend gern weitermachen, aber nach eine Weile halte ich die Schmerzen nicht mehr aus, und ich erhebe mich vom Sofa und sage Don Fortunato, dass ich nun leider gehen muss, dass es ein langer Tag war und die Reise noch viel länger.

»Sie können noch nicht gehen«, sagt er, »nicht, bevor ich Ihnen etwas für Ihren Rücken gegeben habe«, und damit verschwindet er in den geheimen Tiefen des Hauses, aus denen weibliche Stimmen zu mir gedrungen sind und die Geräusche einer Tür, die sich öffnet und schließt, öffnet und schließt. Und dann taucht er wieder auf mit einer Lotion in der Hand, einer Art Balsam, der nach Eukalyptus und anderen, undefinierbareren Aromen riecht, Kräuter vom *altiplano*, wie der *yatiri* sagt, und er befiehlt mir, mich auf das Sofa zu legen und den Rücken für seine Finger freizumachen.

Ich schließe die Augen.

»Glauben Sie an die Aymara-Medizin?«, fragt seine Stimme.

Ich sage ihm die Wahrheit. Ja und nein. Ich glaube daran, und ich glaube nicht daran.

Über mir höre ich ihn auf Spanisch Worte zu Gott und zur Jungfrau Maria murmeln, und nachdem er das Kreuzzeichen gemacht hat – ich spürte die leichten Luftverwirbelungen, die seine Fingerbewegungen verursachen –, rezitiert er etwas in Aymara, und dann massiert er tief die Salbe ein, brennt sie mir in den Rücken, dort, wo der Schmerz am heftigsten ist. Er reibt nicht länger als eine Minute. Er sagt, dass diese Stelle sehr kalt ist, und als ich ihm sage, dass man in den USA Eis benutzt, um Muskelverspannungen zu lindern, schnaubt er nur und trägt mir auf, die betroffene Stelle so warm zu halten, wie ich es nur ertragen kann, und die Lotion auf keinen Fall abzuwaschen. Und sie funktioniert, seine Sorge um mich, diese Pflege durch einen Fremden.

Sie funktioniert, nicht nur an diesem Abend und am nächsten Tag. Ich hatte keine Rückenprobleme mehr, keine einzige Nacht, keine Morgendämmerung des Leidens, seit Don Fortunato mir vor sechs Monaten in Arica seine Finger in den Rücken drückte.

Das letzte Geschenk der Wüste. Ich trage es in meinem Körper. Der Balsam, den ein Aymara-Heiler von seinem Vater erhielt, vielleicht auch von seiner Mutter, eine Form der Weisheit, die über wer weiß wie viele Generationen weitergegeben wurde, zurückreichend bis an die Grenzen der menschlichen Zeit, ein letztes Geschenk von den Männern und Frauen und, ja, Kindern, die als erste auf amerikanischem Boden wanderten und tanzten und dieses Land liebten. Sie mussten etwas über Schmerzlinderung gewusst haben. Sie mussten etwas darüber gewusst haben, wie man in der Wüste den Tod besiegt.

Die Deutsche Bibliothek verzeichnet diese Publikation in der Deutschen Nationalbibliografie; detaillierte bibliografische Daten sind im Internet über http://dnb.ddb.de abrufbar.

Die amerikanische Originalausgabe wurde von der National Geographic Society, Washington D.C., unter dem Titel *Desert Memories · Journeys Through the Chilean North* veröffentlicht.

www.frederking-thaler.de

Übersetzung aus dem Amerikanischen: Klaus Berr, München

Text und Fotos: Ariel Dorfman
Lektorat: Karl Heinz Bittel, München
Herstellung und Satz: Büro Sieveking, München
Umschlaggestaltung: Dorkenwald Grafik Design, Wöcker, München
Umschlagfoto: © Michael Martin, München
Reproduktion: Lorenz & Zeller, Inning a. Ammersee
Druck und Bindung: Clausen & Bosse, Leck

Printed in Germany

ISBN 3-89405-488-3